ECAS 중등 영문법

서술형 1000제

감수자

차순이	(前) 부산국제중 교사	(現) 남일고 교사
송영훈	(現) 양운중 교사	
김기남	(前) 부산국제고 교사	(現) 부산진고 교사
김동엽	(前) 부산학원 대표강사	(現) 수능전문 강사
이현진	(前) 부산고 교사	(現) 수능전문 강사
이수진	(現) 여명중 교사	

ECAS 중등 영문법 - 서술형 1000제

발행일   2024년 7월 27일

지은이   박병규
펴낸이   손형국
펴낸곳   (주)북랩
편집인   선일영   편집   김은수, 배진용, 김현아, 김다빈, 김부경
디자인   이현수, 김민하, 임진형, 안유경, 최성경   제작   박기성, 구성우, 이창영, 배상진
마케팅   김회란, 박진관
출판등록 2004. 12. 1(제2012-000051호)
주소   서울특별시 금천구 가산디지털 1로 168, 우림라이온스밸리 B동 B113~115호, C동 B101호
홈페이지 www.book.co.kr
전화번호 (02)2026-5777   팩스   (02)3159-9637

ISBN   979-11-7224-195-7 03740 (종이책)   979-11-7224-196-4 05740 (전자책)

(주)북랩 성공출판의 파트너
북랩 홈페이지와 패밀리 사이트에서 다양한 출판 솔루션을 만나 보세요!
홈페이지 book.co.kr   •   블로그 blog.naver.com/essaybook   •   출판문의 book@book.co.kr

작가 연락처 문의 ▸ ask.book.co.kr
작가 연락처는 개인정보이므로 북랩에서 알려드릴 수 없습니다.

ECAS 중등 영문법

서술형 WRITING

1000제

ECAS 수능·입시영어학원 원장
박병규 지음

북랩

이 책의 구성 및 특징

Part 1 영문법 개념

Part 1: 해당 문법 파트의 기초 개념을 간단하게 설명하고 있습니다.

무엇보다 중등 영어의 문법 기초 개념을 튼튼히 잡아주는데 많은 시간과 노력을 할애하였으며, 간단한 연습문제들로만 구성되었습니다.

Part 2 영문법 기본

Part 2 : 기초문법 개념을 이해한 후, 다양한 기본 문제들을 풀어 볼 수 있습니다.

기초 개념을 탄탄히 하여, 초, 중급 서술형으로 나아가는 핵심 파트입니다.

★ 중등 영어 핵심 문법만 알차게 구성, 문제 난이도별 4개 파트 구분 제공
◆ 어려움을 과외 선생님처럼 도와줄 다양한 길잡이 배치
✴ 추가 설명 안내
→ 정답 안내, 주의해야 할 내용 안내
■ 학교기출 서술형 유형까지 순차적, 수준별, 기출 유형 문제들 제공
● 각 파트별 문제들만 잘 풀면 중등부 영어 고민 끝 ~ !

Part 3 영문법 상승

Part 3: 중급수준 문법 문제까지도 풀면서 실력이 상승할 수 있게 구성하였습니다.

고난도 서술형 문제도 대처하기 위한 필수 과정입니다.

Part 4 영문법 완성

Part 4: 학교 시험에서 큰 비중을 차지하는 서술형 기출 유형 집중 파트입니다.

학교 서술형 시험의 다양한 유형과 난이도를 대비하여 실력을 강화시킵니다. Part 4를 잘 풀어낼 수 있다면, 한 문법 파트를 아주 훌륭히 마친 것입니다.

※ 학교 기출문제 유형 수록

▲ 난이도별 구분된 문제 제공

◎ 학교 시험 100점 완성

Contents

Ch 01

수일치

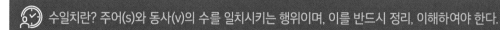

✎ Focus

> 🕐 수일치란? 주어(s)와 동사(v)의 수를 일치시키는 행위이며, 이를 반드시 정리, 이해하여야 한다.

❶ **수일치: 주어와 동사의 수를 일치시키는 행위로서, 우리말과는 달리 "영어"에는 존재하는 문법 규칙**

(1) 주어(S)가 단수면 동사(V)도 단수, 주어(S)가 복수면 동사(V)도 복수로서 일치시켜야 한다.

✽ 단수는 한 사람, 한 개를 뜻하며, 복수는 두 사람 또는 두 개 이상을 의미함

✽ 이 챕터에서 주어와 동사를 각각 어떻게 단수와 복수로 표현하는지 반드시 이해하여야 함

❷ **문장의 기본 구조 이해**

(1) 문장(sentence)은 기본적으로 주어와 동사를 필수적인 요소로서 갖춘다. (우리말 예문부터 참고)

■ **그**는 늘 아침을 **먹는다.**
　(주어: 단수)　　　(동사)

■ **그들은** 늘 아침을 **먹는다.**
　(주어: 복수)　　　(동사)

✽ 우리말은 보다시피 주어와 동사 간의 수일치라는 개념이 존재하지 않지만, 영어는 주의해야 함

❸ **인칭대명사 이해**

구분	주격	소유격	목적격	소유대명사	설명
1인칭	I	my	me	mine	나: 1인칭
2인칭	You	your	you	yours	너: 2인칭
3인칭	He She It	his her its	him her it	his hers X	나와 너를 제외한 나머지 모든 것들: 3인칭 (강아지, 분필, 책, 지우개, 하늘…)

⟡ 수일치는 주어가 1인칭, 2인칭 일 때는 고민할 필요 없음

★ 암기: 주어가 3인칭, 단수일 때 그리고 동사의 시제(시간 표현)가 현재시제일 때만 동사에 -s/es를 붙임

❹ 명사와 동사의 이해 및 수일치 실제 적용법

(1) 명사 (Noun): 사람이나 사물의 이름을 뜻하는 품사로서 주어, 목적어, 보어의 역할을 수행할 수 있음

■ desk, computer, book, phone, mountain, Korea…

(2) 동사 (Verb): 주어의 동작이나 상태를 묘사하는 품사로서 문장에서는 흔히 주어 뒤에 위치함

■ run, eat, sleep, cry, sing, make, become, get…

품사	기본형	복수형	단수형	예문	설명
명사 (N)	dog	dogs	dog	A dog runs.	dog (단수) → runs (단수)
동사 (V)	run	run	runs	Dogs run.	dogs (복수) → run (복수)

✻ 명사(N)에는 -s/es 붙이면 복수, 동사(V)에는 -s/es 붙이면 단수임을 알 수 있음

❺ 단수와 복수의 구분   ⇨ 재복습: 명사에 -s/es를 붙이면 복수, 동사에 -s/es를 붙이면 단수

(1) A bird (sing / sings) loudly.   → 정답: **sings** (주어가 3인칭, 단수 = 동사도 단수)

(2) Birds (sing / sings) loudly.   → 정답: **sing** (주어가 3인칭, 복수 = 동사도 복수)

(3) Jackson (write / wrote) the memo.   → 정답: **wrote** (주어가 3인칭, 단수, 현재시제는 수일치 안 됨)

✻ 참고: has / does도 단수 동사 형태

❻ 주의해야 할 수일치

(1) 조동사 (will / shall / can / may / must / could / would / should…) 뒤에는 동사원형

⇨ 동사원형이란? 동사에 어떤 한 것도 더하지 않은 원래 형태를 의미 (like, love, study…)

■ He **will** (go / goes) to school.   → 정답: **go** (조동사 뒤 동사원형)

■ The car **might** (stop / stops) at the station.   → 정답: **stop** (조동사 뒤 동사원형)

(2) There is / are, Here is / are 구문은 주어가 동사 뒤에 위치하므로, 역으로 수일치 시킴

■ There (is / are) so many books on the desk.   → 정답: **are** (books가 주어)

(3) 전치사구(전치사 + 명사)는 수일치 대상이 아님

■ The students in the school (is / are) quite happy. → 정답: **are** (students가 주어)

A 다음 중 맞는 것을 고르세요. 정답&해설: p. 174

1. Jane (like / likes) his car so much.
2. A foreigner (ask / asked) me how to get there.
3. Most schools in Korea (have / has) many trees for students' good environment.
4. She can (play / plays) the piano.
5. This computer (do not / does not) work properly.

✎ **Focus**

🕵 평서문의 부정문, 의문문 전환 방법

평서문을 부정문과 의문문으로 만드는 방법을 배워 봅시다.

동사는 크게 ① be 동사(am, are, is, was, were)와 ② 일반동사(eat, run, study…)로 나뉩니다.

먼저 '**be 동사**'가 있는 문장의 경우를 살펴보죠.

♣ **He is a student.**

위 문장을 부정문으로 만들어 봅시다. 동사가 be 동사이므로 그냥 간단히

➡ He is **not** a student.라고 하면 됩니다. 그럼 이번에는 위 예문을 의문문으로 만들려고 하면

➡ Is he a student?라고 간단히 be 동사를 주어의 앞으로 슝~ 넘겨주면 됩니다. 참 쉽죠?

그럼 이번에는 '**일반동사**'가 있는 문장의 경우를 보겠습니다.

♣ You have much money.

위 문장을 부정문으로 만들어 봅시다. 하지만, 이번에는 be 동사가 아닌 일반동사 등장이죠?

그러므로, 그냥 have 뒤에 not을 쓰면 안 됩니다. 조심하세요.

그러므로 이제부터는 조동사 (do / does)의 도움을 받아야 합니다.

그럼 you가 2인칭이므로 무조건 do의 도움을 받아야만 하겠네요. 그렇다면

　　➜ You do not have much money가 되겠습니다.

그럼 의문문으로는 어떻게 만드느냐? have는 일반동사인 관계로 주어 앞으로 슝~ 넘어갈 수 없습니다.

그래서 이번에도 또한 do / does의 도움을 받아서 의문문을 완성해야만 합니다.

주어가 2인칭이므로

　　➜ Do you have much money?

그에 대한 답변으로는 Yes, I do 또는 No, I don't가 되겠습니다.

이런 기본적인 패턴을 이해하여 앞으로 부정문, 의문문을 자유자재로 변형할 수 있도록 연습하세요.

그럼 자신감을 가지고 계속 열심히 공부해 봅시다…! ^^

B 다음 중 맞는 것을 고르세요.   정답&해설: p. 174

1. She (gets up / get up) at seven every morning.

2. Last Sunday he (played / plays / is playing) with his younger brother's truck.

3. Does he (playing / plays / play / played) the guitar?

4. What (do / does / did / doing) he do yesterday?

5. Na-ri and Min-ho (goes / go / going) to the museum.

6. Many birds on the tree (are singing / are sing / are song / are sings) loudly.

7. (Do / Does / Did / Doing) they sell fruits in a market last year?

8. Who (like / likes / liking) you?

9. What (is / are / be) the date today?

10. He (enjoy / enjoys) his school very much.

11. They (like / likes) to study English.

12. She (has / have) much money so she bought that expensive car.

C 다음 단어들을 알맞게 배열하세요.   정답&해설: p. 174

1. from / likes / the / his friends / very much / present

   ➜ Jacky _____

2. me / the bending machine / guy / asked / how / to / use

   ➜ A big _____

3. children / useful / much / information / have / books / for

   ➜ The science _____

4. will / here / in / come / 10 minutes / VIP

   ➜ The _____

5. finished / supervisor / project / the / has / the ?

   ➜ _____

D 다음 중 맞는 것을 고르세요.   정답&해설: p. 174

1. They (are / was / do / does / has) good English teachers.

2. She (is / was / has / have / are) many books in her room.

3. The principal of my school (are / is / do / has / have / does) quite tall and kind.

4. He might (being / is / to be / be) a good student.

5. (Does / Has / Is / Are) she met the doctor yet?

6. He or Mike (is / have / has / am / are) another opinion.

7. This chocolate on my desk (is / does / has / have) so tasty.

8. The school (is / does / did / has / have / are) covered with lots of trees.

9. A bird (is eaten / does eats / is eating / eaten) something on the bench.

10. The train for Seoul from Busan station at 7 a.m. (be / has / leave / leaves) exactly on time.

11. There (have / is / are / has / do / does) many cars on the road.

12. (Is / Are / Do / Does) they meeting him now?

13. She usually (gets up / get up / is get up / to get up) at seven every morning.

14. Last Sunday, he (played / plays / is playing) with his best friend.

15. Does he (is playing / playing / plays / play / played) the guitar?

16. What (do / does / is / doing) he usually do for the break-time?

17. He (did not bought / does not buy / did not buy / was not buy) the house when young.

18. These days, all the students in Korea (eat / eats) a school lunch.

19. Why (was / were / are / is) he absent yesterday?

20. There (is / are) a maxim, "A rolling stone gathers no moss".

E 각 문제 유형에 알맞게 풀어 보세요.

정답&해설: p. 175

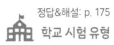
학교 시험 유형

1. 다음 중 어색한 부분이 있는 것을 고르시오.

중1 기출 유형

① This is my dad's car. His car is all black.

② My mom is a good cook. She is generous.

③ Jane is a teacher. She is so nice to me.

④ This is my younger sister. She is a good singer.

⑤ David and Jack is my friends.

2. 다음 중 어법상 바른 것은?

중1 기출 유형

① There is books on the desk.

② Are there some juice in your cup?

③ There are three keys on my desk.

④ There is not many cats on the road.

⑤ There is some watermelons at the shop.

3. 다음 중 어법이 바른 것은?

중1 기출 유형

① Jane eating breakfast.

② What are James reading right now?

③ A boy is riding a bike yesterday.

④ My teacher isn't talking on the phone now.

⑤ Does he reading a book in my room?

4. 밑줄 친 부분이 어법상 올바른 것은?

중1 기출 유형

① David <u>studyed</u> English.

② Jack <u>eated</u> all the cake.

③ They <u>played</u> tennis.

④ I <u>maked</u> my mom happy.

⑤ The bus <u>stoped</u> at the traffic lights.

5. 어법상 바른 문장을 고르시오. 중1 기출 유형

① Is there some dogs in the pet shop?
② How many cats is there in this alley?
③ There is many beautiful places in Busan.
④ There are many special cars here.
⑤ There are some orange juice in the refrigerator.

6. 다음 중 어법상 맞는 것은? 중1 기출 유형

① They loves her.
② Sam like English so much.
③ They plays basketball.
④ You and I am happy.
⑤ Tom and his parents live in America.

7. 어법상 올바른 문장을 모두 고르시오. 중1 기출 유형

① Jason is ten year old.
② There are many fishes in the sea.
③ Some pencils are on the desk.
④ There are five books in the bookcase.
⑤ Many child play soccer on the playground.

8. 어법상 올바른 문장을 고르시오. 중1 기출 유형

① Jack is siting on the bench now.
② Lots of boys are play soccer.
③ Jason is runing on the playground.
④ Is she watching a movies?
⑤ David is swimming in the pool.

9. 다음 중 어법상 올바른 것은? 중1 기출 유형

① There aren't any flower in the vase.
② There are some orange juice in the cup.
③ Please, has three meals a day.
④ Jane is shopping in a department store.
⑤ Is Eric and Jane having dinner with their family?

10. 다음 중 어법상 올바른 것은? 중1 기출 유형

① He wasn't do her work today.
② Did Sam watching TV?
③ You have to wash your hands right now.
④ Jack swims in the river last weekend.
⑤ I have to visited Busan.

11. 밑줄 친 (A)의 우리말에 맞게 [보기]를 참고하여 영작하세요. (5점) 중1 기출 유형

(A) <u>그 강의 많은 물고기들이 지금 수영을 하는 중이다.</u>

보기 in the river / many / swim / be

조건 1) 필요시 단어를 추가, 변형, 활용할 것
2) 전체 단어의 개수는 7단어
3) 오류 개수 2개 이상인 경우 0점 (그 외 부분 감점)

➡ _____

12. 밑줄 친 (A)의 우리말에 맞게 보기를 참고하여 알맞게 영작하세요. (4점)

(A) <u>그녀는 독서를 즐기지만, 그는 수영을 즐긴다.</u>

보기 books / but / enjoy / he / reading / enjoy / she / swimming

조건 1) 위 (A) 보기의 단어들을 모두 사용할 것
2) 필요시 활용할 것
3) 오류 개당 0.5점 감점

➡ _____

13. 다음 주어진 어휘들을 모두 사용하여 문장을 완성하시오. (7점)

> **조건**
> 1) 주어진 단어들은 모두 사용할 것
> 2) 필요시 주어진 단어를 활용할 것
> 3) 문법 오류는 개당 0.5점 감점

1) (2점) Jane은 주로 학교에 걸어서 간다. (to / foot / go / on / usually / school)

➜ Jane _____

2) (2점) Sam은 날마다 그의 개를 산책시킨다. (his / walk / dog / every day)

➜ Sam _____

3) (3점) David는 아침을 거르지 않는다. (skips / not / breakfast / do)

➜ David _____

Ch 02

5형식

Ch 02.
5형식

Part 1 **개념**

 Focus

> "영어"의 문장 패턴은 크게 다섯 가지 형태로 반복되며, 그 기본 패턴에 대한 이해 필요

❶ 1형식: S + V

　(주어 + 동사)

　✽ 주어와 동사만으로 완전한 의미 전달이 가능한 문장 형태

　(1) He finally **arrived** in Korea.　　↪ 부사 (finally)와 전치사구 (in Korea)는 문장의 형식에 영향을 미치지 못함

　(2) She **laughed** loudly on the bus.

❷ 2형식: S + V + C

　(주어 + 동사 + 보충어)

　✽ 주어와 동사만으로는 의미 전달이 불완전하므로, 보충 설명을 필요로 하는 문장 형태

　보충 설명은 명사 또는 형용사가 보충 설명

　(1) She is so **beautiful**.　　　　　그녀는 beautiful이라고 **형용사**가 보충 설명

　(2) Jane is a beautiful **girl**.　　　　주어 Jane이 아름다운 여성임을 **명사**가 보충 설명

❸ 3형식: S + V + O

　(주어 + 동사 + 목적어)

　✽ 동사가 자신만의 대상(목적어)를 반드시 하나를 필요로 하는 문장 형태

　(1) He has **a book**.　　↪ 동사 has는 무엇을 소유하였는지 그 대상을 필요로 하는 동사인데, **명사(book)**이 대상으로 등장

　(2) She loved **me** so much.

A 다음 문장이 몇 형식인지 쓰세요.　　　　　　　　　　　　　　정답&해설: p. 177

　　1. He laughed very loudly on the bus yesterday.　　　　【　　】형식

　　2. You should be quiet in the classroom.　　　　　　　【　　】형식

　　3. The hotel in Gyeong Ju made a big christmas tree for the guest.　【　　】형식

---

❹ 4형식: S + V + I·O + D·O

(주어 + 동사 + 간접목적어 + 직접목적어)

✽ 동사가 자신만의 대상(목적어)를 두 개를 필요로 하는 문장 형태

(1) He gave **me a book**.   ⇨ 동사 give는 "~에게 ~을"과 같이 대상을 두 개를 취할 수 있음

(2) She sent **Jason a letter**.   ⇨ 동사 send는 "~에게 ~을"과 같이 대상을 두 개를 취할 수 있음

   (1)-1. He gave **a book** to me.   ⇨ (1)-1은 me가 **전치사구**(to me)로 바뀌었으므로 3형식 문장

   (2)-1. She sent **a letter** to Jason.   ⇨ (2)-1은 Jason이 **전치사구**(to Jason)로 바뀌었기에 3형식

❺ 5형식: S + V + O + O·C

(주어 + 동사 + 목적어 + 목적보어)

✽ 동사가 대상(목적어)를 가지며, 그 목적어의 보충 설명을 필요로 하는 문장 형태

목적보어 자리에도 2형식 주격보어처럼 **명사** 또는 **형용사**가 보충 설명

(1) Mike made **her** a good **teacher**.   동사 made의 목적어 그녀(her)를 무엇(teacher)으로 만들었는지 보충 설명

(2) The teacher kept **his classroom happy**.   동사 keep의 목적어(classroom)을 행복하게(happy) 유지한다는 보충 설명

⇨ 목적보어(O.C) 자리에는 명사 또는 형용사가 보충 설명 가능 (부사는 X)

   happily는 해석으로는 가능한 듯 보이지만, 목적보어 자리의 보충어로 쓰일 수 없음

A 다음 문장이 몇 형식인지 쓰세요.   정답&해설: p. 177

4. I made her a beautiful girl.   【　　】형식

5. My mom gave me a book.   【　　】형식

6. The music teacher made his student a good singer.   【　　】형식

B 다음 문장들의 형식을 써보세요.

정답&해설: p. 177

1. I made the big desk for my daughter.
2. She is so beautiful.
3. My uncle gave me some money.
4. Many birds sing on the tree.
5. I made him a top singer in the contest.
6. He became a famous professor.
7. I bought the book about future science.
8. I am a really good student.
9. He laughed very loudly in the classroom.
10. One of my friends sent me a letter.
11. The sun rises in the East.
12. They study English in the library.
13. It gets warm.
14. A cute kid sang in my beautiful garden.
15. The book made me a good student.

1. 【　　】형식, 패턴: _____
2. 【　　】형식, 패턴: _____
3. 【　　】형식, 패턴: _____
4. 【　　】형식, 패턴: _____
5. 【　　】형식, 패턴: _____
6. 【　　】형식, 패턴: _____
7. 【　　】형식, 패턴: _____
8. 【　　】형식, 패턴: _____
9. 【　　】형식, 패턴: _____
10. 【　　】형식, 패턴: _____
11. 【　　】형식, 패턴: _____
12. 【　　】형식, 패턴: _____
13. 【　　】형식, 패턴: _____
14. 【　　】형식, 패턴: _____
15. 【　　】형식, 패턴: _____

C 다음 중 올바른 것을 고르고, 형식을 적으세요.

정답&해설: p. 177

1. You look (terrible / terribly) today, what happened?
2. He (sent / sending) me flowers.
3. The hairdresser made her (beautiful / beautifully).
4. I (read / readed) a comic book at the bookstore yesterday.
5. I (am study / studied) English very hard.
6. He finally (become / became) a history teacher.
7. He called my name very (loud / loudly).
8. The doctor made her (beautiful girl / a beautiful girl).
9. My mom gave (me a book / a book me).
10. The man (sang / sung) at night.

1. 【　　】형식
2. 【　　】형식
3. 【　　】형식
4. 【　　】형식
5. 【　　】형식
6. 【　　】형식
7. 【　　】형식
8. 【　　】형식
9. 【　　】형식
10. 【　　】형식

D 다음 중 맞는 것을 고르고, 형식을 쓰세요.   정답&해설: p. 178

1. David (is / become) a teacher in Korea.   1. 【   】형식

2. They are (a public officer / public officers / a public officers).   2. 【   】형식

3. She is so (cute / cutely).   3. 【   】형식

4. The building is (so old / old so).   4. 【   】형식

5. He (cries / cried / cry) at the classroom last night.   5. 【   】형식

6. I made him (the book / a books).   6. 【   】형식

7. Jane always makes us (energetic / energetically).   7. 【   】형식

8. These apples look (fresh / freshly).   8. 【   】형식

9. The film proved very (profitable / profitably).   9. 【   】형식

10. There (is / are) so many cars on the road.   10. 【   】형식

11. I bought (she / her) an expensive watch.   11. 【   】형식

12. My grandmother gave (to me / me) old diaries.   12. 【   】형식

13. We call (to him / him) the lord of the study.   13. 【   】형식

14. The news made us so (angrily / angry).   14. 【   】형식

15. The doctor made her (beautifully / beautiful).   15. 【   】형식

16. I (makes / made) the big desk for him.   16. 【   】형식

17. Really, (do / are) you like her?   17. 【   】형식

18. My teacher (gives / gave) me a book yesterday.   18. 【   】형식

19. Many cats (enjoys / enjoy) the rat toy.   19. 【   】형식

20. I (am sing / sang) very loudly.   20. 【   】형식

21. He (became / is become) a famous doctor.   21. 【   】형식

22. I want (a / some) milk for the kid.   22. 【   】형식

23. She sent (me a memo / a memo me).   23. 【   】형식

24. He (is cry / cried) very loudly in the classroom.   24. 【   】형식

25. One of my friends (loves / love) her sister.   25. 【   】형식

E 각 문제 유형에 알맞게 풀어 보세요.

정답&해설: p. 179
학교 시험 유형

[1-10번] 아래 문장들 순서를 알맞게 **배열**하세요. (주어진 단어가 있으면, 그 단어 이후부터 채워 나가세요)

1. (her / for / the / mom / cookies / made).

➔ : He _____ 【　　】형식

2. (follows / the / other / dogs / dog).

➔ : The _____ 【　　】형식

3. (will / fact / the / know / you).

➔ : _____ 【　　】형식

4. (on / were / many / road / people / yesterday / the).

➔ : There _____ 【　　】형식

5. (made / beautiful / the / so / her / doctor).

➔ : _____ 【　　】형식

6. (to / book / gave / the / him / man).

➔ : The _____ 【　　】형식

7. (windows / many / have / buildings).

➔ : The _____ 【　　】형식

8. (doctor / a / famous / became / he).

➔ : _____ 【　　】형식

9. (clock / the / stopped / yesterday).

➔ : _____ 【　　】형식

10. (stream / saw / the / he / frog / the / in).

➔ : _____ 【　　】형식

[11-20번] 아래 문장들 순서를 알맞게 배열하고, **필요시** 단어의 **형태를 변화**하세요.

↪ 참고: 학교 시험에서는 "형식"을 적는 문제는 출제되지 않음. 하지만, 영어 문장의 정확한 분석을 위해서는 익혀 두면 유용함

11. (road / there / many / bus / on / the / be).

➡ : _____ 【   】형식

12. (should / the / buy / books / you).

➡ : _____ 【   】형식

13. (now / like / the music / he / so much).

➡ : _____ 【   】형식

14. (soccer / on / they / the / beach / always / play).

➡ : _____ 【   】형식

15. (books / gave / teacher / her / the / some).

➡ : _____ 【   】형식

16. (house / painted / green / the / we).

➡ : _____ 【   】형식

17. (visit / often / she / town / the).

➡ : _____ 【   】형식

18. (tire / the / need / car / new / a).

➡ : _____ 【   】형식

19. (tree / need / some / a / water).

➡ : _____ 【   】형식

20. (happy / concert / made / the / the people).

➡ : _____ 【   】형식

[21-30번] 아래 문장들 순서를 알맞게 배열하고, **필요시** 단어의 **형태를 변화**하세요.

↪ 참고: 학교 시험에서는 "형식"을 적는 문제는 출제되지 않음. 하지만, 영어 문장의 정확한 분석을 위해서는 익혀 두면 유용함

21. (enjoy / he / the food / really).

➡ : _____ 【   】형식

22. (rain / the road / make / heavy / dirty).

➡ : _____ 【   】형식

23. (follow / should / the / you / rules).

➡ : _____ 【   】형식

24. (pass / the / you / me / salt / would)?

➡ : _____ 【   】형식

25. (the / in / people / story / 2021 / hear / many).

➡ : _____ 【   】형식

26. (school / the / on / white cat / is / the / bench / sitting).

➡ : _____ 【   】형식

27. (in / fish / clean / is / river / the / many / swimming).

➡ : _____ 【   】형식

28. (crazy/ make / this / us / pandemic).

➡ : _____ 【   】형식

29. (many / been / there / have / problems).

➡ : _____ 【   】형식

30. (for / attractive / the / made / son / he / gift / his). ➡ **3형식 패턴으로 영작하세요!**

➡ : _____ 【   】형식

Ch 03

시제

 Focus

> 🕐 동사를 이용한 다양한 시간 표현(12시제) 중 실제 유용한 일곱 개의 시제들 중심으로 학습한다.

❶ 시제의 종류는 크게 12가지로 구분되지만, 실제 유용한 시제들 중심으로 우선 정리

종류	예문	동사 표현 방식	사용 예시
현재	We **study** English.	현재형	• 현재 상태: I am happy. • 반복적 행위: I go to school on foot. • 과학적 사실: Gravity works on everything. • 불변의 진리: Everything ages. • 속담, 격언 등: Birds of a feather flock together.
과거	We **studied** English.	과거형	• 과거의 행동: We won the soccer game. • 역사적 사실: Columbus found the new land.
미래	We **will study** English.	will + R (동사원형) = be going to R	• 단순 미래: The man will help the student. • 계획적 미래: She is going to go to America. • 주어의 의지: I will exercise everyday.
현재완료	We **have studied** English.	have + P.P has + P.P	▶ **과거**부터 → **현재**까지 시점 의미, 해석법 4가지: ① 경험: I have seen a white tiger before. ② 완료: He has finished his homework. ③ 계속: Sam has lived in London for 3 years. ④ 결과: Jack has lost his expensive watch. ✱ already, before, since, never, often, always, just, recently, seldom… 등의 **부사와 결합**하여 사용
과거완료	We **had studied** English.	had + P.P	▶ 과거보다 **한 시제 더 먼저 일어난 사건**을 표현 • When he remembered her name, she had already gone.

현재진행	We **are studying** English.	be(현재형)+ ~ing	▶ 현재의 특정 시점에서 행위의 **진행**을 표현 ▶ 특정 동사들은 진행형으로 표현할 수 없음 ✻ 감정동사: love, like, hate ✻ 상태동사: resemble, become, exist, know 등 ✻ 소유동사: have, belong, own, posses 등 • She is loving me.　　　　(X): 감정동사 • I am resembling my mom.　(X): 상태동사 • He is having his book now.　(X): 소유동사
과거진행	We **were studying** English.	be(과거형)+ ~ing	▶ 과거의 특정 시점에서 행위의 **진행**을 표현 • At that time, I was watching a movie, sir.

A 다음 중 맞는 것을 고르세요.　　　　　　　　　　　　정답&해설: p. 182

1. The girl in the class (sing / is singing) loudly now.

2. She (makes / will make) a presentation for the company's future plan tomorrow.

3. He (bought / buys) the nice car in 1999.

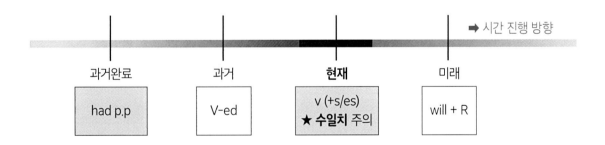

➋ **"현재 시제"**를 사용하는 경우

(1) I **am** so happy now.　　　　　　　　　　　　✻ 현재의 상태 표현

(2) The earth **moves** around the sun.　　　　　✻ 과학적 사실 전달

(3) He always **eats** breakfast.　　　　　　　　✻ 반복적 행동 묘사

(4) Early birds **catch** worms.　　　　　　　　✻ 격언, 속담, 진리 등…

❸ "과거 시제"를 사용하는 경우

    (1) I **met** my good friend.   ✳ 단순 과거 사실 표현

    (2) Korean war **broke out** in 1950.   ✳ 역사적 사실 전달

❹ "현재완료 시제" 사용하는 경우: has (have) + p.p

    ✳ 과거부터 현재까지의 **경험, 완료, 계속, 결과**를 표현 / 중2~중3 시험에 해석 방법 구분 문제 빈번 등장

    (1) I **have seen** a tiger before.   ↩ (과거부터 지금까지의) 경험

    (2) He **has** just **finished** the project.   ↩ (과거부터 지금까지의 행위의) 완료

    (3) I **have studied** English for 6 years.   ↩ (과거부터 지금까지의 행위의) 계속

    (4) She **has lost** her watch.   ↩ (과거부터 지금까지의) 결과

A 다음 중 맞는 것을 고르세요.   정답&해설: p. 182

    4. Have you ever (meet / met) her before?

    5. She (is knowing / knows) what you mean.

    6. The company (produced / has produced) the products only for babies since 1970.

완료형 시제와 진행형 시제에 대해 집중 학습

❺ "과거완료 시제" 사용하는 경우: **had + p.p**

　　✽ 단순 과거의 특정 시점보다 더 먼저 발생한 사건을 시간적으로 정확히 구분하여 표현

(1) He met his friend after he **had finished** his homework.

(2) When he remembered her name, she **had** already **gone**.

　　⇦ 예를 들어, A와 B 두 개의 과거의 일들 중 B가 더 먼저 발생한 사건이라면 B를 had p.p로 표현

❻ "현재진행 시제" 사용하는 경우: **be + ~ing**

　　✽ 현재 시점에서 특정 행위가 진행 중임을 표현

(1) He **is listening** to his favorite music now.

(2) Much rain **is raining** in Busan.

　　⇦ 하지만, **소유** (have, possess, belong…), **상태** (become, resemble…)를 의미하는 동사는 **진행형 표현 불가**

(3) He **is having** my book. (**X**)　　　→ He **has** my book. (**O**)

(4) She is resembling her mom. (**X**)　　→ She **resembles** her mom. (**O**)

❼ "과거 진행시제" 사용하는 경우: **be + ~ing**

　　✽ 과거 시점에서 행위의 진행 중이었음을 표현

(1) The man **was running** on the running machine when it happened.

(2) We **were watching** the movie when dad called us.

A 다음 중 맞는 것을 고르세요.　　　　　　　　　　　　　　　　정답&해설: p. 182

　7. The suspected man (drove / was driving) alone from 3 to 5 pm. *suspected man: 용의자

　8. After Karl (heard / had heard) the noise, he started to run right away.

　9. She (had already watched / already watched) the movie when he asked her to
　　watch it together.

Part 2 기본

정답&해설: p. 182

B 다음 중 맞는 것을 고르세요.

1. Sam usually (to go / go / going / gone / goes) to school on foot.

2. He (had finished / finished) the important work before the boss told him to finish it.

3. She finally (buy / buys / buying / bought) the imported car last year.

4. The most terrible war, Korean War, (breaks out / broke out) in 1950 and lasted for nearly 3 years.

5. The cafe always (opens / will open / open) from 10 to 9 so we go there at 10:30 every day.

6. She has always (using / use / used / uses) her left hand but her father tried to change it.

7. Many people (choose / choosing / chooses) the red car instead of a yellow car.

8. She (hide / hid / hides / hiding) something when I saw her.

9. Much rain (falls / fall / fell / falling / has fallen) down since last month.

10. Most of Spain's colonies such as Cuba, Mexico (have become / had become) independent by 1960.

정답&해설: p. 182

C 다음 중 어색한 부분을 찾아서 고치세요.

1. Anderson is having two BMWs so I envy him.　　　　　　　✎ 1) _____

2. The Earth moved around the Sun.　　　　　　　✎ 2) _____

3. Neil Armstrong becomes a test pilot for NASA in the 1950s.　　✎ 3) _____

4. Since 1923, the company makes the product.　　　　　　✎ 4) _____

5. John have lived in Boston before he moved to Seattle.　　　✎ 5) _____

6. I know water boiled at 100 degrees Celsius.　　　　　　✎ 6) _____

7. She is loving him so much and wants to marry him.　　　　✎ 7) _____

8. I went over the document before he came to stop me from checking it.　✎ 8) _____

D 다음 중 맞는 것을 고르세요.   정답&해설: p. 183

1. Have you ever (sent / send / sending) e-mail messages to the company in U.S.A?

2. Jane has just (arrive / arrived / arriving) in Seoul to study Korean in Seoul National University.

3. Mr. Lee (kicks / kicked / kick / kicking) the ball toward me in the last P.E class.

4. David (is living / has lived / lives) in Canada since 1996.

5. He (has gone / has been) to Spain now so it will not be easy to contact him.

6. It has (rainy / been rainy / to rain) for two weeks.

7. How long have they (occupy / to occupy / occupying / occupied) the seats in the hall?

8. I (know / knew / have known) her from childhood so we are closer than you think.

9. Have you ever (eat / ate / eating / eaten) pizza at Pizza Hut before?

10. I have just (finish / finished / finishing) the project which is very important to graduate.

11. Mom (freezes / will freeze / froze / freezing) the food for my dad's lunch yesterday.

12. When the teacher asked her about the issue, she didn't (known / know / knew / knows) about it.

13. The cute dog in my town has usually (makes / made / making / make) most people happy.

14. She (gets / get / got) married In France two years ago.

15. He has (lost / losing / lose) the expensive watch that his father gave to him.

E 각 문제 유형에 알맞게 풀어 보세요.

정답&해설: p. 184
🏫 **학교 시험 유형**
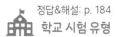

[1-20번] 각 문장의 오류를 수정하세요. (각 2점: 수정된 결과만 적으세요)

1. He will goes to find her. 🖉 1) _____

2. Susan usually goes to school by foot. 🖉 2) _____

3. The moon go around the earth. 🖉 3) _____

4. When Jack finished his homework, his friend already arrived. 🖉 4) _____

5. Samsung Electronics makes that stylish phone last year. 🖉 5) _____

6. Now, we all know the terror in 2001 happens because of money. 🖉 6) _____

7. Everyone know the truth. 🖉 7) _____

8. Jennifer already left when Daniel remembered her name. 🖉 8) _____

9. The war in the country happens 3 years ago. 🖉 9) _____

10. Many dogs are bark very loudly now. * bark: 짖다 🖉 10) _____

11. He looks happily. 🖉 11) _____

12. The child crying at the room last night. 🖉 12) _____

13. He becoming a teacher. 🖉 13) _____

14. They sell many things since 2013. 🖉 14) _____

15. I like the book when I was young. 🖉 15) _____

16. My brother gives the memo to me yesterday. 🖉 16) _____

17. Before he joined us, we already finished the meeting. 🖉 17) _____

18. Everyone knows that early bird caught the worms. 🖉 18) _____

19. We know that the mechanic does not fix the car yesterday. 🖉 19) _____

20. Jason loves her so much 10 years ago. 🖉 20) _____

21. 다음 중 어법상 **어색한** 문장의 개수는? (4점)

보기

- Be hurry up or you will be late.
- Be nicely to others, please.
- Please don't make a noises.
- Get up early at the morning.
- David, be not run in the hall.
- Don't seat in the sun too long.

① 0개   ② 1개   ③ 2개   ④ 5개   ⑤ 6개

22. 어법상 올바른 것은 몇 개인가? (4점)

보기

ⓐ James are reading comic books these days.
ⓑ I will took a walk with him tomorrow.
ⓒ Was he been sick yesterday?
ⓓ We aren't sad at the concert last night.
ⓔ He got the letter from Tom this morning.
ⓕ Did Jane found his keys yesterday?
ⓖ Was she went to America last year?

① 1개   ② 2개   ③ 4개   ④ 5개   ⑤ 6개

23. 다음 중 어법에 맞는 문장은? (3점)

① David be watering plants.
② He cannot be make cookies.
③ Jason have the new computer.
④ Charles do not take the bus.
⑤ He won't go swimming today.

24. 어법상 어색한 문장을 2개 고르면? (4점) 중2 기출 유형

① Was Tom found his keys yesterday?
② Susie came back home late last night.
③ Harry didn't take a shower last night.
④ Jack and I were on the same bus.
⑤ Jenny wrote a letter Jina.

25. 다음 중 어법상 올바른 것은? (3점) 중2 기출 유형

① There are a four cars on the ground.
② I'm going to learning swimming last week.
③ He is writting a birthday card now.
④ Three sheeps are running in the field.
⑤ Three birds are sitting on the floor.

[26-28번] 괄호 속 단어의 올바른 형태는? 중1 기출 유형

26. Jack (write) this memo three days ago.

① is writing   ② write   ③ writes
④ wrote   ⑤ has written

27. My friend (be) sick since last Monday.

① has been   ② was
③ is going to be   ④ will be
⑤ had been

28. He taught us that the sun (rise) in the east.

① rises   ② will rise
③ rose   ④ risen
⑤ would rise

29. 다음 밑줄 친 부분 중 바른 것은? (3점)

중2 기출 유형

① David thought that Tom <u>would answer</u>.
② I knew that Jack <u>has been married</u>.
③ She was smarter than <u>you was</u> now.
④ Jane <u>did got</u> your message this evening.
⑤ They <u>didn't went</u> outside last night.

30. 다음 밑줄 친 부분 중 어색한 것은? (2점)

중1 기출 유형

① Sam still <u>remembers</u> the first day at school.
② Where <u>did</u> he go last class?
③ Jack <u>went</u> to Busan tomorrow.
④ <u>Did</u> you study Chinese yesterday?
⑤ I <u>played</u> the violin last Sunday.

[31-33번] (각 1점)

중1 기출 유형

아래의 [보기]와 같이 진행형 시제로 바꾸어 쓰세요.

> **보기**
>
> Jack reads the book.
> ➡ Jack **is reading** the book.

31. A bird flies over the river.

➡ : _____

32. The men enjoy the new year's day.

➡ : _____

33. One student stands in front of the school.

➡ : _____

34. 다음 중 어색한 것을 고르시오.

중3 기출 유형

① Keep still while the dog is barking.
② This milk smells bad.
③ He is resembling his mom.
④ He became gorgeous with age.
⑤ The Earth goes around the Sun.

35. 다음 중 바르게 쓰이지 않은 문장은? (4점)

중2 기출 유형

① She has gone to China.
② Tom has broke the window.
③ I have just finished my homework.
④ I have been to Everland many times.
⑤ I have known him since I was a little child.

36. 아래에 밑줄이 그어진 현재완료의 용법과 같은 것 두 개는? (3점)

중2 기출 유형

보기

- **Have you ever read** stories about the war?

① She has lived in Seoul for 10 years.
② They have been in London before.
③ He has been sick since last week.
④ The train has just left the station.
⑤ I've never been to Africa.

37. 다음 한글 뜻에 해당하는 영어 문장은? (3점)

중2 기출 유형

보기

- He ＿＿＿ ＿＿＿ to London twice.
  (그는 런던에 두 번 가 본 적이 있다)

① has live   ② has been   ③ have lived
④ had been   ⑤ has gone

38. 다음 빈칸에 들어갈 말로 알맞은 것은? (3점) 중2 기출 유형

> A: Have you ever raised a cat?
> B: No, I haven't. But _____ .
> A: Really? I've never raised a dog.

① I really liked cats
② I've raised a dog
③ I played with a cat
④ I've never raised a dog
⑤ I've never raised a cat

39. 다음 중 어법상 옳지 않은 것은? (3점) 중2 기출 유형

① Make sure you close the window.
② Don't be worry about your mom.
③ Be careful when you cross the street.
④ Exercise regularly to be healthy.
⑤ Do not be nervous too much.

40. 밑줄 친 부분의 쓰임이 어색한 것은? (3점) 중2 기출 유형

> Jack was almost ① hitted by a car on my way ② home. He was ③ watching the game ④ through his smart-phone, so he didn't know the car ⑤ was coming.

41. 다음 중 어법상 맞는 것은? (5점) 중3 기출 유형

① He didn't know the girl already bought the ticket.
② Before he walked along the beach, he has tied his shoes.
③ I broke the vase my brother gave to me.
④ The person whom Sam met is my brother.
⑤ My brother has been to America yesterday.

No	현재	과거	과거완료	의미
1	teach	taught	taught	가르치다
2	run	ran	run	달리다
3	see	saw	seen	보다
4	meet	met	met	만나다
5	know	knew	known	~을 알다
6	be	was / were	been	~이다, 있다
7	come	came	come	오다
8	have	had	had	가지다
9	hear	heard	heard	듣다
10	begin	began	begun	시작하다
11	go	went	gone	가다
12	drive	drove	driven	운전하다
13	hide	hid	hidden	숨다, 숨기다
14	bind	bound	bound	묶다
15	bite	bit	bitten	물다
16	bleed	bled	bled	피를 흘리다
17	blow	blew	blown	불다
18	cut	cut	cut	자르다
19	break	broke	broken	깨뜨리다
20	bring	brought	brought	가져오다
21	build	built	built	짓다
22	cost	cost/costed	cost/costed	(비용이) 들다
23	lie	lied	lied	거짓말하다
24	buy	bought	bought	사다
25	fall	fell	fallen	떨어지다
26	catch	caught	caught	잡다
27	choose	chose	chosen	선택하다
28	keep	kept	kept	유지하다
29	fight	fought	fought	싸우다
30	cut	cut	cut	자르다
31	deal	dealt	dealt	다루다
32	become	became	become	~이 되다
33	feel	felt	felt	느끼다
34	do	did	done	하다
35	draw	drew	drawn	그리다, 당기다

No	현재	과거	과거완료	의미
36	let	let	let	~하게 하다
37	drink	drank	drunk	마시다
38	bet	bet	bet	(돈을) 걸다
39	eat	ate	eaten	먹다
40	cast	cast	cast	던지다
41	feed	fed	fed	먹을 것을 주다 / 먹다
42	dive	dived / dove	dived	뛰어들다
43	say	said	said	말하다
44	find	found	found	발견하다
45	fit	fitted / fit	fitted / fit	~에 꼭 맞다
46	make	made	made	만들다
47	fly	flew	flown	날다
48	read	read	read	읽다
49	speak	spoke	spoken	말하다
50	forget	forgot	forgotten	잊다
51	dig	dug	dug	(구멍을)파다
52	bear	bore	borne	참다
53	bound	bounded	bounded	튀어 오르다
54	forgive	forgave	forgiven	용서하다
55	found	founded	founded	설립하다
56	freeze	froze	frozen	얼다, 얼리다
57	get	got	got / gotten	얻다
58	give	gave	given	주다
59	bend	bent	bent	구부리다
60	put	put	put	놓다, 두다
61	grow	grew	grown	자라다
62	hang	hung	hung	걸다
63	spend	spent	spent	소비하다
64	bear	bore	born	낳다
65	beat	beat	beaten	이기다, 치다
66	bid	bid	bid	값을 부르다
67	hold	held	held	지니다
68	win	won	won	이기다
69	wear	wore	worn	입다
70	write	wrote	written	쓰다
71	show	showed	shown	보여주다
72	sing	sang	sung	노래하다
73	sink	sank	sunk	가라앉다
74	sit	sat	sat	앉다

No	현재	과거	과거완료	의미
75	sleep	slept	slept	자다
76	speak	spoke	spoken	말하다
77	spend	spent	spent	소비하다
78	stand	stood	stood	서다
79	steal	stole	stolen	훔치다
80	lose	lost	lost	지다
81	swim	swam	swum	수영하다
82	take	took	taken	가지고 가다
83	tell	told	told	말하다
84	think	thought	thought	생각하다
85	understand	understood	understood	이해하다
86	overcome	overcame	overcome	극복하다
87	pay	paid	paid	지불하다
88	prove	proved	proved / proven	증명하다
89	quit	quit	quit	그만두다
90	rent	rented	rented	빌리다
91	ride	rode	ridden	타다
92	ring	rang	rung	울리다
93	rise	rose	risen	오르다
94	saw	sawed	sawn	톱질하다
95	creep	crept	crept	기다
96	upset	upset	upset	뒤엎다
97	seek	sought	sought	찾다
98	sell	sold	sold	팔다
99	send	sent	sent	보내다
100	sew	sewed	sewn/sewed	바느질하다
101	shut	shut	shut	닫다
102	spread	spread	spread	퍼지다
103	set	set	set	놓다
104	shake	shook	shaken	흔들다
105	shave	shaved	shaved / shaven	면도하다
106	kneel	knelt / kneeled	knelt / kneeled	무릎 꿇다
107	knit	knit / knitted	knit / knitted	뜨다
108	cling	clung	clung	매달리다
109	grind	ground	ground	갈다
110	forecast	forecast	forecast	예측하다
111	awake	awoke	awoken	깨다
112	lay	laid	laid	~을 놓다, 낳다
113	lie	lay	lain	눕다

No	현재	과거	과거완료	의미
114	burst	burst	burst	터지다
115	lead	led	led	인도하다
116	leap	leapt / leaped	leapt / leaped	뛰어오르다
117	leave	left	left	떠나다, 남기다
118	lend	lent	lent	빌려주다
119	light	lit	lit	비추다
120	flee	fled	fled	달아나다
121	mean	meant	meant	의미하다
122	arise	arose	arisen	생기다
123	melt	melted	melted	녹다, 녹이다
124	misunderstand	misunderstood	misunderstood	오해하다
125	foresee	foresaw	foreseen	예견하다
126	hang	hanged	hanged	교수형에 처하다
127	sink	sank	sunk	가라앉다
128	shake	shook	shaken	흔들다
129	shave	shaved	shaved/shaven	면도하다
130	shine	shone	shone	빛나다
131	study	studied	studied	공부하다
132	swear	swore	sworn	맹세하다
133	sweep	swept	swept	청소하다
134	throw	threw	thrown	던지다
135	sew	sewed	sewed / sewn	바느질하다
136	knit	knit / knitted	knit / knitted	뜨다
137	cast	cast	cast	던지다
138	saw	sawed	sawed	톱질하다
139	wind	wound	wound	감다
140	speed	sped	sped	속도를 내다

Ch 04

사역,
지각동사

 Focus

> 🕐 사역, 지각동사가 본동사인 경우 O.C 자리에 특이하게 "동사원형"이 올 수 있는 조건 및 그 특성 이해

❶ 사역동사(make, have, let): 목적어(O)에게 "~을 시킨다"는 의미의 동사 (즉, 5형식 문장 패턴)

(1) The man let them **take** a break.

> ✱ 목적어가 능동이면 동사원형 / 수동이면 과거분사 (P.P)
>   능동: 동작을 행하는 것, 수동: 동작을 당하는 것

⇨ 위 (1)의 본동사가 사역동사이고, 목적어(them)이 휴식을 취하는 것이므로 동사원형 (take)를 씀

(2) He made her (solve / to solve) the problem.   → 정답: **solve**   그녀가 문제를 해결함 (능동)

(3) My teacher had us (clean / to clean) the school.   → 정답: **clean**   우리가 학교를 치움 (능동)

(4) She had her car (fix / to fix / fixed) by him.   → 정답: **fixed**   자동차는 고쳐지는 것 (수동)

❷ 지각동사(see, watch, look at, hear, listen to, smell, feel, notice): 보고, 듣고, 느낀다는 의미의 동사

(1) She saw me **dance** at the school festival.

> ✱ 목적어가 능동이면 **동사원형** 또는 **현재분사(~ing)** / 수동이면 **과거분사 (P.P)**

⇨ 위 (1)의 본동사가 지각동사이고, 목적어(me)가 능동적으로 춤을 추는 것이므로 동사원형 (dance)를 씀

(2) I felt something (move / to move) on my arm.   → 정답: **move**   무엇인가 움직임(능동)

(3) He smelled the food (burning / to burn) in the oven.   → 정답: **burning**   음식이 타고 있음(진행)

(4) Look at the airplane (fly / to fly / flied) over there.   → 정답: **fly**   비행기가 날고 있음(능동)

A 다음 중 맞는 것을 고르세요.   정답&해설: p. 186

1. The child sang the song "*Let it* (*to go* / *go* / *gone*)" loudly.

2. Erik heard his father (to shout / shout / shouted) in the garage.

3. They all wanted the doctor (say / to say / said) that Jack is ok, no problem.

Focus

> 준사역동사와 일반 5형식 동사들이 문장의 본동사로 쓰인 경우의 목적보어(O.C) 자리 형태 학습

❸ 준사역동사 (help, get): 사역동사의 특성과 유사함을 보이는 동사

O.C 자리에 동사원형의 사용이 가능하거나 또는 get의 경우는 시킨다는 의미로 사용됨

✱ help는 목적어가 능동이면 **동사원형** 또는 **to 동사원형** / get은 목적어가 능동이면 **to 부정사** / 수동이면 **과거분사 (P.P)**

(1) He helped me (finish / finished) the report. → 정답: **finish** 내가 보고서를 끝마침(능동)

(2) She got the man (to pick / pick) up the box. → 정답: **to pick** 그가 집어 드는 것(능동)

(3) The dog will help the man (to find / found) the way. → 정답: **to find** 그가 길을 찾는 것(능동)

❹ 일반동사가 5형식 패턴으로 사용된 경우 (expect, allow, enable, want, ask, encourage……)

✱ 일반 5형식 동사는 목적어가 능동이면 **to 동사원형** / 목적어가 수동이면 **과거분사 (P.P)**

(1) They encouraged me (keep / to keep) going. → 정답: **to keep** 내가 계속하는 것(능동)

(2) Everyone expected the man (be / to be) happy. → 정답: **to be** 그가 행복한 것(능동)

(3) My father wanted me (to study / study) English. → 정답: **to study** 내가 공부하는 것(능동)

A 다음 중 맞는 것을 고르세요.   정답&해설: p. 186

4. The man got him (sit / to sit) down.

5. She expected Jason (come / to come) to see her.

6. Jack told me not (to be late / be late) again.

B 다음 중 맞는 것을 고르세요. 정답&해설: p. 187

1. David had the man (to repair / repair) my computer.

2. Let me (read / to read) the memo from her.

3. I had him (purchase / purchased) the expensive yacht.

4. When I saw this cute toy, it always makes me (to think / think) of my happy childhood.

5. Please let us (know / known) when you are ready to go.

6. The company has a newspaper (deliver / delivered) for the visiting customers.

7. Jane had the famous hair designer (cutting / cut / to cut) my hair.

8. That movie about friendship makes me (missing / to miss / miss / missed) my old friend.

9. The principal let the students (to go / go) out.

10. Mom used to make me (to wash / wash) my hands after playing outside.

C 다음 단어들을 알맞게 배열 또는 필요시 활용하세요. 정답&해설: p. 187

1. 나는 Jane이 그녀의 방에서 우는 것을 들었다. (in, I, cry, room, Jane, heard, her)

   ➜ _____

2. 너는 Chris가 자전거를 타는 것을 보았니? (bike, see, you, did, Chris, ride, a)

   ➜ _____

3. 나는 책상이 흔들리는 것을 느꼈다. (felt, shake, the, I, desk)

   ➜ _____

4. 우리는 해가 산 위로 떠오르는 것을 보았다. (watch, we, over, mountain, the, sun, the, rise)

   ➜ _____

5. 나는 내 이름이 불리는 것을 들었다. (name, hear, my, I, call)

   ➜ _____

D 주어진 괄호 속 단어의 형태를 올바르게 쓰세요.   정답&해설: p. 187

1. The boss let his employees (   ) the ground.   (cover)

2. She had Minsu (   ) the dishes.   (wash)

3. I had my hair (   ).   (cut)

4. I had the toys (   ).   (break)

5. She kept her face (   ) and (   ).   (cover / hide)

6. Sujin ordered him (   ) the piano.   (play)

7. I heard my phone (   ).   (ring)

8. I got my car (   ).   (fix)

9. I expect him (   ) tomorrow.   (come)

10. Let me (   ) myself.   (introduce)

11. He allowed me (   ) the comic books.   (read)

12. My teacher, David, wanted his students (   ) more without talking. (study)

13. His special ability enables us (   ) the dangerous situation everytime. (escape)

14. My teacher let us (   ) the movie during the class.   (watch)

15. The doctor had the kid (   ) the pill.   (take)

16. New software system will make us (   ) the game easily.   (enjoy)

17. She had her dog (   ).   (clean)

18. He made the car (   ) faster.   (run)

19. The teacher heard the student (   ) loudly.   (laugh)

20. She wanted him (   ) her.   (meet)

E 각 문제 유형에 알맞게 풀어 보세요.

정답&해설: p. 188

🏫 학교 시험 유형

1. 어법상 어색한 문장은? (4점) [중2 기출 유형]

① Nobody saw him take the bag.
② Did you ask the girl to sing a song?
③ The boy heard his mom calling his name.
④ She made him paint her house yesterday.
⑤ I noticed the thief stolen the diamond ring.

2. 다음 빈칸에 알맞지 않은 것은? (5점) [중2 기출 유형]

> • They will make him _____ .

① excited   ② a big desk   ③ a singer
④ study French   ⑤ to stop the car

3. 어법상 옳은 문장은? (4점) [중2 기출 유형]

① I saw my son ride a bike.
② Bill wants me not be late.
③ Mom told me clean my room.
④ The teacher let me to go home.
⑤ He asked me join his soccer club.

4. 어법상 잘못된 곳이 있는 문장은? (4점) [중2 기출 유형]

① Gifts from my parents make me happy.
② Too much homework makes him tired.
③ School festivals made them worry.
④ Old music makes the kid boring.
⑤ The documentaries make Tom excited.

5. 다음 중 어법상 옳은 것은? (3점) 중2 기출 유형

① Jin-su felt the Earth shaking.
② I told Sara come home early.
③ Mom always tells me to not lie.
④ Jim heard the church bell to ring.
⑤ Jane saw me to dance on the floor.

6. 다음 중 어법상 어색한 것은? (3점) 중2 기출 유형

① He felt something moving on my back.
② Ms. Jones watched a boy dancing.
③ The children heard him beat the drums.
④ Brad felt somebody touch his back.
⑤ I saw the lion to sleep on the rock.

7. 다음 빈칸에 들어갈 수 없는 것은? (3점) 중2 기출 유형

> • He _____ me to go there.

① wanted
② advised
③ let
④ told
⑤ allowed

8. 다음 중 어법상 잘못된 것은? (4점) 중3 기출 유형

① She helped me take care of my little brother.
② His speech made the students study hard.
③ The owner let me stay in the house.
④ Making him to go there is not that easy.
⑤ My teacher allowed him to go out.

■ 괄호 속의 단어를 알맞게 변형하고, 해석을 요구하는 문제는 해석하세요. (각 2점)

9. My father had my house _____ .　　　　　□ paint

　➡ 해석: _____

10. The man had his tooth _____ .　　　　　□ pull out : 뽑다

11. The president of Korea had the army _____ to Japan.　　□ move

　➡ 해석: _____

12. The funny game let the students _____ loudly.　　□ laugh

13. The car racer allowed the car _____ .　　　　□ start

14. The big power of hurricane made the tree _____ in the sky.　□ fly

　➡ 해석: _____

15. We saw the girl _____ .　　　　　　　□ laugh

16. The teacher expected the students _____ harder than now.　□ study

　➡ 해석: _____

17. Another hint made the situation _____ so easily.　　□ solve

18. Everybody heard the train _____ to them.　　　□ come

19. Gravity can make a thing's weight _____ . * gravity : 중력　□ feel

　➡ 해석: _____

20. The dark side of the building let the trash _____ .　　□ throw away

21. His hidden face in the mask made him _____ the confidence.　□ get

　　　　　　　　　　　* confidence: 자신감

22. His ability enabled the people _____ in the castle.　　□ escape

23. Lots of practice made the students _____ the perfect score for the test.　□ get

E 다음 중 알맞은 것을 <u>모두</u> 고르세요.

24. He wanted her (clean / to clean / cleaning) the classroom instead of himself.

25. She helped us (solve / solving / to solve / solved) this problem.

26. Let me (hold / to hold / holding) your bag.

27. Plants make the air (cleaning / to clean / clean).

28. Tom watched his sister (cross / to cross / crosses / crossing) the street.

29. I felt the chair (move / to move / moving) back little by little.

30. You should see our baby (walk / to walk / walking) by himself.

31. The teacher made the students (reach / to reach / reaching) the goal.

32. They let their children (to watch / watching / watch) TV.

33. I'll get him (go / to go / going) camping tomorrow.

34. He asked me (wait / to wait / waiting) in line.

35. Did you hear somebody (sing / to sing / singing) in the music room?

36. My brother felt something (touch / to touch / touching / touched) his head.

37. I heard my name (call / to call / calling / called) from behind.

38. I heard someone (call / to call / calling / called) his friends in the street.

39. Mom told me (get / to get / getting) rid of waste on the desk.

40. He watched the full moon (rise / to rise / rose / rising) yesterday.

41. The man allowed the students (go / to go / going) to the haunted house.

42. I can't make the baby (stop / to stop / stopping) crying.

43. He made his son (study / to study / studying) abroad.

44. 아래의 조건을 참고하여 우리말에 맞게 빈칸에 알맞은 단어를 쓰시오. (9점, 각 3점)   중3 기출 유형

> **조건**   1. let, make, get을 각각 한 번씩 쓸 것
> 2. read, break, clean 각각 한 번씩 쓸 것
> 3. 한 칸에 한 단어씩 쓰기
> 4. 필요시 활용할 것

(1) David는 내가 그녀의 방을 청소하도록 시켰다.

➡ : David ＿＿＿＿＿ ＿＿＿＿＿ ＿＿＿＿＿ her room.

(2) Sam은 네가 그 책을 읽게 해 줄 거야.

➡ : Sam will ＿＿＿＿＿ ＿＿＿＿＿ ＿＿＿＿＿ the book.

(3) 그녀가 이 책상을 부쉈다.

➡ : She ＿＿＿＿＿ ＿＿＿＿＿ ＿＿＿＿＿ ＿＿＿＿＿ .

45. (5점) 다음 중 맞는 것을 모두 고르세요.   중3 기출 유형

① She had the book's cover to change from black to white color.
② Jack made her drink a glass of wine against her will.
③ He just watched an old man on the subway tried to get the train off with his dog.
④ No one wants to let errors of the past destroy his present or his future.
⑤ Reading literatures could help us to understand and improve our own situations.

46. (9점) 다음 우리말과 일치하도록 괄호 안의 단어들을 활용하여 빈칸에 맞게 영작하시오.   중3 기출 유형
(필요할 경우 단어를 **추가**하거나 형태를 **변형**할 것)

1) (3점) Sam은 우리에게 모든 수업에 대해 시간을 지키라고 시키셨다. (is / on / have / time)

➡ : Sam ＿＿＿＿＿ ＿＿＿＿＿ ＿＿＿＿＿ ＿＿＿＿＿ ＿＿＿＿＿ every class.

2) (3점) 그는 우리에게 반친구들과 아이디어를 공유하라고 했다. (ideas / classmates / make)

➡ : He ＿＿＿＿＿ ＿＿＿＿＿ ＿＿＿＿＿ ＿＿＿＿＿ ＿＿＿＿＿ .

3) (3점) 그녀는 우리에게 수업에서 많은 질문을 하게 했다. (in / let / class / ask)

➡ : She ＿＿＿＿＿ ＿＿＿＿＿ ＿＿＿＿＿ many ＿＿＿＿＿ ＿＿＿＿＿ ＿＿＿＿＿ .

Ch 05

수동태

Ch 05.
수동태

Part 1 개념

✏️ **Focus**

 주어가 동작의 대상이 되는 경우를 수동태라고 부르며, 영어에서는 이를 "be + P.P"로 표현한다.

❶ 수동태(주어가 동작의 대상이 되는 경우) 표현 방법: be p.p by ~

· (능동문): He fixed my car .　　　　　→ 목적어 my car를 주어 자리로 이동 / 주어는 by 뒤로 이동

· (수동문): My car **was fixed** by him .　→ 동사는 be p.p 형태 / be 동사의 시제 및 수일치에 주의

❷ 수동태를 쓰는 이유

(1) 행위자가 누구인지 분명히 알 수 없는 경우이거나 중요하지 않을 때

　■ A jay-walking man **was hit** by a car.　　　✱ 차보다는 차에 치인 사람이 더 중요하게 부각됨

(2) 능동태의 주어보다 수동태의 주어에 더 관심이 있을 때

　■ The man **was awarded** the gold medal.　　✱ 금메달 수여자보다는 수상자가 더 부각됨

❸ 4형식 문장의 수동태 전환: 목적어가 두 개(간접 목적어 / 직접 목적어)인 만큼 수동태 전환도 두 개로 가능

(1) He gave **Sam the book**.

　① Sam **was given** the book by him.　　　　↪ 간접 목적어 Sam의 주어 자리로 이동

　② The book **was given** to Sam by him.　　↪ 직접 목적어 the book의 주어 자리로 이동

A 다음 중 맞는 것을 고르세요　　　　　　　　　　　　　　　　　정답&해설: p. 192

1. The piano (bought / was bought) by the kid.

2. I (heard / was heard) his calling.

3. The boat (made / was made) in Korea.

Focus

❹ 5형식 문장의 수동태 전환: 목적어만 주어 자리로 이동 가능

(1) We call <u>him</u> *lucky guy.*

└, He **is called** *lucky guy* by us.

⇨ 목적어(him)는 주어로 이동하였고, 목적보어(lucky guy)는 주격보어로 전환(2형식 문장)

❺ 수동태 전환이 불가능한 경우

(1) 목적어가 존재하지 않는 **자동사**의 경우 당연히 <u>수동태 표현 불가</u>

• 자동사 종류: seem, exist, happen, resemble, occur, consist of…

■ The accident **occurred** last night.　　　　⇨ 즉, was occurred 불가

(2) **상태**(become, resemble) 또는 **소유**(have, belong)를 의미하는 동사의 경우 수동태 표현 불가

■ Children **resemble** their parents.　　　　⇨ 즉, are resembled 불가

❻ by 이외의 다른 전치사를 쓰는 경우

· be pleased with ~에 기뻐하다	· be shocked at ~에 충격받다
· be covered with ~에 뒤덮이다	· be interested in ~에 관심있다
· be surprised at ~에 놀라다	· be filled with~ 로 가득차다
· be made **from** ~로 만들어지다(원재료 예측 불가)	· be made **of** ~로 만들어지다(원재료 예측 가능)

✳ This wine is made <u>from</u> grapes. 와인의 원재료(포도) 예측은 형태적으로는 불가능

　　This desk is made <u>of</u> wood. 책상의 원재료(나무) 예측이 가능

 A 다음 중 맞는 것을 고르세요　　　　　　　　　정답&해설: p. 192

4. She is quite (interesting / interested) in Korean History.

5. This car (is consisted of / consists of) lots of expensive things.

6. Tony, you (look / are looked) so great, today.

Focus

> 🕐 수동태 문장으로의 전환 시 특히 주의해야 하는 다양한 유형들을 익혀 보자.

❼ 수동태 전환 시 주의를 요하는 경우

(1) 지각동사나 사역동사의 수동태 전환

- Karl made him **finish** it.   → He was made **to** finish it by Karl.

- He saw the girl **dancing**.   → The girl was seen **dancing** by him.

  ↪ (1)의 경우 수동태 전환 시 목적격보어의 **동사원형**은 **to 부정사**로 전환 / ~ing는 그대로 사용

(2) 동사구(숙어)의 수동태 전환

- He **takes care of** his younger brother. → His younger brother **is taken care of** by him.

  ↪ (2)의 경우 수동태 전환 시 동사구 모두를 그대로 사용하여야 함

(3) 4형식 구조에서 직접목적어만 사용 가능한 경우 (buy, find, sell, write, make, cook…)

- I wrote him a letter. = I wrote a letter to him. (3형식)

  └, **He** was written a letter by me.   (X)   ↪ 그가 '쓰여'질 수는 없음

    A letter was written to him by me.   (O)

- My mom cooked me cookies. = My mom cooked cookies for me. (3형식)

  └, **I** was cooked cookies by my mom.   (X)   ↪ 내가 '요리되어'질 수는 없음

    Cookies were cooked for me by my mom.   (O)

A 다음 중 맞는 것을 고르세요   정답&해설: p. 192

7. We (built / were built) the building.

8. He (bought / was bought) the book after watching the movie.

9. This machine (made / was made) to help the old people.

B 다음 중 맞는 것을 고르세요.

정답&해설: p. 192

1. The letter from England (delivered / was delivered) by plane.

2. The news (surprised / was surprised at) him.

3. The man (surprised / was surprised at) the news.

4. A bag (brought / was brought) to the lost & found department. * lost&found department: 분실물센터

5. She (sent / was sent) a message to him.

6. The results (made / were made) both of them happy.

7. They (pleased / were pleased) to know she is getting better now.

8. The plan is going to (discuss / be discussed) tomorrow.

9. The rent is supposed to (pay / be paid) by the tenant.　　* be supposed to: ~ 하기로 되어있다

　　　　　　　　　　　　　　　　　　　　　　　　　* tenant: 세입자(건물을 빌려 사는 사람)

10. He has got all the items that (list / are listed) in the files.

C 다음 빈칸에 주어진 단어를 알맞게 활용하고, 선택형 문제는 알맞은 것을 고르세요. (단, 칸수의 힌트는 없음)

정답&해설: p. 192

1. The special machine will _____ well.　　　　　　　　　(fix)

2. Her gift is (packing / packed) by me.

3. The car (made / makes / was made) in Korea.

4. Your cup can _____ with coke or juice　　　　　　　(fill)

5. She _____ the memo to him.　　　　　　　　　　　(send)

6. The volunteers (cleared / were cleared) the *Haeundae* beach.

7. His phone (reset / was reset) by a staff in the company.

8. The bridge _____ 3 years ago.　　　　　　　　　　(exist)

9. The book is made (of / from / by) recycled paper.

10. Mom _____ the soup for me yesterday.　　　　　　(cook)

D 아래의 문장들을 **수동문으로 전환**하고, 전환 불가하다면 "**X**"라고 표시하세요.   정답&해설: p. 193

---

1. He takes care of his younger brother.

➜ 수동태: _____

2. Mike bought Jane flowers.

➜ 수동태: _____

3. She writes me a letter everyday.

➜ 수동태: _____

4. Jack saw the girl dance.

➜ 수동태: _____

5. You look beautiful today.

➜ 수동태: _____

6. People called him Lucky Guy.

➜ 수동태: _____

7. I have your car in my house.

➜ 수동태: _____

8. He did not build the house.

➜ 수동태: _____

9. Children resemble their parents.

➜ 수동태: _____

10. Did you find your book yesterday?

➜ 수동태: _____

11. We elected Mr. Obama president of U.S.A.

➜ 수동태: _____

12. I saw him paint the blue house.

➜ 수동태: _____

13. Where did she buy that book?

➜ 수동태: _____

14. He did not make the noise.

➜ 수동태: _____

15. The teacher made many useful things for the students.

➜ 수동태: _____

정답&해설: p. 193

E 각 문제 유형에 알맞게 풀어 보세요.

🏫 학교 시험 유형

1. 다음 문장들 중에서 어법이 바르게 쓰인 것은? (4점)　　　　중2 기출 유형

① Hangeul were made by King Sejong in Joseon Dynasty.
② This worksheet could be use by students.
③ *Romeo and Juliet* were written by Shakespeare.
④ The telephone is invented by Alesander Graham Bell.
⑤ The Mona Lisa was painted by Leonnardo da Vinci.

2. 아랫글의 줄 친 부분과 같은 뜻이 되도록 할 때 알맞은 것은? (4점)　　중2 기출 유형

보기

• People could carry the boxes easily.
= The boxes _____ easily.

① could carry
② could be carry
③ could is carried
④ could be carried
⑤ could have carried.

3. 다음 중 어법이 **잘못된** 것은? (4점)　　　　중2 기출 유형

① *Harry potter* was read by many kids.
② The picture was taken by Jack.
③ That coffee machine was invented by the famous inventor.
④ The book was written by Shakespeare.
⑤ The castle was build by Roman Empire.

4. 다음에서 문법적으로 **틀린** 것은? (4점)　　　　중2 기출 유형

① *Let it be* was sung by Beatles.
② Chocolate is loved by children.
③ The car was made in Korea.
④ *The Little Mermaid* wrote for the children.
⑤ The Colosseum was built by the Romans.

5. 아래의 (A)와 의미가 같도록 보기의 주어진 단어를 모두 사용하여 영작하시오. (필요시 **활용**할 것) (8점)

(총 14단어: Jane 포함)

중3 기출 유형

(A) Jane은 요리를 향한 열정을 추구할 또 다른 기회를 얻게 되어 행복했다.

보기

pursue / happy / for cooking / was / her passion
give /to / to / another / be / chance

→ : **Jane** _____

_____

6. 다음 보기에 주어진 단어들 중 필요한 것만을 사용해서 각 문장을 완성하시오. (각 1점, 총 2점)

(단어 중복 사용 가능, 필요에 따라 단어의 형태를 변형할 것)

고1 기출 유형

보기

of / astonish / be / famous / addict / know / to / for / as

(1) I think Jack _____ _____ _____ the smartphone.

Jack이 스마트폰에 중독된 것 같아.

(2) Sam _____ _____ by his "I Have a Dream" speech yesterday.

Sam은 어제 그의 연설에 깜짝 놀랐습니다.

7. 아래 보기의 우리말 문장을 보기에 주어진 어구를 모두 사용하여 조건에 맞게 영어로 쓰시오. (6점)

중3 기출 유형

> **보기**
>
> 업사이클링을 통해, 쓸모없는 물건도 일상생활에 유용한 것으로 탈바꿈될 수 있다.

> **조건**
> 1. 수동태 문장으로 쓸 것
> 2. 보기에 주어진 단어들은 반드시 사용할 것
> 3. 필요시 단어를 활용하거나 추가할 것
> 4. 우리말 문장의 의미와 일치하도록 쓸 것
> 5. 적어야 되는 단어 수, 총 (12)단어 / 2개 이상 오류 0점

useful / transform / for everyday life /
into / a useless object / something / can

➡ : Through upcycling, _____

_____

8. (4점)

중3 기출 유형

(A) David가 무엇을 해야 하는지 들었을 때, 그는 매우 놀랐다.

> **보기**
>
> surprise / do / hear / what / When / to / he / David / so

위 (A)와 같은 의미가 되도록 <보기>에 주어진 표현을 사용하여 아래의 <조건>에 맞게 영작하세요.

> **조건**
> 1. 보기 표현은 전부 사용하되, 필요시 단어 추가 및 활용하여 쓸 것
> 2. 해석에 맞게 능동, 수동태를 구분하여 쓸 것 / 총 (10)단어
> 3. 철자 오류, 대소문자 오류는 건당 0.5점 감점
> 4. 문법 오류는 건당 -1점

➡ : _____

_____

9. 주어진 우리말과 같은 뜻이 되도록 <보기>의 단어를 사용하여 <조건>에 맞는 문장을 완성하시오. (4점)

In fact, the word souvenir means "memory" in French, so <u>무엇이든 "기념품"이라 불릴 수 있다</u>.

보기

can / souvenir / <u>what</u> / call

> 조건 　1. 보기에 밑줄 친 단어를 알맞은 복합관계대명사로 바꾸어 완성할 것
> 　　　　2. 필요시 단어를 추가할 것
> 　　　　3. 주어진 단어를 필요시 활용할 것

 : _____

10. 우리말 (A)과 같은 뜻이 되도록 <보기>의 단어를 사용하여 <조건>에 맞는 문장을 완성하시오. (5점)

(A) 사실, 고대 이집트 때의 꿀은 오늘날에도 먹을 수 있다

보기

Ezypt / In fact / from / can / today
honey / ancient / eat

> 조건 　1. 보기에 주어진 단어는 모두 사용할 것
> 　　　　2. 해석에 알맞게 영작할 것 / 주어는 honey를 사용할 것
> 　　　　3. 필요시 단어를 추가하거나 활용할 것
> 　　　　4. 각 오류 건당 - 0.5점 / 의미가 통해도 조건을 어긴 경우 감점

➜ : _____

Ch 06

To 부정사

✎ **Focus**

 To 부정사가 문장 속에서 세 가지 품사(명사, 형용사, 부사적 용법)과 같은 역할로 쓰임을 이해한다.

❶ to 부정사의 세 가지 용법: 명사적, 형용사적, 부사적 용법

✱ to 부정사는 **품사가 정확하지 않은 것**을 의미하며, 세 가지 용법으로 사용됨

용법	예문	설명
명사적 용법 (S, O, C)	(1) **To read books** is so interesting. (2) I like **to read books**. (3) My hobby is **to read books**.	(1) 동사 is 앞의 주어 자리 　　　(주어 역할) (2) 동사 like 뒤의 목적어 자리 　(목적어 역할) (3) 동사 is 뒤의 보어 자리 　　(보어 역할)
형용사적 용법 (~할, ~한)	(4) I have many books **to read**.	(4) 명사(books)를 뒤에서 수식(형용사 역할) 　　(나는 **읽을** 많은 책들이 있다.)
부사적 용법 (목적, 근거, 결과, 이유)	(5) I came here **to see you**. (6) She is smart **to get the chance**. (7) He grew up **to be the president**. (8) She smiled **to see the monkey**.	(5) 목적: ~하기 위해서 (6) 판단의 근거: ~ 하다니, ~ 하는 것을 보니 (7) 결과: ~ 이 되다 (8) 이유: ~ 해서

❷ to 부정사의 "태": to 부정사도 능동, 수동을 구분하여 표현해야 함

✱ 수동태 표현 방법: to **be + P.P**

(1) 능동태: I need to clean my car.

(2) 수동태: My car needs to **be cleaned**. ⇨ 내 차는 세차**되는 것**이므로, to clean으로 표현하면 오류

His house needs to **be painted**. ⇨ 그의 집은 페인트칠**되는 것**이므로 수동태(be+p.p)로 표현

A 다음 중 맞는 것을 고르세요　　　　　　　　　　　　　　　　　정답&해설: p. 195

　1. To (read / reading) books about Artificial Intelligence is so interesting to me.

　2. I really want (to change / changing) my car.

Focus

 To 부정사가 자신만의 주어(의미상 주어)와 비록 한정된 형태이지만 시제를 표현하는 것을 배운다.

❸ **to 부정사의 "의미상의 주어": to 부정사의 행동의 주체(주어)를 따로 표현하는 방법**

✱ to 부정사의 **동사**가 자신만의 **주어**를 표현하는 경우가 있으며 이것을 **의미상의 주어**라고 함

표현 방식	사용 상황	예시
for+ 목적격	to 부정사의 주어를 따로 표현해야 하는 경우	(1) It is good **for him** to win the medal. (2) I explained it **for him** to understand well.
of+ 목적격	사람의 **성질, 성격을 나타내는 형용사**가 포함된 문장인 경우 ✱ smart, silly, kind, rude, nice, wise, stupid…	(1) It was nice **of her** to behave like that. (2) It was so kind **of him** to help me that day.

↪ 이때 for him의 해석은 "그를 위해"라고 하지 않고, 주격조사를 붙여서 "그가"라고 해석

(1) It is surprising for him to win the contest.　　　　그가 콘테스트에서 승리한 것은 놀랍다.

(2) I explained it twice for students to understand well.　나는 학생들이 잘 이해할 수 있도록 그것을 두 번 설명했다.

❹ **완료형 부정사(to have p.p): to 부정사의 시제가 본동사 시제보다 한 시제 더 앞선다는 것을 표현**

(1) 단순형 부정사:

　　① I want **to go** to Busan.　　　　✱ 동사(want: 현재) 시점에서 가길 원하고 있음을 나타냄.

(2) 완료형 부정사:

　　① He seems **to have been** rich. = It seems that he **was** rich.

　　　✱ 완료부정사(have p.p)는 본동사(seems: 현재)보다 한 시제 더 먼저 일어났음을 의미, 즉, 과거에 부자였음을 의미.

　　② She was believed **to have rejected** the proposal.

　　　= It was believed that she **had rejected** the proposal.　✱ 제안을 거절한 것이 한 시제 더 먼저 발생.

❺ **가주어 / 진주어: 진짜 주어인 to 부정사구 전체를 뒤로 보내고, 원래의 주어 자리는 It으로 대체**

(1) **It** is really good **to meet you again**.　　　　✱ It (가주어)~to 부정사(진주어)

(2) He found **it** difficult **to finish the work in two days**.　✱ it (가목적어)~to 부정사(진목적어)

　✱ 위처럼 가주어, 가목적어를 쓰는 것은 진주어 또는 진목적어가 너무 길어서 뒤로 보낸 후 원활한 소통을 위함.

 다음 중 맞는 것을 고르세요　　　　　　　　　　　　　　정답&해설: p. 195

　3. My goal of this year is (earn / to earn) much money.

　4. (It / That) is possible for him to finish the project by himself.

❻ to 부정사를 목적어로 취하는 동사: 아래의 특정 동사들은 뒤에 "to 부정사"를 취함

expect, want, hope, wish, agree, decide, choose, promise, refuse, offer, plan, pretend, afford…

✽ 위의 동사들이 to 부정사를 목적어로 취할 때 대부분 미래지향적인 의미가 강함. (expect to: ~를 기대하다)

❼ to 부정사의 관용적(습관적) 쓰임

- so to speak (말하자면)
- to be brief (간단히 말해)
- to tell the truth (사실대로 말하면)
- not to speak of (~은 말할 것도 없이)
- to sum up (요약하면)
- to be frank with you (솔직히)

❽ "too ~ to 동사원형" 구문 (해석: 너무 ~해서 -할 수 없다. 즉, 부정문)

✽ too ~ to 구문은 so ~ that 주어 can't / couldn't 동사원형 문장으로 전환 가능.

(1) Park is **too** tall **to** get in the taxi. = Park is so tall that he can't get in the taxi.

(2) He was **too** young **to** marry her. = He was so young that he couldn't marry her.

↪ 예문 (2)처럼 본동사가 과거시제(was)이면 couldn't로 시제를 일치시켜야 함

❾ "enough to 동사원형" 구문 (해석: ~ 할 만큼 충분히 -하다. 즉, 긍정문)

✽ enough to 구문은 so~that 주어 can / could+동사원형 문장으로 전환 가능

(1) He is strong **enough to** lift the heavy box. = He is so strong that he can lift the heavy box.

(2) He was tall **enough to** reach the ceiling. = He was so tall that he could reach the ceiling

---

A 다음 중 맞는 것을 고르세요   정답&해설: p. 195

5. They enjoyed (to ride / riding) a mountain motorcycle.

6. The people from the charity planned (to help / helping) the people in need.

B 다음 중 알맞은 것을 고르고, to 부정사의 용법을 적으세요.   정답&해설: p. 195

1. To have many friends (is / are) good for you.   1. 【   】적 용법

2. She smiled (seeing / to see) the monkey.   2. 【   】적 용법

3. Give me something (to drink / drinking).   3. 【   】적 용법

4. It is not easy (learning / to learn) English.   4. 【   】적 용법

5. It is time (of / for) you to go to bed.   5. 【   】적 용법

6. It is very silly (of / for) her to say like that.   6. 【   】적 용법

7. (It / That) is hard to master English in a short time.   7. 【   】적 용법

8. It is important for everyone to (keep / keeping) healthy.   8. 【   】적 용법

9. There are many books (reading / to read).   9. 【   】적 용법

10. To send those mails (is / are) important by tomorrow.   10. 【   】적 용법

11. She expected (take / to take) a rest after hard work.   11. 【   】적 용법

12. I want something (to write on / writing).   12. 【   】적 용법

C 다음 단어들을 알맞게 배열하세요.   정답&해설: p. 195

1. 그들은 여행을 가지 않기로 동의했다. (go / they / not / agreed / to / on a trip)
   ➜ _____

2. 나는 좋은 소방관이 되기를 바란다. (a / be / to / I / fire fighter / hope / good)
   ➜ _____

3. 그를 설득하기는 어려웠다. (hard / him / was / persuade / to / It)
   ➜ _____

4. 우리 집은 역에서 보여. (seen / from / my house / is / be / the station / to)
   ➜ _____

5. 그가 너를 돕는 것은 가능해. (help / for / possible / It / him / to / you / is)
   ➜ _____

D 아래 각 문제들 유형에 맞게 풀어 보세요.

정답&해설: p. 196

[1-5번] 다음 보기 중 알맞은 단어를 선택한 후 올바르게 변형하세요.

encourage,   go,   ask,   visit,   take

1. I have a friend in New York but I haven't seen him since 2020. So I want _____ him.
2. It will rain today. I need _____ an umbrella.
3. I don't know how _____ him this question. He's not a kind person.
4. Where are you planning _____ during the vacation?
5. My English teacher _____ me to make a presentation in English yesterday.

[6-20번] 아래의 빈칸에 우리말 해석에 맞게, 알맞은 단어를 써서 완성하세요.

6. To _____ a diary in English is tough. (영어 일기를 쓰는 것은 어렵다)

7. He must be kind _____ help _____ . (나를 돕는 것으로 보아 그는 친절해)

8. She grew up _____ _____ a scientist. (자라서 과학자가 되었다)

9. I studied hard _____ _____ the _____ . (시험에 통과하기 위해)

10. _____ is tough _____ learn _____ . (영어를 배우는 것은 어렵다)

11. You are too _____ _____ _____ . (넌 결혼하기엔 너무 어려)

12. My car was to _____ _____ by the mechanic. (나의 차는 수리되었어)

13. You should hit the book if you _____ _____ succeed. (만약 네가 성공하고자 한다면)

14. She has many children to take _____ c _____ o _____ . (돌봐야할 많은 아이들이 있다)

15. _____ is impossible _____ _____ _____ help you. (그가 너를 돕는 것은 불가능해)

16. This image reminds you _____ _____ your teeth. (네가 양치해야 함을 상기시켜줘)

17. _____ is foolish _____ _____ to make such a mistake. (그녀가 그런 실수를 하다니 어리석다)

18. I expect _____ _____ _____ soon. (나는 그가 곧 오기를 기대한다)

19. I want someone to _r_____ on. (난 의지할 누군가가 필요해)

20. There is no chair to _____ _____ in this room. (이 방에는 앉을 의자가 없다)

Part 4 완성

E 각 문제 유형에 알맞게 풀어 보세요.

정답&해설: p. 197
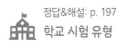
학교 시험 유형

1. 밑줄 친 것 중 그 용법이 **다른** 하나는? (3점)

① <u>To make</u> him happy she did her best.
② His father expects <u>to meet</u> her.
③ <u>To be</u> a doctor is not easy.
④ My dream is <u>to be</u> a CEO.

2. 밑줄 친 것 중 그 용법이 **다른** 하나는? (3점)

중2 기출 유형

① <u>To meet</u> Dr. Kim is quite difficult.
② She hopes <u>to become</u> an engineer.
③ This year's goal is <u>to be</u> kind to my family.
④ I don't have any money <u>to buy</u> the toys.

3. 다음 중 어법상 **어색한 것**을 고르시오. (3점)

중2 기출 유형

① She wanted to take good pictures.
② My dream is to is a famous singer.
③ I want to go camping.
④ My homework is to solve this question.
⑤ My plan is to learn Spanish.

4. 아래의 밑줄 친 부분과 쓰임이 **다른** 것은? (4점)

중2 기출 유형

> You feel that you have nothing **to wear.**

① Can I have something <u>to drink</u>?
② I'm happy <u>to meet</u> you all.
③ Do you have time <u>to play</u> soccer?
④ There wasn't anybody <u>to help</u> me.
⑤ They usually have no work <u>to do</u> on Saturday.

5. 밑줄 친 것과 같은 용법인 것을 **2개** 고르시오. (3점)   중2 기출 유형

> There are many famous places **to visit** in Busan.

① I love to play soccer.
② They wanted something to drink after hiking.
③ She also started to write on her blog.
④ He wants to play baseball after school.
⑤ I have much homework to do this week.

6. 다음 중 어법상 **어색한 것**은? (3점)   중2 기출 유형

① John bought some water to drink.
② My sister gave me a book to read.
③ I have some pictures to show you.
④ I need something fun to read.
⑤ She needs some paper to write.

7. 아래의 **to get**과 쓰임이 같은 **2개**는? (3점)   중2 기출 유형

> Dear Ji-yu,
> Hi, Ji-Yu. I'm your Manito. Everyone loves you so much. I think this game will give me a good chance **to get** to know you better. You, Ji-Yu, may be curious about who I am. But I cannot tell you my name. On next Friday, I will tell you who I am. Take care~!

① I have a lot of work to do today.
② He is happy to get a letter from her.
③ I had a topic to write about.
④ Her hobby is to play the piano.
⑤ I went to Busan to meet my friend.

8. 다음 보기의 to learn과 쓰임이 같은 것은? (4점) 중2 기출 유형

보기

Why don't we visit those places **to learn**
more about Korean history?

① He grew up to be a lawyer.
② I'm glad to hear many opinions from you.
③ He must be a genius to solve the problem.
④ I like to play soccer with my friends.
⑤ I got up early to catch the first train to Seoul.

9. 아래 보기의 밑줄 친 (A)를 아래의 주어진 조건들에 알맞게 영작하세요. (총 7점) 중3 기출 유형

보기

We had another problem. (A) <u>어느 누구도 그것을 해결하는 법을 알지 못했다.</u>

조건

1. (3점) ① No로 시작 ② 의문사 + to 부정사 사용 ③ 해결하다(solve) 사용 ④ 6단어 추가

➡ : No _____ .

2. (4점) ① No로 시작하고 ② 의문사 + 주어 + 조동사 + 동사원형 사용

➡ : No _____ .

---

10. 보기와 같이 짝지어진 세 문장의 의미가 일치하도록 문장을 완성하세요. (8점, 개당 4점) 중3 기출 유형

보기

Jack went to bed early to get up early.
= Jack went to bed early <u>in order to get up early</u>.
= Jack went to bed early <u>so that he could get up early</u>.

Jack jogs every morning to stay healthy.

= _____

= _____

11. 다음 조건에 맞게 문장을 완성하세요. (12점, 개당 4점) 중3 기출 유형

> **조건** 1. enough to 구문을 사용할 것
> 2. 주어진 단어들을 반드시 활용할 것
> 3. 우리말과 같도록 완전한 영어 문장으로 쓸 것

1) 그는 키가 천장에 닿을 만큼 크다. (the ceiling / reach)

= _____

2) Sally는 차를 운전할 만큼 충분히 나이가 많지 않다. (a car / old)

= _____

3) Jack은 귀신의 집에 들어갈 만큼 충분히 용감하지 않다. (the Ghost House / go into)

= _____

12. 아래 보기의 빈칸에 들어갈 말이 순서대로 짝지어진 것은? (3점) 중2 기출 유형

> **보기** When I finished cleaning, I was _____ tired _____ I couldn't exercise.

① to - too   ② very - so   ③ too - to   ④ so - that   ⑤ so - to

13. 다음 중 보기의 밑줄 친 부분의 쓰임과 같은 것을 **모두** 고르세요. (3점) 중2 기출 유형

> **보기** I ran **to catch** the taxi.

① My mother went to the supermarket <u>to buy</u> some food.
② Jane woke up <u>to find</u> that she passed the exam.
③ I was so silly <u>to sit</u> on my glasses.
④ She put a finger to her mouth <u>to ask</u> for being quiet.
⑤ <u>To be</u> frank, she doesn't love him.

14. 어법상 **어색한** 부분을 찾아 바르게 다시 고쳐 쓰세요. (9점, 각 3점) 중3 기출 유형

1) We need some chairs to sit.   ➜ _____

2) I have some pictures showing you.   ➜ _____

3) Let's make delicious to eat something.   ➜ _____

15. 다음 주어진 어휘들을 **모두** 사용하여 영어 문장을 완성하세요. (3.6점, 개당 1.8점) 고1 기출 유형

- 어법이 틀리거나 문장 구조가 어색하면 개당 1점 감점
- 철자가 틀리면 개당 0.3점 감점
- 내용이 어색하면 개당 0.3점 감점

1) I don't think (to, it, sense, a school uniform, makes, buy) before knowing where to go.

➜ : _____

2) The old cook gave her advice on (to, of, used, properly, cooking oil, dispose, how)

➜ : _____

16. 주어진 문장을 <보기>처럼 같은 의미로 바꿔 쓰세요. (6점) 중3 기출 유형

보기

He was so tired that he could not go to the party.
→ He was too tired to go to the party.

She practiced so hard that she could win first prize.
→ She practiced hard enough to win first prize.

1) (3점) Jane was so busy that she couldn't meet her friends.

➜ : _____

2) (3점) The cat was so small that it could pass the hole on the door.

➜ : _____

17. 문장의 의미가 **어색한** 것은? (3점) 중3 기출 유형

① This computer is too slow to use.
② He's strong enough to lift the box.
③ Knives are too dangerous to play with.
④ He's so rich that he can buy the house.
⑤ He is so smart that he can't solve the problem.

18. (4점, 각 2점)

Many students consider it nothing, but **그들은 너무 어려서 그것을 이해하기 힘들다**.

주어진 우리말과 같은 뜻이 되도록 <보기>의 단어를 사용하되, <조건>에 맞게 문장을 완성하시오.

보기

young / it / be / understand / they

조건
1. 보기의 주어진 단어를 모두 사용할 것
2. 필요시 단어를 **추가** 또는 **활용**할 것
3. 아래 1)은 too~to 구문 / 2)는 so~that 구문으로 영작

➡ : 1) _____

➡ : 2) _____

Ch 07

동명사

 Focus

> 동명사란 동사에 ~ing를 붙여 명사의 기능을 하게 만든 형태, 즉 문장에서 주어, 목적어, 보어 자리 등장

❶ 동명사의 형태 및 역할: 명사 역할 수행

형태	역할	예문	설명
동사원형 +ing	명사 역할 (S, O, C)	① **Reading books** is so interesting. ② I enjoy **reading books**. ③ My hobby is **reading books**.	① 동명사구가 **주어** 역할(동사 앞자리) ② 동명사구가 **목적어** 역할 (동사의 대상) ③ 동명사구가 **보어** 역할(주어와 동격)

⇨ 문장 분석에서 제일 중요한 점은 "동사"부터 찾아야 함

❷ 동명사의 "태": 동명사도 능동, 수동태를 구분하여 표현　　　　⇨ 수동태는 "be + P.P"로 표현

(1) 능동태: The student usually enjoys **teaching** English to his brother.

　　✱ **가르치는 것**을 즐긴다는 것

(2) 수동태: The student always regrets **being taught** by his brother.

　　✱ 형에게 **배운 것**을 후회한다는 것

⇨ 즉, 동명사의 수동태는 "**being + P.P**"로 표현

❸ 완료형 동명사 (having p.p):　동명사의 "시제"가 본동사보다 **한 시제 더 앞선다는 것**을 표현

　　　　　　　　　　　　동명사도 결국은 동사에서 파생된 형태이므로 제한적이지만, 시제 표현이 가능

(1) 단순형 동명사: She enjoys **eating** much cake.　　✱ 동사(enjoy: 현재시제) 시점에서 즐기고 있음을 표현

(2) 완료형 동명사: I denied **having stolen** his book.

　　= I denied that I **had stolen** his book.

　　✱ 완료형 동명사(having p.p)는 본동사 (denied: 과거)보다 한 시제 먼저 발생한 것이므로, 그 전에 훔친 적 없다는 뜻

⇨ 위의 that 절로 전환해 보면 "주어 + 동사(시제 포함)"가 정확히 표현됨

A 다음 중 맞는 것을 고르세요　　　　　　　　　　　　　　　정답&해설: p. 200

　　1. The C.E.O didn't mind (to move / moving) to another country.

　　2. The participants really wanted him to admit (losing / to lose) the game.

Focus

동명사의 의미상의 주어와 동명사를 목적어로 취하는 동사들을 배운다.

❹ 동명사의 "의미상의 주어": 동명사의 행동의 주체(주어)를 따로 표현하는 방법 (소유격 또는 **목적격**으로 표현)

　↪ 동명사도 "동사"가 포함되어 있으므로, 자신만의 **주어**를 표현하는 경우가 있으며 이때 **의미상의 주어**를 사용

의미상 주어 표현 방법	예문	해석
	I don't mind going there.	나는 거기에 가는 것을 꺼리지 않는다.
① **소유격**	① I don't mind **his** going there.	나는 **그가** 거기에 가는 것을 꺼리지 않는다.
② **목적격**	② The teacher enjoys **her** playing the piano.	선생님은 **그녀가** 피아노 치는 것을 즐긴다.

　↪ 동명사의 "의미상 주어" 해석은 우리말 주격조사(은, 는, 이, 가)를 붙여서 해석: her → 그녀의 (X), 그녀**가** (O)

❺ 동명사를 목적어로 취하는 동사: 아래의 특정 동사들은 뒤에 "동명사 형태(R+ing)"를 취함

　enjoy, finish, mind, suggest, deny, postpone, give up, admit, avoid, consider, practice⋯

　(1) She considered (to go / going) there. 　　　　　　　　　　→ 정답: **going**

　(2) He expected (to go / going) there. 　　　　　　　　　　　→ 정답: **to go**

　　✽ 동명사 목적어를 취한 경우 "과거 시점"을 의미하는 경우가 많음 (I enjoy swimming: 과거부터 즐겼음)

❻ 전치사 + 명사 (동명사): 전치사 뒤에는 **명사**가 위치하지만, 동사가 등장할 때는 **동명사** 형태 유지

　(1) Jane is running <u>with</u> her **dog**. 　　　　　　✽ 전치사(with) + 명사 (dog)

　(2) Sam was waiting for the friends <u>with</u> **singing** alone. 　✽ 전치사(with) + 동명사 (singing)

 A 다음 중 맞는 것을 고르세요 　　　　　　　　　　　　정답&해설: p. 200

　3. The teacher suggested (studying / to study) English everyday.

Focus

> 동명사만을 목적어로 취하는 동사들과 동명사의 관용적 표현(습관적 사용) 예시들 학습한다.

❼ 동명사의 관용적(습관적) 쓰임→ 관용적 표현들은 암기 필수

- look forward to~ing (학수고대하다)
- be worth ~ing (~할 가치가 있다)
- can not help ~ing (~하지 않을 수 없다)
  = can not but 동사원형
  = have no choice but to 동사원형

- be busy ~ing (~하느라 바쁘다)
- It goes without saying that ~ (~은 말할 필요도 없다)
- It is no use (=good) ~ing (~해봤자 소용없다)
- feel like ~ing (~하고 싶다)
- be on the point of ~ing (막 ~하려 하다)

❽ 동명사와 to 부정사 둘 다 목적어로 취하는 동사: stop / forget / remember / try / regret / mean

↪ 어느 형태를 목적어로 취하느냐에 따라서 의미상의 차이가 존재하므로, 시험에 자주 출제되고 있음

(1) He stopped **to read** the newspaper.
(~하기 위해서)

He stopped **reading** the newspaper.
(~한 것을)

(2) He tried **to learn** English.
(try to: 노력하다)

He tried **learning** English.
(try ~ing: 시도하다)

(3) She regrets **to announce** the news.
(regret to: ~하게 되어 유감이다)

She regrets **announcing** the news.
(regret ~ing: ~했던 것을 후회한다)

(4) He means **to phone** her.
(mean to: ~할 작정이다)

It meant **avoiding** him.
(mean ~ing: ~라는 것을 의미한다)

＊forget, remember의 해석 방법도 위 (1)번의 해석 방법을 그대로 적용하면 됨

↪ **stop, forget, remember**의 경우 to 부정사를 취하면 미래 지향적 의미, 동명사는 과거 지향적 의미를 표출, 나머지는 별도 암기

A 다음 중 맞는 것을 고르세요   정답&해설: p. 200

4. He stopped (to talk / talking) with him to get the phone.

B 다음 중 맞는 것을 고르세요.   정답&해설: p. 200

1. My hobby is (go / going) to other countries.

2. Jessica enjoys (to paint / painting).

3. Do you mind (to open / open / opening) the window?

4. How about (to write / writing) a diary in English?

5. Stay silent and just read the book without (talk / talking) in the library.

6. (Smoke / Smoking) is not good for your health.

7. Does the KTX have a (slept / sleeping) car?

8. He felt like (to drive / driving / drive) at that time.

9. This book is worth (to read / read / reading).

10. It is no use (to go / go / going) there because it's too late.

11. He suggested (eating / eat / to eat) dinner with her.

12. Reading comic books (is / are) interesting.

13. The scholar finished (to write / writing) his book.

14. The man gave up (to save / saving) money.

15. Being kind to others (is / are) a good manner.

C 아래 각 문제의 유형에 알맞게 해결하세요.   정답&해설: p. 201

1. 그는 그녀가 피아노 치는 것을 즐긴다.
   He _____ _____ _____ the _____ .

2. 선생님은 그가 시험을 포기한 것을 용서했다.
   The teacher forgave _____ _____ _____ the exam.   * give up: 포기하다

3. Tom은 항상 책을 읽느라 바쁘다.
   Tom _____ always _____ _____ books.

4. 우리는 그녀를 만나기를 기대하는 중이다.
   We are _____ _____ _____ _____ her.

5. 그는 그 정비공에게 그의 차를 고친 것을 후회했다.
   He regretted his car _____ _____ _____ by the mechanic.

D 아래의 각 문제 유형에 알맞게 해결 하세요.

정답&해설: p. 201

[1-10번] 다음 중 **잘못된** 부분을 고치고, 해석하세요. [틀리지 않은 문제 **3** 문제 번호 ➡ _____ _____ _____]

1. Meeting my old friends once a year are so fun to me.

2. The director postponed to release the new movie.

3. I could not help singing the song again because many people wanted it.

4. Watching airplanes flying in the sky are so exciting.

5. It is no good to trying to solve it.

➡ 해석: _____

6. Expressing my mind to her being not easy.

➡ 해석: _____

7. Kane finished to write the books.

8. The teacher enjoy him playing the piano.

➡ 해석: _____

9. Do you mind opening the window?

10. They are looking forward to him passing the test.

➡ 해석: _____

[11-16번] 해석에 알맞게 **영작**하세요. (단, 필요시 동사의 형태를 알맞게 **변형**하세요)

11. (his / soccer / enjoy / play / the P.E teacher)　　　체육 선생님은 그가 축구 하는 것을 즐겼다.

➡ : _____

12. (Jack / take / remember / I / my / computer)　　　나는 Jack이 내 컴퓨터를 가져간 것을 기억한다.

➡ : _____

13. (her / the / bring / forgot / he / books)　　　그는 그녀가 그 책들을 가져온 것을 깜박했다.

➡ : _____

14. (the / is / dad / proud of / my / test / pass)　　아빠는 내가 그 시험을 통과한 것을 자랑스러워한다.

➡ : _____

15. (to / Sam / his / her / object / meet)　　　Sam은 그가 그녀를 만나는 것에 반대했다.

➡ : _____

16. (be / of / lose / afraid / David / her)　　　David는 그녀를 잃을까 염려한다.

➡ : _____

E 각 문제 유형에 알맞게 풀어 보세요.

정답&해설: p. 202
🏫 학교 시험 유형

1. 다섯 사람의 여가 활동을 나타낸 표현이다. 어법이 바른 것은? (3점)   중2 기출 유형

　① Jack <u>enjoys to read</u> books in his free time.
　② David <u>enjoys to swim</u> on Wednesdays.
　③ He <u>enjoys watch</u> baseball game on TV.
　④ She <u>loves to meeting</u> people.
　⑤ Ann <u>loves playing</u> the guitar in her free time.

2. 다음 밑줄 친 부분에 들어갈 말로 차례대로 짝지어진 것은? (2점)   중2 기출 유형

> • He enjoyed _____ soccer after school.
> • You want _____ that you are a kind person.

　① to play - to believe   　② to play - believing   　③ playing - to believe
　④ playing - believing   　⑤ to play - believe

3. 다음 **밑줄 친** 부분 중 문장에서의 역할이 **다른 두 개**는? (5점)   중3 기출 유형

　① David's main goal of this year is <u>helping</u> the people in need.
　② <u>Meeting</u> the new students always makes me excited.
　③ <u>Singing</u> the song together we could understand each other better.
　④ <u>Remembering</u> what to do next is quite important to the manager.
　⑤ The congressmen were all <u>watching</u> the show.

4. 다음 중 어법상 **어색한** 것을 고르세요. (3점)   중3 기출 유형

　① She suggested cleaning the classroom together.
　② They finished writing the novel.
　③ Sam enjoys swimming in the hotel.
　④ My English teacher refused using the projector.
　⑤ He denied meeting his girl friend.

5. 다음 중 알맞은 것을 고르세요. (4점) 중3 기출 유형

> Yesterday, Mike had to visit the post office (sending / to send) the package but he forgot (to bring / bringing) his phone. It was really serious because he doesn't know the address for the package.
> However hard he tried (remembering / to remember) it, he couldn't. He realized that he must go back home and get the phone. It was a really terrible day for him.

① sending - to bring - remembering   ② sending - bringing - remembering

③ to send - to bring - remembering   ④ to send - to bring - to remember

⑤ to send - bringing - to remember

6. 빈칸에 들어갈 말로 알맞은 말을 영어로 쓰세요. (5점) 중3 기출 유형

He got really shocked for

_____ _____ _____ _____ _____ .

(그의 차가 도난당했기 때문에)

보기

steal / have

조건
1. 보기의 주어진 단어는 모두 사용할 것
2. 필요시 단어를 추가 또는 활용할 것
3. 오류 1건당 -1점 / 3개 이상 오류 시 0점

➡ : _____

7. 빈칸에 들어갈 알맞은 말을 영어로 쓰세요. (6점)

중3 기출 유형

> They 1) _____ _____ _____ _____ _____
>
> (그들의 적을 도울 수밖에 없었다)
>
> because a big tiger appeared and 2) _____ _____ kill all of them.
>
> (죽이려 했다)

보기

enemy / help / not / try / can / their / help / to

조건   1. 보기의 주어진 단어는 모두 사용할 것

2. 필요시 단어를 활용할 것

3. 오류 1건당 -1점 / 문항별 2개 이상 오류 시 0점

➡ : 1) _____ (4점)

➡ : 2) _____ (2점)

---

8. 빈칸에 들어갈 말로 알맞은 말을 영어로 쓰세요. (4점, 각 2점)

중3 기출 유형

> 1) He doesn't like _____ _____ _____ _____ .
>
> (무엇을 하라고 말하는 것을 좋아하지 않는다)
>
> 2) He doesn't like _____ _____ _____ _____ _____ .
>
> (무엇을 하라는 말을 듣는 것을 좋아하지 않는다)

보기

tell / do / to / be / what

조건   1. 보기의 주어진 단어는 모두 사용할 것

2. 필요시 단어를 활용할 것

3. 철자나 문법 오류 각 (-1)점

➡ : 1) _____

➡ : 2) _____

9. 아래의 (A) 연습을 계속한다라는 표현을 보기의 단어들을 사용하여 영어로 쓰시오. (5점)
(단, 필요시 **활용**할 것)
중3 기출 유형

David invited me to his cooking class yesterday. He made wonderful and beautiful dishes
in front of a huge audience. He wants to be a worldwide cook so he (A) 연습을 계속한다
cooking until he can make it as he wants.

보기 · keep · practice

➜ : _____

10. 아래의 밑줄 친 우리말과 같은 뜻이 되도록 <보기>의 단어를 사용하여 <조건>에 맞는 문장을 완성하
세요.(5점)
고1 기출 유형

Jack은 자신의 친구가 사라질 것을 매우 두려워한다 and feels uncomfortable without him.

보기
fear of / disappear / Jack / his / friend / a strong / have

조건 1. 동명사의 의미상의 주어를 활용할 것
2. 주어진 단어만 쓸 것
3. 필요시 어형 변화할 것

➜ : _____

Ch 08

분사

Ch 08.
분사

Part 1 **개념**

✎ **Focus**

 분사는 동사를 활용한 두 가지 형태(현재분사 / 과거분사)가 있으며 명사를 수식하는 형용사 역할 수행

❶ 분사의 종류와 쓰임: 분사는 형용사처럼 명사를 수식하는 역할

구분 종류	형태	의미	예시
1. 현재분사	R~ing	능동, 진행의 의미	a **crying** baby (아기가 울고 있는 중)
2. 과거분사	P.P	수동, 완료의 의미	a **broken** window (창은 이미 부서진 상태)

❷ 분사 선택: 수식 대상인 명사(N)와 분사로 활용될 동사(V) 간의 상호 의미적 관계를 고려해서 선택

(1) 현재분사 선택: 수식 대상인 명사가 **능동, 진행**의 의미를 나타내면 현재분사 → the **running** bus

(2) 과거분사 선택: 수식 대상인 명사가 **수동, 완료**의 의미를 나타내면 과거분사 → the **fixed** bus

❸ 분사 (한정적 용법): 명사의 바로 앞 또는 바로 뒤에서 수식하는 형태

(1) There are many (laughed / laughing) children. → 정답: laughing (아이들이 웃고 있는 중)

(2) Look at the (fixing / fixed) car. → 정답: fixed (차가 고쳐진 것)

(3) The boy (swimming / swum) there is so tall. → 정답: swimming (소년이 수영하는 중)

(4) The books (written / writing) by him is interesting. → 정답: written (책이 쓰여진 것)

↬ 위 (4)번처럼 다른 어구들(by him)과 같이 등장하는 경우 명사를 뒤에서 수식

A 다음 중 맞는 것을 고르세요   정답&해설: p. 203

1. The soccer game was very (exciting / excited).

2. Look at the (breaking / broken) car.

Focus

 분사는 동사를 활용한 두 가지 형태(현재분사 / 과거분사)가 있으며 명사를 수식하는 형용사 역할 수행

❹ 분사 (서술적 용법): 문장의 보충어(보어) 자리에 단독으로 쓰이는 형태

(1) The game was so (exciting / excited).　　→ 정답: exciting (게임이 흥미진진함)

(2) We were so (disappointed / disappointing).　→ 정답: disappointed (우리는 실망한 상태)

(3) I saw the man (singing / sung).　　→ 정답: singing (그 남자가 노래하는 중)

　　↪ She is **beautiful**처럼 형용사가 단독으로 보충어 자리에 쓰일 수 있듯이, 분사도 보충어 자리 단독 등장 가능

❺ With 부대 상황: 분사 선택 및 그 해석법 (분사구문 파트에서도 재 설명)

- with + 명사 + **~ing** (현재분사): 명사가 ~하는 중인
- with + 명사 + **p.p** (과거분사): 명사가 ~된 채

(1) He saw the gas station **with** many cars **waiting** for fueling up.

　＊ 많은 차들이 주유를 **기다리는 중인**

(2) The man was sitting on the chair **with** his arms **folded**.

　＊ 그의 팔이 **접힌 채** (팔짱 낀 채)

A 다음 중 맞는 것을 고르세요　　　　　　　정답&해설: p. 203

　3. I saw him (walking / walked) along the street.

　4. The old man was sleeping on the sofa with the TV (turning / turned) on.

B 다음 중 알맞은 것을 고르세요

정답&해설: p. 203

1. The 2002 World Cup in Korea was really (exciting / excited) and Team Korea reached the semi-final.

2. You look (tiring / tired) today, what happened to you?

3. I heard that the movie is so (boring / bored).

4. He is (loving / loved) by everybody.

5. Hey, Jack! You look sleepy. Are you (boring / bored) now?

6. The baseball game between LG and SK was quite (exciting / excited).

7. My aunt is (interesting / interested) in Mathematics.

8. Lots of skulls were (found / founded) by the excavation team.　　* skull: 두개골 * excavation: 발굴

9. Here is a top secret letter (writing / written) in English.

10. She is (laughing / laughed) very loudly.

11. Korean soccer team was (welcomed / welcoming) by (cheering / cheered) crowds.

12. The boy (used / is used) a (stealing / stolen) car.

13. We (are reading / are read) books (writing / written) by a famous writer.

14. The class (leading / led) by the student teacher was so (exciting / excited).

15. All the members were (eating / eaten) the special menu together at the restaurant.

C 다음 중 알맞은 것을 고르세요.

정답&해설: p. 204

1. You know how (interesting / interested) I am in everything.

2. I felt (exhausting / exhausted) after hard work.

3. There are many (confusing / confused) words in English.

4. The sound was quite (annoying / annoyed) last night.

5. Sir, how is your name (spelling / spelled)?

6. English is usually (speaking / spoken) in America, Canada, England and Australia.

7. This picture (was taking / was taken) when I was 8 years old.

8. He knows her lecture was quite (interesting / interested).

9. He is quite (satisfying / satisfied) with the result you made.

10. The mad dog was (biting / bitten) her leg. It was so terrible.

Part 3 상승

D 오른쪽에 주어진 단어를 알맞게 변형하여 쓰세요.   정답&해설: p. 205

1. Look at those books _____ by the big truck.   □ deliver

2. The man _____ on the grass is my lawyer.   □ sit

3. You should park your car in the _____ area.   * designate : 지정하다   □ designate

4. The new gadget was _____ by him.   □ invent

5. My house was _____ by the man I know.   □ sell

6. That house with big garden was _____ right after the war.   □ build

7. The student _____ a letter is my sister.   □ write

8. Look at the _____ baby.   □ cry

9. I like _____ chicken.   □ fry

10. The Olympic game in Busan will be very _____ .   □ excite

11. He was quite _____ at night yesterday.   □ drink

12. U.S.A is a _____ country in the world   □ develop

13. A subway is a _____ transportation.   * prefer : 선호하다   □ prefer

14. The girl _____ glasses is so beautiful.   □ wear

15. All of you have to get a _____ consent.   * consent : 동의(서)   □ write

16. We have only _____ items.   □ limit

17. We will be responsible for the _____ items.   □ damage

18. The furniture _____ by the famous company was sold out.   □ make

19. I saw the boy _____ in the class.   □ laugh

20. They finally got the _____ news.   □ encourage

E 각 문제 유형에 알맞게 풀어 보세요.

정답&해설: p. 205
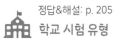
학교 시험 유형

1. 다음 중 밑줄 친 부분의 쓰임이 **다른** 하나는? (3점) 중2 기출 유형

① He saw a <u>dancing</u> dog in the town.
② The <u>sleeping</u> baby looks like his dad.
③ Jack tried <u>opening</u> the bottle without any opener.
④ The student <u>listening</u> to the music is Jane.
⑤ The guy <u>sitting</u> on the bench is my uncle.

2. 밑줄 친 cooking의 성격이 나머지 넷과 **다른** 것은? (2점) 중2 기출 유형

① Jane is <u>cooking</u>.
② They like <u>cooking</u>.
③ Her hobby is <u>cooking</u>.
④ Sam is good at <u>cooking</u>.
⑤ <u>Cooking</u> club is always fun.

3. 다음 중 밑줄 친 부분의 쓰임이 **다른** 하나는? (3점) 중2 기출 유형

① There is a boy <u>riding</u> a bike.
② Look at the <u>sleeping</u> car.
③ He is good at <u>playing</u> soccer.
④ <u>Finishing</u> the project is not easy.
⑤ My hobby is <u>listening</u> to music.

4. 아래의 우리말에 알맞게 영작하세요. (4점) 중3 기출 유형

• David는 *Lion*이라고 불리는 작은 고양이를 가지고 있다.

보기

call / cat / have / little / a / *Lion*

조건　　1. 보기의 주어진 단어는 모두 사용할 것

2. 필요시 단어를 추가 또는 활용할 것

3. 오류 1건당 -1점 / 3개 이상 오류 시 0점

➡ : **Daivd** _____

5. 다음 중 문법적으로 올바른 문장은? (4점)

A) I heard my name calling by her.
B) The book buying by him was very interesting.
C) You look tiring.
D) I saw her danced on the stage.
E) He had his car fixed.
F) The reading the newspaper boy is my friend.

① A, C, F   ② B   ③ D, E, F   ④ E   ⑤ B, D, E, F

6. 다음 중 어법상 올바른 문장의 개수는? (5점)

ⓐ I had my car to repair.
ⓑ He sat on the chair with his legs crossed.
ⓒ The bus was very crowding because of many people.
ⓓ The tunnel buried by the big stones were finally discovering.
ⓔ I am interesting in Math.
ⓕ They seemed satisfied.
ⓖ We are read the book.
ⓗ The man sit on the chair is my brother.
ⓘ I am so surprising to hear what you are talking now.

① 0개   ② 2개   ③ 4개   ④ 5개   ⑤ 7개

7. 보기의 단어들을 이용하여, 아래 문장들과 의미가 통하는 단어를 골라 바르게 고쳐 쓰세요. (8점, 각 2점)

> **보기**
>
> surround /wrap / die / count

1) The book was _____ in the box.

2) The little boy is _____ goldfish in the pond.

3) The trees are _____ because of drought.

4) The girl stood _____ by strangers.

8. 보기의 단어들을 이용하여, 아래 문장들과 의미가 통하는 단어를 골라 바르게 고쳐 쓰세요. (6점, 각 2점)

(단, 모든 단어가 사용될 필요는 없음)

중3 기출 유형

보기

rain / break / wait / find / rip / found / build

A) The man kept me _____ for a long time.

B) Watch out for the _____ glass!

C) He found his book _____ .

9. 아래의 우리말에 알맞게 영작하세요. (4점)

중3 기출 유형

• 그 총리는 그 장군이 그의 멋진 개를 산책시키는 것을 보았다.

보기

dog / see / the general / gorgeous / walked / his

조건   1. 보기의 주어진 단어는 모두 사용할 것

2. 필요시 단어를 **활용**할 것

3. 오류 1건당 -0.5점 / 3개 이상 오류 시 0점

➡ : **The prime minister** _____

_____

ECAS 중등 영문법 – 서술형 1000제

10. The movie was so (boring / bored).

11. Lots of efforts he made in the study (was / were) finally (appreciating / appreciated).

➜ 해석: _____

* appreciate: 인정하다

12. A big hurricane nearly (approaching / approached) to my town.

13. There are so many rumors that a lot of people (suspecting / suspected) them believe in.

➜ 해석: _____

14. These days many koreans (using / used) much money in the education are worried about their future.

15. He became really (interesting / interested) in learning the korean culture.

16. The test was so (complicating / complicated) that lots of students were (embarrassing / embarrassed).

* complicate: 복잡하게 하다, 정교하게 만들다

➜ 해석: _____

17. The (developing / developed) country, France, was often (visiting / visited).

18. Have you ever (hearing / heard) of the upcoming crisis in Korea economy?

19. That made me so (focusing / focused) on the problem.

20. She was quite (relieving / relieved) after hearing the news.

➜ 해석: _____

21. Because of the (approaching / approached) storm, many people were moving out of city.

22. It is so (embarrassing / embarrassed). Is this all about you?

23. He was so (shocking / shocked) on hearing the (breaking / broken) news.

24. As soon as he (returning / returned) to home, he fell asleep on the bed.

25. I think the (yawned / yawning) girl must be sleepy.

Ch 09

분사구문

✒ Focus

 분사구문이란? 종속절을 보다 간단히 줄여 쓰는 형태를 말하며, 그 규칙을 이해한다.

❶ **종속절(접속사를 포함하는 절) 이해 및 그 다양한 등장 유형 이해**

(1) He was young **when he loved her**.　　　＊ (1) 문장을 둘로 나누면, when 접속사 전·후로 나뉨

(2) **When he loved her**, he was young.　　＊ 종속절이 주절(접속사 미포함)보다 앞에 위치 할 수도 있음

(3) He, **when he loved her**, was young.　　＊ 종속절이 주절 내에 삽입될 수도 있음

❷ **분사구문 전환 규칙: 아래 (1) 문장을 줄여 쓰기 위해서는, 다음 몇 가지 규칙을 준수해야 함**

(1) He was young **when he loved her**.

분사구문 전환 규칙		특징
① 종속절의 **접속사** 생략 가능	➡ 선택	접속사의 의미를 정확히 전달해야 하는 경우
② 주절(S) = 종속절 (S): 종속절의 **주어** 생략 주절과 종속절의 주어가 (**he**)로서 같음	➡ 필수	주어가 다른 경우 생략 불가
③ 종속절이 "**능동문**"이면 ④ 종속절이 "**수동문**"이면	➡ R-ing ➡ P.P	줄인 최종 형태가 분사와 유사하여 **분사구문**이라 칭함

(1)-1. He was young **loving her**.

　　＊ 분사구문으로 최종 전환된 형태(주어 he와의 관계가 능동이므로 R-ing 형태로 줄여 씀)

　　＊ 분사구문으로 줄여든 형태는 (1)에 비해 해석이 더욱 까다로워졌음을 알 수 있음

⇨ 원 문장 (1)에 비해 크게 줄어든 형태가 아니라고 생각할 수도 있지만, 주어가 매우 긴 문장인 경우라면 매우 경제적임

A 다음 중 맞는 것을 고르세요　　　　　　　　　　　　　　　　정답&해설: p. 207

1. (Missing / Missed) their hometown so much, they all agreed to visit their country next month.
2. He was walking down the street (singing / sang) loudly.

Focus

❸ **주절의 주어와 종속절의 주어가 다른 경우**

(1) When **Daniel** saw her, **Jane** was dancing on the stage.

① "**접속사** 생략 가능"

② 종속절의 주어(Daniel)과 주절의 주어(Jane)이 같지 않으므로 "**주어** 생략 불가"

③ Daniel이 그녀를 본 것이므로 "**능동문**"임을 알 수 있음

(1)-1. **Daniel seeing her**, Jane was dancing on the stage.

✱ 분사구문으로 전환된 경우에, 문맥상 적절한 접속사를 찾아서 해석하는 연습이 매우 중요

❹ **with 부대 상황: 마치 그림처럼 주변 상황을 묘사하듯 표현하는 기능**

구분	선택 방법	해석 방법
① with + N + **~ing**	N가 능동의 의미 표현	N가 ~하면서
② with + N + **p.p**	N가 수동의 의미 표현	N가 ~된 채로

(1) She is sitting on the chair **with** her arms **folded**.

✱ 해석: 팔짱 낀 채

(2) She was reading the book loudly **with** his dad **telling** her something.

✱ 해석: 아빠가 말하는 중에

주절과 종속절의 시제가 다를 경우 사용하는 완료형 분사구문의 특성에 대해서 학습한다.

❺ **완료형 분사구문(having p.p): 종속절의 시제가 주절의 시제보다 한 시제 앞서는 경우 (먼저 일어난 경우)에 사용**

(1) After I **had finished** my homework, I went out to play with my friend.

✱ 종속절의 시제가 대과거(had finished), 주절 시제가 과거(went)이므로 종속절의 시제가 한 시제 앞서고 있음

(2) Because Jane **watched** the movie already, he is so disappointed.

✱ 종속절의 시제가 과거(watched), 주절 시제가 현재(is)이므로 종속절의 시제가 한 시제 앞서고 있음

(3) As the parcel **was** safely delivered by him, we can now enjoy the party.

✱ 종속절의 시제가 과거(was)이고 수동태(be p.p)이며, 주절 시제가 현재(can)이므로 시제와 태 모두에 주의

그러므로, 각각 아래의 "**완료형 분사구문**"으로 표현해야 함

(1)-1. **Having finished** my homework, I went out to play with my friend.

↪ 시제가 다름에 주의

(2)-1. Jane **Having watched** the movie already, he is so disappointed.

↪ 주어가 다름에 주의

(3)-1. The parcel **having** safely **been delivered** by him, we can now enjoy the party.

↪ 주어, 시제, 수동태 모든 것에 주의

A 다음 중 맞는 것을 고르세요   정답&해설: p. 207

3. (Not having eaten / Not eating) any food for the past 2 weeks, he looks really skinny.

4. We finally achieved our goal (trying / having tried) to finish the project for almost 2 years.

5. The man was sitting on the stool with his eyes (bandaging / bandaged).

B 다음 중 맞는 것을 고르세요.

정답&해설: p. 207

1. After (sold / selling) their cows, the cowboys showed off how much money they earned.

2. The man took the person who violated the rules to a deserted land, (leaving / left) him alone.

3. I can feel much better while (listening / listened) to my favorite songs.

4. (Opened / Opening) the door, mom found her son sleeping on the sofa.

5. I can't go shopping now (having / had) many things to do.

6. You will find the building (turned / turning) to the right at the first corner.

7. (Born / Bearing) deaf and dumb, he had a little trouble hearing and speaking

* deaf, dumb: 청각장애, 언어장애

8. The Taji Mahal in India was constructed over a period of 20 years, (employing / employed) 21,000 workers and over 1,200 elephants. * construct: 건설하다 * period: 기간

9. He sat there and watched TV, completely (forgetting / forgotten) about the apple pie in the oven.

10. Some people think this is no big deal, (pointing / pointed) out that kids have always teased one another. * tease: 놀리다, 조롱하다

C 다음 중 괄호 속 단어 형태를 알맞게 고친 후, "해석"하세요.

정답&해설: p. 208

1. _____ the answer to the question, he didn't tell it to me. (know)

   ➡ 해석: _____

2. _____ together, we had a good time at the festival. (sing)

   ➡ 해석: _____

3. Not _____ very well, Mr. kim decided to go to bed early. (feel)

   ➡ 해석: _____

4. He was lying in the bath with the water _____ . (run)

   ➡ 해석: _____

5. Jane was sitting on the bench with her legs _____ . (cross)

   ➡ 해석: _____

D 다음 빈칸을 알맞게(분사구문은 원문장으로, 원문장은 분사구문으로) 변형하세요.   정답&해설: p. 208

1. While Mike tried to finish his homework, she just watched TV.

   = 1) _____ _____ _____ _____ his homework, she just watched TV.

   = 2) _____ _____ _____ _____ _____ his homework, she just watched TV.

2. Because David felt so tired, he went to bed early.

   = _____ _____ _____ , he went to bed early.

3. Meeting him again, I will ask many questions about the future environment.

   = If _____ _____ _____ again, I will ask many questions about the future environment.

4. Turning to the right, you can find the British Museum easily.

   = _____ _____ _____ _____ _____ _____ , you can find the British Museum easily.

5. Living next door, I have never seen the neighbour.

   = _____ _____ __**am**__ _____ next door , I have never seen the neighbour.

6. Living in the clean country, we are healthier than before.

   = _____ _____ _____ in the clean country, we are healthier than before.

7. Because she was given the present, she was happy enough.

   = _____ the present, she was happy enough.

8. Before you go to bed, brush your teeth.

   = _____ _____ to bed, brush your teeth.

9. While working in the garden, daddy called me.

   = While _____ _____ _____ in the garden, daddy called me.

10. As we practiced hard, we could win the prize in the Artificial Intelligence Robot Contest.

   = _____ hard, we could win the prize in the Artificial Intelligence Robot Contest.

정답&해설: p. 209

🏫 학교 시험 유형

E 각 문제 유형에 알맞게 풀어 보세요.

---

1. <보기>와 같이 우리말과 일치하도록 분사구문을 사용하여 영어로 옮기세요. (6점) [중3 기출 유형]

> **보기**
>
> 그를 보자마자, 그녀는 달아났다. = Seeing him, she ran away.

1) 피곤해서, Jane은 일찍 잠을 잤다.

➡ : _____

2) 학교에 가던 중에, Mike는 그녀를 보았다.

➡ : _____

3) 축구를 한 후, Jack은 택시를 탔다.

➡ : _____

2. 보기를 참고하여 두 문장이 같은 의미가 되도록 문장을 고쳐 쓰세요. (6점) [중3 기출 유형]

> **보기**
>
> While he was reading books, he fell asleep on the sofa.
> = Reading books, he fell asleep on the sofa.

(1) While I was walking on the street, I met my English teacher.

= _____

(2) _____

= Thinking her daddy was asleep, she walked quietly.

3. 조건을 참고하여 우리말에 맞게 빈칸에 알맞은 단어를 쓰세요. (12점, 각 4점) [중3 기출 유형]

> **조건** 각각의 주어진 단어는 알맞게 활용하고, 나머지 문장을 완성할 것

(1) 공원에서 강아지를 산책시키면서, 우리는 점심을 먹었다. (walk)

➡ : _____ our _____ in the park, we _____ lunch.

(2) 최신기술은 스포츠를 더욱 흥미진진하게 만들면서, 최신기술은 선수들의 경기력을 향상시켰다. (make)

➡ : The latest technology improved the performance of players, _____

_____ _____ _____ .

(3) Sam은 열심히 운동하면서, 문을 닫고 에어컨을 켜라고 나에게 말했다. (exercise)

➡ : Sam told me to turn on the air-conditioner _____ _____ .

4. 조건을 참고하여 우리말에 맞게 빈칸에 알맞은 단어를 쓰세요. (8점, 각 4점)　　　　중3 기출 유형

> **조건**　**분사구문** 형태로 영작할 것
>
> 축약형 없음
>
> 2개 이상 오류 시 0점

① _____ the _____ , you _____ _____ _____ _____ .

(만약 네가 박스를 연다면, 너는 중요한 무언가를 발견하게 될 것이다)

② _____ _____ well , I _____ _____ _____ _____ .

(나는 그를 잘 알아서, 나는 그것을 믿을 수 없었다)

5. 주어진 우리말을 분사구문 형태를 이용하여 알맞게 영작하세요. (6점, 각 3점)　　　　중3 기출 유형

> **조건**　축약형 없음
>
> 철자 오류 시 -0.5점 감점

1) _____ _____ the _____ , he _____ _____ _____ .

(그는 그 소식에 충격을 받았기 때문에, 그는 그녀에게로 달려갔다)

2) _____ much to _____ , he _____ _____ _____ a _____ .

(그는 해야 할 일이 많았기에, 그는 휴식을 취하지 않았다)

6. (Arriving / Arrived) in Busan, he met the mayor of Busan. ➡ 접속사: _____

7. (Having / Had) lunch, he felt so satisfied. ➡ 접속사: _____

8. (Living / Lived) in the mountain, I feel quite satisfied in the nature. ➡ 접속사: _____

9. With chicken soup (boiling / boiled), he was happily watching TV.

  ➡ 해석: _____

10. (Feeling / Felt) (tiring / tired), she wanted to take a rest. ➡ 접속사: _____

11. Jane watched the movie, (eating / eaten) some snack. ➡ 접속사: _____

12. The book (having made / having been made) neatly, we are now satisfied.

  ➡ 접속사: _____

13. (Finishing / Finished) his project, he finally won the test. ➡ 접속사: _____

14. (Crying / Jane crying) very loudly, her father was running to her. ➡ 접속사: _____

15. Some people think this is no big deal, (pointing / pointed) out that kids have always teased one another.

  ➡ 해석: _____

  _____

16. (Building / Built) beautifully, the castle is famous to many tourists. ➡ 접속사: _____

17. Sally (given / giving) the prize by the C.E.O, she felt so happy.

18. The house (seeing / seen) in front of us, we were finally relieved.

19. (Fixing / Fixed) so well, the car can run as much as I want now.

20. (Having built / Having been built) 800 years ago, the temple is still gorgeous and looks strong.

  ➡ 접속사: _____

21. (A)와 (B) 중 밑줄 친 분사구문이 **잘못** 사용된 것을 찾아 기호를 쓰고, 올바른 형태로 고치세요. (6점)

고1 기출 유형

보기

(A) Expressing his feelings with that tools can show his feelings well, and it makes him look so relaxed.

→ Expressing his feelings with that tools can show his feelings well, **making him look so relaxed**.

(B) Jack found a light blue helps him look nice when he experimented with various blue colors.

→ Jack found a light blue helps him look nice, **experimented with various blue colors**.

조건
- 기호만 맞을 경우 2점
- 올바른 형태로 고칠 때는 밑줄 부분을 모두 쓸 것.
- 바르게 고쳤으나 일부를 생략하면 2점.

(1) 기호 (2점):　➡ _____

(2) 올바른 분사구문 형태 (4점):

➡ _____

22. (2점, 각 1점)

고1 기출 유형

(A) Just watching one of the names which I visited makes me excited though I can't connect to those hotspots in my country.

(1) 위 (A) 문장의 주절의 주어를 찾아 적으세요.

➡ _____

(2) 위 (A) 문장의 주절의 동사를 찾아 적으세요.

➡ _____

Ch 10

관계대명사

✏ **Focus**

 형용사처럼 앞에 위치한 명사(선행사)를 꾸며주는 형용사절. 하지만 뒤에서 절의 형태로서 수식한다.

❶ **관계대명사의 종류와 격변화**

✽ 관계대명사는 선행사(앞의 명사)를 뒤에서 수식하는 형용사절의 역할을 함

선행사 종류	주격	소유격	목적격	특징
사람	**who**	whose	whom	형용사절
사물, 동물	**which**	whose (=of which)	which	형용사절
사람, 사물, 동물	**that**	×	that	형용사절
×	**what**	×	what	명사절

예문
■ I know a boy _____ is cute.
↪ 선행사가 사람(boy)이고 빈칸 뒤의 구조에 주어가 없이 바로 동사로 이어지므로 [주격] 관계대명사를 선택
→ 정답: **who** 또는 **that**

✽ 관계대명사 뒤의 구조에서 주어가 생략되어 있으면 **주격**, 목적어가 없으면 **목적격**, 완전하면 **소유격** 선택

❷ **원문장의 [접속사]와 [대명사]를 대신하여 관계대명사로 전환**

(1) She has a dog **and it** is really small and cute.

　= She has a dog **which** is really small and cute.　　✽ 뒤의 구조에서 주어가 없으므로 **주격**관계대명사

(2) I know a boy **and** she loves **him** very much.

　= I know a boy **whom** she loves very much.　　✽ 뒤의 구조에서 목적어가 없으므로 **목적격**관계대명사

(3) Mike has a car **and its** color is red.

　= Mike has a car **whose** color is red.

　= Mike has a car of which the color is red. → of which를 쓸 때는 반드시 the를 추가할 것

　　　　　　　　　　　　　　　　　✽ 뒤의 구조가 완전한 형태를 보이므로 **소유격**관계대명사

A 다음 중 맞는 것을 고르세요　　　　　　　　　　　　　　　정답&해설: p. 212

　1. She likes his boyfriend so much (who / which) has green hair.
　2. There is a garden (who / which) has many flowers.

Focus

> 관계대명사 중 명사절인 what의 특성을 집중 공부하며, 관계대명사가 생략되는 경우를 학습한다.

❸ 관계대명사 what 특성

what의 특성 6가지 정리	
1. 선행사가 없음	2. 명사절 (주어, 목적어, 보어 자리 차지)
3. 뒤의 구조는 불완전	4. what = the thing(s) which
5. 해석: ~것(들)	6. 소유격 형태는 없음

(1) **What** you bought is so good. (주어 역할) = **The thing which** you bought is so good.

(2) She has **what** you want. (목적어 역할) = She has **the thing which** you want.

(3) This is **what** I bought. (보어 역할) = This is **the thing which** I bought.

❹ 관계대명사의 생략

(1) "**목적격**" 관계대명사 생략 가능

- Look at the car (which) she bought yesterday. ✱ 생략 여부는 선택 가능

(2) "**주격**관계대명사 + **be 동사**" 동시 생략 가능

- I have a toy (which is) singing the song loudly. ⇨ 주격관계대명사만 생략하는 것은 불가능

❺ 관계대명사의 계속적 용법 (즉, 쉼표 뒤의 관계대명사 등장 시 해석 방법 이해)

해석의 순서를 앞 문장부터 순차적으로 해서 마무리한다는 것. 즉, 기존처럼 뒤에서 꾸며주는 해석 방식이 아님

(1) He has two sons who are doctors. 그는 의사인 두 명의 아들이 있다.

(2) He has two sons, who are doctors. 그는 두 명의 아들이 있고, 그들은 의사이다.

⇨ 해석의 차이가 없다고 생각할 수도 있겠으나, 2)는 아들이 두 명이라고 말한 것이며, 1)은 아들이 더 있을 수도 있다.

 A 다음 중 맞는 것을 고르세요 정답&해설: p. 212

  3. These are the shoes (who / which) I wanted to buy.
  4. Do you know the man (who / whom / whose) hair is all yellow ?

Focus

> 관계대명사 that의 사용 시의 특성과 전치사가 관계대명사의 뒤에서 앞으로 이동 가능함을 학습한다.

❻ 관계대명사 **that** 사용 시 주의점

(1) 전치사 뒤 사용 불가

- This is the house **in** (which / that) we live.

→ 정답: <u>which</u>(전치사 뒤 that 사용 불가)

(2) 쉼표 (계속적 용법) 뒤 사용 불가

- My brother and his girlfriend visited my garden, (which / that) she loved so much.

→ 정답: <u>which</u>(쉼표 뒤 that 사용 불가)

(3) 선행사가 "사람과 동물의 동시 등장"일 때는 that 사용

- Jane likes the boy and the dog (which / that) are walking together now.

→ 정답: <u>that</u>(선행사가 사람 + 동물이므로)

❼ 전치사는 관계대명사 앞으로 이동 가능

✱ 전치사로 끝나는 구조는 결국 "목적격 관계대명사"로 인지(전치사 뒤 명사는 목적어 역할)

(1) I like the big house which he lives **in**.

= I like the big house **in** which he lives.

(2) We found our goat on the roof which he was grazing **on**.

= We found our goat on the roof **on** which he was grazing.

(3) Busan station which many people gather **at** will be reconstructed.

= Busan station **at** which many people gather will be reconstructed.

⇨ 전치사의 목적격 관계대명사도 당연히 생략 가능, 하지만, 전치사 + 관계대명사일 경우에는 생략 불가

A 다음 중 맞는 것을 고르세요 정답&해설: p. 212

5. The cafe (at / on) which we had a good time is so famous now.
6. She is the girl (who / who was) playing the piano in the street yesterday.

B 다음 중 어법상 **올바른** 것을 고르세요.   정답&해설: p. 212

1. This is the man (which / whose / who / whom) I met in the school yesterday.

2. That is the chair (which / whose / who / whom) I want to buy.

3. The watch (which / whose / who / whom / which is) on the desk is so expensive.

4. This is the book (which / whose / who / whom) I want to read.

5. The lady (whose / whom / who) I met in the park is my teacher.

6. He bought a book (which / which was / that) written by a poet.

7. I have a really good friend (who / whom / which) always tries to help me.

8. The cloth (which / of which / whose) she gave me two days ago is so fashionable.

9. I saw the man (who / who was / that / whom) watching his phone while crossing the road.

10. Please give the kid the toy (who / which / whom) is made of just wood.

C 다음 문장을 관계대명사를 이용하여 **같은 의미가 될 수 있도록** 바꾸세요.   정답&해설: p. 213

1. She's the girl and I wanted to meet her.

   ➜ _____

2. Jane has a cute dog and It can do lots of tricks.

   ➜ _____

3. Peter has a girlfriend and she has many hobbies.

   ➜ _____

4. The trousers are too short and I bought them yesterday.

   ➜ _____

5. These are the coffees and we ordered them together.

   ➜ _____

D 아래의 각 문제 유형에 알맞게 해결하세요.   정답&해설: p. 214

[1-20번] 다음 빈칸에 알맞은 **관계대명사**를 쓰세요.   ★ that은 꼭 써야 하는 한 문제 빼고는 사용하지 말 것

1. This is the man _____ teaches us English.

2. I know a boy _____ brother is playing basketball.

3. I will take the book _____ is on the table.

4. You can eat _____ you want.

5. I like the movie _____ ticket is valid until December.

6. I have a good friend _____ lives in Swiss.

7. I really like _____ you brought for me.

8. This is the woman _____ I loved 6 years ago.

9. This is the man _____ son wanted to see you.

10. I bought the picture _____ was drawn by a kid who wants to be a painter.

11. This is the gentleman _____ I met in Seoul.

12. Look at the girl and her dog _____ are running there.

13. I have a friend _____ mother is a nurse.

14. Diana is the girl _____ I invited to the party.

15. This is _____ she wants to buy.

16. There are many trees _____ leaves are light green.

17. This is the house _____ is on the hill.

18. This is the man _____ car is small but expensive.

19. The book _____ you bought yesterday was so interesting.

20. The girl _____ I loved when I was young has turned very cute.

[21-30번] 다음 중 어법상 **어색한 부분을** 찾아 **밑줄**을 치고, 해당 부분만 바르게 고쳐 쓰세요.

21. Is that the girl what you met yesterday?

22. I saw a soccer game, that was very exciting.

23. Look at the baby who sleeping on the sofa.

24. It is the picture was taken by Robert.

25. Look at the house of which roof is all light green.

26. That you have is a really expensive one.

27. The new model what you bought yesterday is really gorgeous.

28. My car has only two doors whose the color is black.

29. Don't be late. If you are late again, I will change the door's password whose you will never know.

30. Today, you have to make a presentation what your boss has been waiting for.

Part 4 완성

정답&해설: p. 216

🏫 학교 시험 유형

E 각 문제 유형에 알맞게 풀어 보세요.

[1-2번] 각 (2점), 수정 각 (1점): 총 (12점) ・ 중2 기출 유형

> * 올바른 문장의 번호를 선택하고(2점), 오류가 있는 보기들은 제대로 고치세요.(각 1점)

1. 다음 밑줄 친 표현이 **바르게** 쓰인 것은?

① A nurse cares for people <u>who is</u> ill. ➡ 수정【   】
② Soldiers are people <u>who is working</u> in an army. ➡ 수정【   】
③ A pilot is a person <u>who flys</u> an airplane. ➡ 수정【   】
④ Guitarists are people <u>who played</u> the guitar. ➡ 수정【   】
⑤ A composer is someone <u>who writes</u> music. ➡ 수정【   】

2. 다음 밑줄 친 표현이 **바르게** 쓰인 것은?

① They have two sons <u>who is</u> a doctor. ➡ 수정【   】
② Taking good pictures <u>are</u> difficult. ➡ 수정【   】
③ Look at the children <u>who runs</u> after a dog. ➡ 수정【   】
④ The puppies which she has <u>have</u> cute and smart. ➡ 수정【   】
⑤ My friend Minho moved to Seoul and <u>live</u> there now. ➡ 수정【   】

[3-4번] 아래의 두 문장을 관계대명사의 생략 가능한 특성을 이용하여 서로 같은 의미가 되게 만드세요.
(4점, 각 2점) ・ 중2 기출 유형

3. The car which is made in Korea is good.

= The car _____ _____ _____ _____ _____ .

4. The house which he bought last year is still beautiful.

= The house _____ _____ _____ _____ is still beautiful.

---

5. 주어진 문장을 관계대명사를 사용하여 한 문장으로 완성하세요. (8점, 각 4점) ・ 중3 기출 유형

> 보기 I am going to visit London. London has many parks.

➡ : (1) _____

> 보기 Tom lives next door to her. Tom is my best friend.

➡ : (2) _____

6. 문장이 바르지 **않은** 것은? (4점) 중2 기출 유형

① There is a boy crying in the park.
② I know the girl who likes to play soccer.
③ Mark is the famous cook who was on TV.
④ The boy who wearing a red shirt is my brother.
⑤ People who play sports need to drink lots of water.

7. 어법상 올바른 문장을 **모두** 고른 것은? (5점) 중2 기출 유형

ⓐ Sam found his bicycle which he lost yesterday.
ⓑ This is the ring which my boyfriend bought me yesterday.
ⓒ The doctor advised me taking a rest at home.
ⓓ David asked me join his soccer club.
ⓔ James knows the man who I met at the concert.

① ⓐ, ⓔ
② ⓑ, ⓓ
③ ⓒ, ⓓ
④ ⓐ, ⓑ, ⓔ
⑤ ⓐ, ⓑ, ⓒ

8. 다음 밑줄 친 표현이 바르게 쓰인 것은? (3점) 중2 기출 유형

① Some doctors came to the patient who are getting recovered.
② Pianists are people who played the piano.
③ That is the building which have many offices.
④ Publishers are people who produces books, magazines, etc.
⑤ A lawyer is someone who is to assist people in matters relating to the law.

9. 다음 중 어법상 **틀린** 문장은? (3점) 중3 기출 유형

① He has two cars which are so expensive.
② Look at the house whose windows are all broken.
③ The man whose job is to teach English feels so happy.
④ The movie which content is about the war was so hot last year.
⑤ The girl and her dog that are walking together usually visit the park.

10. 다음 빈칸에 who / which 중 하나를 넣을 때 들어갈 말이 **다른** 하나는? (4점) 중2 기출 유형

① This is the house _____ he lives in.
② I know the park _____ has a big garden.
③ The dog _____ is running on the field is mine.
④ Ice cream is a dessert _____ has a sweet taste.
⑤ The cook _____ is cooking pizza appered on TV last night.

11. 다음 글을 읽고 물음에 답하세요. (4점) 중2 기출 유형

> Actually, there are so many people Ⓐ that do not have enough water all over the world. What can I do to save water? I thought hard and got a great idea. I planned to take a shower every other day, not every day. Today, I proudly went to school without taking a shower. Did I smell a little? Well, I don't care!!

밑줄 친 Ⓐ와 쓰임이 같은 것을 **모두** 고르세요.

① She is the woman that I work with.
② He meant David that you know well.
③ A shark is an animal that lives in the farther sea.
④ I like the girl that Jason saw at the school yesterday.
⑤ What's the title of the movie that looks quite interesting?

12. 다음 문장을 주어진 우리말의 의미와 같도록 **'관계대명사'를 사용하여 한 문장으로** 쓰세요. (5점) 고1 기출 유형

* 관계대명사의 사용 및 작문법이 완전하면 5점 (총 12단어)

> The global company is in London. I sent an application to the firm.
> (내가 지원서를 낸 그 글로벌 회사는 런던에 있다)

➡ : _____

13. (A), (B), (C)에 주어진 우리말 뜻에 맞게끔 what을 사용하여 문장을 작성하세요. (5점)   고1 기출 유형

(주어진 **단어 힌트를** 반드시 이용하여 마무리할 것)

> - Kim: I am going to attend the party. What should I wear?
> - Park: You should wear   **(A) 너를 편하게 느끼게 만들어 주는 것을.**
> - Lee: I agree. Just wear   **(B) 네가 좋아하는 것을**
>   **(C) 중요한 것** is your attendance itself, not your clothes.

(A) what _____ _____ _____ **c**_____ [3점]

(B) what _____ _____ [1점]

(C) what _____ _____ [1점]

14. 다음 밑줄 친 부분에서 역할이 **다른** 것은? (4점)   중2 기출 유형

① His uncle likes the book <u>which</u> I wrote.

② Dolphins are animals <u>which</u> are cute.

③ I love the cat <u>which</u> Jack gave to me.

④ I made him the toy <u>which</u> she also likes.

⑤ That is the car <u>which</u> he wants to buy.

15. 다음 중 어법상 **어색한** 것은? (3점)   중2 기출 유형

① Jack likes the poem whom Ann wrote.

② Do you know anyone she can work with?

③ This is the boy that I met in the park.

④ This is the cake which I made for my mom.

⑤ He is my best friend who I can trust.

16. 다음의 두 문장을 한 문장으로 바르게 옮긴 것은? (4점) 중3 기출 유형

> • The bus goes to the subway station.
> • It starts from New York university.

① The bus goes to the subway station which it starts from New York university.

② The bus goes to the subway station which starts from New York university.

③ The bus who starts from New York university goes to the subway station.

④ The bus that it starts from New York university goes to the subway station.

⑤ The bus which starts from New York university goes to the subway station.

17. 보기의 밑줄 친 what과 쓰임이 **다른** 것은? (4점) 중3 기출 유형

보기

What you are saying is a lie.

① Let me know <u>what</u> I have to do.
② I won't forget <u>what</u> you told me.
③ <u>What</u> are you doing?
④ You can do <u>what</u> you want.
⑤ <u>What</u> he said was an important hint to us.

18. 소유격 관계대명사 whose를 사용하여 두 문장을 한 문장으로 바꾸세요. (각 2점) 중3 기출 유형

1) Sam is a handsome prince. His hair is curly.

➡ _____

2) I have a car. Its color is black.

➡ _____

Ch 11

관계부사

 Focus

> 관계부사는 뒤에서 앞에 있는 선행사를 후치수식하는 형용사절이다. (단, 완전한 문장 구조를 갖춤)

❶ 관계부사의 종류: 선행사 (앞의 명사)를 뒤에서 수식하는 형용사절

선행사	관계부사(전치사 + 관계대명사)	특징	예문
the place 장소	**where** = in, at, on which	관계부사 뒤의 문장 구조는 완전함	■ I know the place ＿＿＿ he lives.
the time 시간	**when** = in, at, on which		↪ 선행사가 장소(the place)이고 빈칸 뒤의 구조에 주어와 동사만으로 완전한 1형식 문장이므로 관계부사를 선택
the reason 이유	**why** = for which	* 그러므로, 관계대명 사처럼 격변화 없음	→ 정답: **where** 또는 **in which**
the way 방법	**how** = in which		

❷ 관계부사는 선행사와 관계부사 "둘 중 하나" 생략 가능 (선택)

(1) She knows **the time when** he will come tomorrow.　　(O)

　　She knows **the time** [　　] he will come tomorrow.　　(O)

　　She knows [　　] **when** he will come tomorrow.　　(O)

(2) He doesn't know the way how he solved it.　　(X)

　↪ 관계부사 중 the way와 how는 둘 중 하나를 반드시 생략한다. 같이 쓰게 되면 틀림
　　하지만, the way in which 또는 관계부사 대용의 that을 쓴다면 같이 써도 됨

❸ 관계대명사와 관계부사의 차이: 관계대명사는 뒤의 문장구조가 불완전, 관계부사는 완전한 문장구조 형성

(1) Do you know the store (which / where) he bought the toy?　→ 정답: where (뒤의 구조 완전함)

(2) Sam has a house (which / where) he wants to sell.　　　→ 정답: which (뒤의 구조 불완전)

　↪ 관계대명사, 관계부사 둘 다 선행사를 수식하는 형용사절이지만, 뒤의 구조 완전성, 불완전성으로 판단한다.

A 다음 중 맞는 것을 고르세요　　　　　　　　　　　　　정답&해설: p. 218

　1. The town (which / what / where) I lived was in the beautiful trees.

　2. This is the reason (how / why / where / when) I was late.

　3. Tell me the way (how / that / where / when) you made it.

✎ Focus

> 🧐 관계부사는 결국 전치사와 결합하면 관계대명사로 전환되므로, 전치사에 대한 심화 학습을 한다.

❹ 관계부사 = " 전치사 + 관계대명사 "

✱ **선행사와 전치사의 관계**를 고려해 볼 것

(1) I have a big house **where** my family live.　　　→ 정답: **in** which (**in** the house가 맞음)

(2) She knows the reason **why** he was late again.　→ 정답: **for** which (전치사 **for**은 이유를 나타냄)

(3) Next time is at 3 o'clock **when** we will meet them.　→ 정답: **at** which (시간에서 정각은 **at** 사용)

(4) I know the way **how** he solved it.　　　　　→ 정답: **in** which (how는 무조건 **in** which)

　↪ the way와 how는 절대 같이 쓸 수 없음

　(4)-1. I Know **the way** he solved it.　　　　(O)

　(4)-2. I know **how** he solved it.　　　　　(O)

　(4)-3. I know the way **in which** he solved it.　　(O)

　(4)-4. I know the way **that** he solved it.　　　(O)

✱ 관계부사 대용의 that을 써도 가능

❺ 전치사 심화 학습

(1) **in**: (시간, 장소) 큰 시간적 개념 (연도, 계절, 월), 넓은 공간 및 장소(국가, 도시)

　■ in Korea (국가)　　　　in Busan (도시)

　■ in 2024 (년도)　　　　in summer (계절)　　　　in January (월)

　■ in the school　　　　in my room (안쪽)

(2) **at**: (시간, 장소) 작은 시간적 개념 또는 정각, 특정 기능을 수행하는 장소 및 공간(카페, 도서관, 강의실…)

　■ at 2 oclock, at night, at dawn(동틀녘)

　■ at the cafe → 장소인 경우 "안쪽"에 있음을 의미할 때 in the cafe라고 할 수도 있음

　■ at the corner

(3) **on**: (시간, 장소) 특정 시간 (생일, 공휴일), 물리적으로 위쪽 또는 접촉(몇 층, 지붕 위, 벽, 책상 위), 교통수단

　■ on my birthday, on Christmas

　■ on the 2nd floor, on the roof, on the wall…

　■ on the bus, on the plane, on the subway

(4) **for**: 이유

　■ I am sorry I am late for the car accident.

Focus

❻ 관계부사와 관계대명사 마무리 정리

구분	I. 관계대명사	II. 관계부사
1. 공통점	선행사를 수식하는 **형용사절**	
2. 차이점	뒷 문장이 **불완전**	뒷 문장이 **완전**
	격 선택 주의	격 선택 없음

(1) She has the house (which / where) he really wanted to buy 3 years ago.

(2) America (which / where) lots of people gathered to succeed is the country of freedom.

→ 관계사 뒤 구조의 **완전성, 불완전성을 판단**하는 것은 결국 영어의 기본 구조 이해를 필요로 함

✳ (1)번의 경우 뒤의 구조에서 buy 뒤의 목적어(대상)이 없다는 점을 인지한 후, 관계대명사 선택 가능 → 정답: which
   (2)번의 경우 뒤의 구조가 1형식 문장 형태로 완전하다는 것을 인지한 후, 관계부사 선택 가능 → 정답: where

---

A 다음 중 맞는 것을 고르세요   정답&해설: p. 218

4. The bus (that / what / where) we were on has many problems.

5. Have you ever been to the cafe (on / at / for) which the newest trend foods are served.

6. He really enjoyed the mountain (how / where / which) he lived in.

Part 2 기본

정답&해설: p. 219

B 다음 중 맞는 것을 고르세요.

1. The city (when / which / where / how) I was born has become a quite attractive city.

2. I don't know the day (which / where / when / what) she left.

3. This is the unique book (which / whose / who / whom) I want to read.

4. The rich man bought the car (which / which was / that) made in Italy.

5. The couple cherished the house (which / of which / whose) their parents left for them.

6. This is the very season (who / whose / whom) weather is too cold and windy in Korea.

7. Look at the town (where / which / when / why) lots of animals live together.

8. Tell me the reason exactly (where / why / how / which) you left me at that time.

9. Can you see the house (where / which / whose) roof is yellow? Now, we are almost there.

10. The castle (which / why / what / where) the king once stayed in is in the beautiful garden.

정답&해설: p. 219

C 다음 단어들을 관계부사를 적절히 이용하여, 주어진 단어 이후의 순서를 알맞게 배열하세요.

1. (left / when / me / is / to / me / you / still sad)

   ➡ : The time _____

2. (year / house / my brother / last / is / where / the / lived)

   ➡ : This _____

3. (come / he / knows / didn't / why / to / the party / the reason)

   ➡ : Jane _____

4. (are / basketball / places / we / where / many / played)

   ➡ : There _____

5. (should / no / is / reason / for / you / up / early / which / get)

   ➡ : There _____

D 다음 중 알맞은 것을 고르세요. 정답&해설: p. 220

1. The hospital in Busan (when / which / where / how) my children were born in is good.

2. This is the stage (which / who / on which) she was singing during the concert.

3. I don't know exactly the day (which / where / when / what / whose) Daniel left on.

4. This is the book (which / whose / who / whom / of which) story I like very much.

5. Jason told me the way exactly (how / that / where / when) he could make it.

6. The hotel (when / which / where / how) I stayed just for one week is quite clean and good.

7. Mina still likes the doll (which / of which / whose) she gave me last year.

8. I am sorry to disturb you, but could you tell me (what / where / which) I can get this ballon?

9. This is the place (which / where / when / what) my friends gathered to see me off.

10. This is the book (which / whose / who / whom) I really want to have.

11. This is the reason (how / why / where / when / of which / in which) he learned to swim.

12. He bought the picture (which / which was / that) drawn by a famous painter.

13. Tell me the way (how / that / where / when) you succeeded.

14. She likes the cherry tree (which / of which / whose) he planted in her garden last year.

15. This is the book (who / whose / whom) content is about the latest medical information.

16. Please give me a chair (who / which / whom) I will take a seat on.

17. J.K wrote the book (which / which was / where) so many interesting magicians appear.

18. Search for books (who / whose / whom) content is quite interesting to children.

19. Where is the car (which / who / whose / whom) color is so attractive?

20. Sam has many big houses (which / whose / where) we can get together anytime in.

정답&해설: p. 221
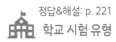
학교 시험 유형

E 각 문제 유형에 알맞게 풀어 보세요.

1. 아래의 우리말 (A)를 주어진 단어들은 모두 **활용**하고, 필요시 단어를 **추가**하여 영작하세요. (5점)

고1 기출 유형

(A) 처음에, 그들은 왜 제가 그들의 사진을 찍으려고 했는지 이해하지 못했어요. (총 13단어)

보기

their pictures / take / want / at first / understand / why / to

➡ : (총 13단어) _____

_____

2. 주어진 두 문장을 **관계부사를 이용**하여 한 문장으로 완성하세요. (8점, 각 4점)

중3 기출 유형

보기

(A) My sister likes the holiday. People share their traditional food on the day.
(B) She can't remember the restaurant. We first met at the restaurant.

➡ : (A) _____

➡ : (B) _____

3. (5점)

보기

(A) 그 꿈이 아무리 무서웠다 하더라도, at least you've woken up safe and sound in your own home.

(B) 내가 당연하게 여기는 것이 could be someone else's biggest dream.

위 밑줄 친 (A)를 영어로 표현하시오. (총 5단어로 마무리, 2점)

➡ : (1) _____

위 밑줄 친 (B)를 영어로 표현하세요. (what으로 시작하고 총 5단어(take, grant 사용 및 활용)로 마무리, 3점)

➡ : (2) _____

4. (각, 2점, 총 6점)

조건 1. 아래의 원 문장을 바꾸어 쓸 때, 빈칸을 [**관계사**]를 사용하여 채우세요.
2. 관계사는 관계대명사와 관계부사를 의미
3. 단, 칸 수의 힌트는 제공되지 않음

1) Nobody knows the reason. He made such a decision for the reason.

= ① Nobody knows the reason _____ he made such a decision for.

= ② Nobody knows the reason _____ he made such a decision.

2) You should buy the house. She will live there.

= ① You should buy the house _____ she will live there.

= ② You should buy the house _____ she will live in.

3) He knows the fact exactly but she doesn't know it.

= He knows the fact exactly _____ she doesn't know.

5. (각 2점, 총 8점) 세트별로 공통으로 사용 가능한 [**관계사**]를 "보기"에서 찾아 쓰세요. 중3 기출 유형

> **조건** 문제 세트별로 **공통된 단어** 한 개 고를 것 / 중복 선택이 가능하며,
> 사용되지 않는 보기들도 있음

보기

which / who / whom / how / whose / what / in / for / of

1) I will never forget the morning _____ we climbed up the old Mayan pyramid in.

   I'll take you to the wonderful garden _____ you can take photographs in.

2) Roy asked the teacher the reason _____ he could get a good grade for.

   A severe storm was the reason _____ most of the houses were damaged for.

3) They finally found out _____ to solve the quiz.

   Could you tell me _____ the people could get the rare tickets?

4) Have you ever hope to visit Africa _____ lots of animals are living?

   Jason left for his hometown yesterday _____ his colleagues were still waiting for him.

6. 다음 문장을 같은 의미로 만드세요. (3점, 각 1점) 중3 기출 유형

> **조건** 1. 빈칸을 [**관계사**]를 사용하여 같게 만들 것
> 2. 오류 건당 -0.5점
> 3. 오류 2개 이상 시 0점

보기

She remember the day. + She met Roger on that day.

= 1) She remembers the day _____

= 2) She remembers the day _____

= 3) She remembers the day _____

7. (5점) 고1 기출 유형

(A) <u>그 대표는 모든 이들이 만날 수 있고 현재의 문제들을 논의할 수 있는 장소를 제공했다.</u>

> 조건　1. 아래의 (보기)에 주어진 단어들을 **모두 사용**하여 영작하세요.
> 　　　2. 필요시 단어의 형태를 **활용**하세요.

위 밑줄 친 (A)를 주어진 <조건>에 맞게 영어로 표현하시오.

보기

the / and / where / provide / everyone / can / meet /
issues / the place/ discuss/ current

➜ : The CEO _____

_____

8. (4점) 고1 기출 유형

(A) 내가 산 재료들로 요리를 시작할 때마다, the smells instantly got me to go back to the
places I happily stayed with my wife.

위 (A)와 같은 의미가 되도록 <보기>에 주어진 단어들을 사용하여 <조건>에 맞게 영작하세요.

보기

the ingredients / buy / I / start / cook / I

> 조건　1. <보기>의 단어만 사용하되, 복합관계사를 추가하여 쓸 것
> 　　　2. 필요시 단어를 **추가** 또는 **활용**할 것 / 총 (9)단어
> 　　　3. 철자 오류, 대소문자 오류는 건당 0.5점 감점

➜ : _____

9. (5점)

(A) 아무리 당신이 아름답다 해도, 나는 신경 쓰지 않아.

위 (A)와 같은 의미가 되도록 <보기>에 주어진 표현을 사용하여 <조건>에 맞게 영작하세요.

보기

beautiful / have /not /you / care / however / beautifully / are / I / do

> **조건** 1. <보기>의 표현만 사용하되, 필요시 형태를 변형하여 쓸 것
> 2. 철자 오류, 대소문자 오류는 건당 0.5점 감점
> 3. 모든 단어가 사용되는 것은 아님 / 총 (8)단어, 축약 X

➡ : _____

10. 우리말과 같도록 <보기>에 주어진 말을 알맞게 배열하여 문장을 완성하세요. (4점)

보기

big / made / saw / the student / whenever / hard / he / a / he / studying / smile

> **조건** 1. 주어진 단어들을 활용 없이 그대로 사용하여, 완전한 문장으로 쓸 것
> 2. 철자 오류, 대소문자 오류는 건당 0.5점 감점

▶ 그가 학생들이 열심히 공부하는 것을 볼 때마다, 그는 활짝 웃었다.

➡ : _____

Ch 12

조동사

✏️ Focus

 조동사는 다양한 뉘앙스의 표현을 가능하게 해 주는 감초와 같은 역할을 수행한다.

❶ 조동사의 다양한 형태와 그 의미

기본형		과거형	예문
• **will**	~할 것이다 (미래, 의지)	would	I **will** finish my report in a week.
• **can**	~할 수 있다 (능력, 가능성)	could	I **can** fix the machine.
• **may**	~해도 좋다 (허락, 허가)	might	You **may** go home now.
• **must**	~해야 한다 (의무)	had to	He **must** buy the ticket for her.
• **should**	~하는 것이 낫다 (권유, 조언)	없음	They **should** leave the country now.

❷ 조동사 뒤에는 반드시 동사원형 사용

(1) The man can (plays / play) the guitar. → 정답: **play** (주어가 3인칭 단수라도 동사원형 사용)
(2) She must (be / to be) a teacher.   → 정답: **be**

❸ 조동사의 과거형을 쓰거나 명백한 과거를 의미하는 경우

(1) I knew that I **could** solve it.   ✱ 시제일치(knew 과거)시키기 위해 과거형 could 사용
(2) **Would** you tell me the way for me?   ✱ 보다 정중한 표현을 위해 사용
(3) 조동사 + **have p.p** 결합   ✱ 각 조동사의 다양한 의미와 결합 후 과거에 행해진 일 또는 사건을 표현

구분	해석	예문
• **should** have p.p	~했어야 했는데 (유감, 후회)	You should **have studied** harder.
• **could** have p.p	~했었을 수 있다 (가능성)	He could **have heard** the sound.
• **must** have p.p	~였음에 틀림없다 (100% 확신)	The car must **have been stolen**.
• **may** (might) have p.p	~였을 것이다 (50% 추측)	The bus may not **have seen** the old man.
• **cannot** have p.p	~했을 리 없다 (과거 부정 추측)	He cannot **have fixed** the roof.
• **would** have p.p	~했었을 것이다 (의지, 계획)	He would **have met** her.

A 다음 중 맞는 것을 고르세요

정답&해설: p. 224

1. He (will / would) visit the town once a week when he was younger than now.

2. Sam and Karl (have to / must) have gone there again because they are nowhere now.

3. Although she met him two weeks ago, she (must / can) not remember him.

Focus

❹ 조동사의 부정: 조동사 뒤에 not 사용

(1) He (not can / can not) do it.   → 정답: can not

(2) She (should not / not should) go there.   → 정답: should not

❺ 조동사 주요 표현들

구분	해석	예문
• may well	~하는 것도 당연하다	He **may well** be proud of his son.
• may as well	~하는 게 더 낫다	He **may as well** let her go.
• had better	~하는 게 더 낫다	You **had better** exercise right now. = should exercise
• ought to • ought not to	~해야 한다 ~할 필요가 없다	She **ought to** know the answer. She **ought not to** tell the answer.
• need not	~할 필요가 없다	You **need not** tell them the fact.
• cannot ~ too	아무리 ~해도 지나치지 않다	We **can't** emphasize the importance of health **too** often. 우리는 건강의 중요성을 아무리 강조해도 지나치지 않다.
• used to	~하곤 했다	He **used to** eat the food when he was young.
• be used to R	~하기 위해 사용되다	This **is used to** make it perfect. ✱ 이때 to는 부정사이므로 동사 위치
• be used to N	~에 익숙해지다	We **are used to** living here. ✱ 이때 to는 전치사이므로 명사(동명사) 위치 = (get / become / grow) used to, be accustomed to
• must not	**(금지)** ~해서는 안 된다	You **must not** drive while drunk.
• should not	**(권유)** ~해서는 안 된다	You **should not** buy that old house.
• don't have to	**(선택)** ~할 필요가 없다	You **don't have to** follow their order.

(1) You had (not better / better not) buy the car.   → 정답: **better not** (조동사 뒤에 not 위치)

(2) She (used to / was used to) sing alone on the stage.   → 정답: **used to** (의미상 used to 선택)

A 다음 중 맞는 것을 고르세요   정답&해설: p. 224

4. He (has better / had better) stop the relationship with him.

5. She (needs / need) not buy another book to know the theory more.

6. That drunken man (ought not to / ought to not) swim in the pool.

B 다음 중 맞는 것을 고르세요.   정답&해설: p. 224

1. May I use your dictionary? (Yes, you can / Yes, you may not / No, you may not).

2. The news may (be / being / to be) false.

3. You must go home. = You (must have to / have to / are going to) go home.

4. You (can / should) be quiet in the library.

5. She (having to / has to / have to) go there alone.

6. You don't (must / have to) hurry.

7. (Will / May) I take your order?

8. He is not (go to buy / going to buy / will buy) the car.

9. I am going to (go / going / gone) on a camping.

10. While driving, you (must / can) stop at the red light.

정답&해설: p. 225

C 다음 주어진 단어의 형태를 **필요시** 알맞게 **변형**하여 채우거나, 선택형 문제는 알맞은 것을 고르세요.

1. You are able to _____ a great fortress.   (see)

2. _____ he leave the city yesterday?   (do)

3. Oil will _____ on water.   (float)

4. She used to _____ there.   (go)

5. Do you have to buy it? No, I (am / do) not.

6. You (had not better / had better not) buy the house.

7. He always told me that he _____ solve the difficult problem.   (can)

8. At the red traffic sign, you (should / must) stop the car.

9. I remember him exactly so he (might / must) be the man you are looking for.

10. He had lots of work yesterday so he (may well / may as well) be so tired now.

11. Believe it or not, I am sure she (must / might) love you.

12. Yesterday, he _____ almost win the game.   (can)

13. Why (may / is) it impossible to make him happy?

14. This movie may (touch / have touched) many people's mind last year.

15. He (maybe / may be) a professor of the university.

D 다음 중 틀린 부분을 **밑줄** 친 후, 바르게 고치세요.   정답&해설: p. 225

1. Jack have to work last Saturday.   1) _____

2. Chris and Jane must to be twins.   2) _____

3. You doesn't have to knock – just come in.   3) _____

4. He will must leave tomorrow.   4) _____

5. The doctor told me that I will take a rest.   5) _____

6. You ought to not be late for school.   6) _____

7. He may as well be proud of his son because of the good result.   7) _____

8. He knew that he will go to America.   8) _____

9. You have better buy the blue clothes.   9) _____

10. You should are more careful.   10) _____

11. I used to playing the piano.   11) _____

12. You had better to hurry.   12) _____

13. I had not better go there.   13) _____

14. To tell a lie is wrong so you don't have to tell a lie.   14) _____

15. He has better change wet clothes for dry ones.   15) _____

16. I am used to watch movies alone at night.   16) _____

17. Sam needs not take the work.   17) _____

18. You had better to take an umbrella with you.   18) _____

19. I am used to go hiking alone.   19) _____

20. She used to having long hair.   20) _____

21. Dad can quit smoking when he was young.   21) _____

22. You ought to not hurry up.   22) _____

23. This bag might be mine because my name I wrote is on the tag.   23) _____

24. He used to helping the people in need.   24) _____

25. You had not better eat too much.   25) _____

정답&해설: p. 226

E 각 문제 유형에 알맞게 풀어 보세요.

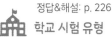
학교 시험 유형

1. 다음 중 어법상 **어색한 것**을 고르시오.
중1 기출 유형

① Many students won't study hard.
② Tomorrow, will buses run on the street?
③ My friend won't visits me tomorrow.
④ Volunteers will clean the road.
⑤ These tips will not be good to him.

2. 다음 중 어법상 **어색한 것**을 고르시오.
중1 기출 유형

① He must study English so hard.
② She must be smart.
③ You must not talk on the phone here.
④ You must be not late again for class.
⑤ They must accept the plan for the future.

3. 밑줄 친 문장과 바꾸어 쓸 수 있는 표현은?
중1 기출 유형

> A: We are late for the presentation.
> B: <u>Let's take a taxi.</u>
> A: That's a good idea.

① Will they take a taxi?
② Shall we take a taxi?
③ Why didn't you take a taxi?
④ How do you take a taxi?
⑤ Don't you take a taxi?

4. 아래의 May와 같은 뜻으로 쓰인 것은?

중2 기출 유형

> May I go to David's house?

① That may not be true.
② You may go home now.
③ He may be a professor.
④ They may lose the game.
⑤ She may love him.

5. 다음 글을 읽고 물음에 답하시오.

중2 기출 유형

> My name is Sulliban. I live in Bangladesh.
> It rains a lot in my country. Last year,
> I Ⓐ ___ not go to school for weeks because
> we had Ⓑ _____ .

5-1) 위의 글 Ⓐ 에 알맞은 말은?

① will　　　② can　　　③ don't　　　④ could　　　⑤ had better

5-2) 위의 글 Ⓑ 에 알맞은 말은?

① boats　　　② raincoat　　　③ floods
④ friends　　　⑤ houses

6. 다음 문장 중 **어색한** 문장은?

중3 기출 유형

① This is the best book that I have read.
② She is the woman who will be a doctor.
③ This is the house that is built by Tom.
④ I had better to take my dog.
⑤ I'd better not wear the cap.

7. 다음 문장 중에서 어법이 바르게 쓰인 것은?

중3 기출 유형

① You'd better sat still.
② You'd better no run around.
③ You'd better be exercising regularly.
④ You'd better not watch TV too long.
⑤ You'd better not to make too much noise.

8. 아래 문장에서 **어색한** 문장 **두 개**는? 중3 기출 유형

① It's a Saturday night and I would watching a movies.

② I try to exercise every day, but today I was not.

③ Listening to loud music too much may not be good for your ears.

④ It's much better to go to bed and get up at regular times.

⑤ If your sleep pattern changes often, your body loses it's rhythm and you can't sleep well.

9. 다음의 우리말에 알맞게 영작하세요. (5점) 중3 기출 유형

> ### 그가 젊었을 때, 그는 대학교수였음에 **틀림없다.**

보기

he / when / is / a / may / professor / have / he / young / be

조건　1. 보기의 주어진 단어는 모두 사용할 것
　　　　2. 필요시 단어를 **활용**할 것
　　　　3. 오류 1건당 -1점 / 3개 이상 오류 시 0점

➡ _____

10. 다음의 우리말에 알맞게 영작하세요. (5점) 중3 기출 유형

> ### 너는 그들만의 규칙들을 따르지 않아도 된다.

보기

have / rules / must / not / to / do / follow / own / you / their

조건　1. 보기에 주어진 단어들 중 **필요한 것**만 사용하여 우리말에 알맞게 영작하세요.
　　　　2. 철자 오류 인정하지 않음
　　　　3. 철자나 문법 오류 총 3개 이상인 경우 0점 처리

➡ _____

11. 다음의 우리말에 맞게 알맞게 영작하세요. (6점)　　　　　중3 기출 유형

> **그가 너에게 아마 말했을지라도, 너는 그것을 거절했을 것임에 틀림없어.**

> **보기**
>
> must / tell / he / have / you / you / have / it / may / reject

> **조건**
> 1. 보기의 주어진 단어는 모두 사용할 것
> 2. 필요시 단어를 **추가** 또는 **활용**할 것
> 3. 오류 1건당 -0.5점 / 3개 이상 오류 시 0점

➡ : Although _____

_____

12. 주어진 문장의 오류를 올바르게 고쳐 쓰세요. (해석 및 내용상 알맞게 고칠 것, 6점)　　　중3 기출 유형

1) Now, David is getting used to fix new electric cars. (2점)

➡ _____

2) The player would rather run in a short time than walking longer hours. (1점)

➡ _____

3) Hey~! Watch out! That little kid almost can hit just one second ago in the school zone. (3점)

➡ _____

13. 다음의 우리말에 맞게 알맞게 영작하세요. (3점)　　　　　중3 기출 유형

> **우리는 영어를 외국에서 공부하는 게 더 낫겠다.**

> **보기**
>
> to study / have / better / we / English / abroad

> **조건**
> 1. 보기의 주어진 단어를 사용하되, 필요시 활용할 것
> 2. 오류 1건당 -1점

➡ _____

14. 주어진 문장의 오류를 올바르게 고쳐 쓰세요. (해석 및 내용상 가장 알맞게 고칠 것, 6점) 중3 기출 유형

1) He said that he will be able to participate in the contest. (2점)

➜ _____

2) Many people said that the Sun rose in the East. (2점)

➜ _____

3) They need not to conform to the new reality. (2점)

➜ _____

Ch 13

가정법

Ch 13.
가정법

Part 1 **개념**

 Focus

> 가정법은 말 그대로 "가정"을 하는 표현으로서, 실제 일어나지 않은 일들에 대해 표현하는 법을 배운다.

❶ 가정법의 종류 (빈출되는 두 가지 중요 표현) 및 해석법

구분	표현 방법	의미
• 가정법 **과거**	If S + **과거**동사~, S + (would, could, might) + R~.	**현재 사실**과 반대
• 가정법 **과거완료**	If S + **had p.p** ~, S + (would, could, might) + have p.p~.	**과거 사실**과 반대

(1) 가정법 **과거** (현재 사실의 반대)

- If he **had** much money, he (can / could) marry her.

  ⤷ 해석: 만약 그가 돈이 (많다면 / 많았다면), 그는 그녀와 결혼 (할 텐데 / 할 수 있었을 텐데)

  → 정답: could (가정법 과거) / 많다면, 할 텐데

(2) 가정법 **과거 완료** (과거 사실의 반대)

- If he **had had** much money, he (could buy / could have bought) the car.

  ⤷ 해석: 만약 그가 돈이 (많다면 / 많았다면), 그는 그 차를 (살 텐데 / 살 수 있었을 텐데)

  → 정답: could have bought (가정법 과거완료) / 많았다면, 살 수 있었을 텐데

✻ (1)번은 **가정법 과거**시제이므로 **현재 사실과 반대**되는 내용, (2)번은 **가정법 과거완료** 시제이므로 과거 사실과 반대

A 다음 중 맞는 것을 고르세요

정답&해설: p. 228

1. If I were rich, I (can / could) buy the house.

2. I (will / would) go there if he helped me.

Focus

> 가정법은 직설법으로, 직설법은 가정법으로 전환할 수 있으며, 이 패턴을 확실히 공부하면 가정법 끝!

❷ **가정법의 직설법 전환**　　　　　　　* 가정법 ⇆ **직설법**으로, 직설법 ⇆ **가정법**으로의 전환을 연습

가정법: 전환 대상		**직설법**: 전환 결과
(1) 가정법 접속사 <u>if</u>를 알맞은 형태의 접속사로 변환	→	(1′) when, as, because, while…
(2) 가정법 [**과거**] 시제 　　가정법 [**과거완료**] 시제 　* had p.p 형태	←	(2′) 직설법 [**현재**] 시제 　　직설법 [**과거**] 시제
(3) 긍정문 　　부정문 (not 포함)		(3′) 부정문으로 (not 포함) 　　긍정문으로

[가정법]　　If I **were** rich, I **could buy** the house.

　　　　　　↪ 가정법에서 be 동사는 인칭에 상관없이 were를 쓴다

　　　　　　* 가정법 과거의 의미 "(현재) 내가 부자라면, 그 집을 살 수 있을 텐데"라는 것

[직설법]　　**Because** I **am not** rich, I **can not** buy the house.

　　　　　　↪ 접속사 변경 / 시제 변경 / 부정문으로 전환 완료

　　　　　　* 직설법 현재의 사실 "(현재) 나는 부자가 아니므로, 그 집을 살 수가 없다" 는 것

❸ **접속사 If 생략 가능 (If 절의 (조)동사가 were, had, should인 경우 생략 가능하며, 도치 발생)**

　　　* 도치란? 주어와 동사의 위치가 뒤바뀌는 현상을 의미

(1) If I **had** much money, I could buy the expensive car.　　= **Had** I much money,

(2) If I **were** a bird, I could fly to you now.　　= **Were** I a bird,

(3) If you **should** need any help, please call me.　　= **Should** you need any help,

---

A 다음 중 맞는 것을 고르세요　　　　　　　　　　　　　　　　정답&해설: p. 228

　　3. If I (know / knew) her address, I would write to her

　　4. If I were rich, I (can / could) buy the house.

Focus

가정법에서 주의해야 할 추가적인 특수한 형태(혼합가정법, 특수 가정법)에 대해 학습한다.

❹ 혼합가정법

✱ 가정법의 시제 패턴이 서로 뒤섞이게 된 현상으로서, 결정적으로 **부사** 힌트를 놓치면 안 됨

(1) If he had saved much money, he **could buy** the car **now**. ⇨ could have bought (X)

(2) If she had studied harder, she **could be** among the top grade students **these days**.

⇨ could have been (X)

⇨ 각 문장의 부사 (now / these days)가 현재를 의미하므로, 각각 가정법 과거 패턴으로 마무리

❺ 특수 가정법 (I wish 특수 가정법 / as if 특수 가정법)

특수 가정법의 종류 및 특징	예문
(1) **I wish** 주어 + ① **과거** 동사 　　　　주어 + ② **대과거** 동사 ① 과거 = 본동사 시점과 반대되는 내용 ② 대과거 = 본동사보다 한 시제 앞선 반대의 내용	1) He wishes he **had** much money. 　1-1) 현재 시점에서 희망: 그는 지금 돈이 **많기를** 희망한다 2) He wished he **had** much money. 　2-1) 과거 시점에서 희망: 그는 돈이 **많았기를** 희망했다 3) He wishes he **had had** much money. 　3-1) 과거 시점에서 희망: 그는 돈이 **많았기를** 희망한다
(2) as if (=as though) 주어 + ① **과거** 동사 　　　　　　　　　　　주어 + ② **대과거** 동사 ① 과거 = 본동사 시점과 반대되는 내용 ② 대과거 = 본동사보다 한 시제 앞선 반대의 내용	4) He talks as if he **knew** everything. 　4-1) 현재 사실과 반대: 그는 모든 것을 **아는 듯** 말한다. 5) He talked as if he **knew** everything. 　5-1) 과거 사실과 반대: 그는 모든 것을 **안다는 듯** 말했다. 6) He talks as if he **had known** everything. 　6-1) 과거 사실과 반대: 그는 모든 것을 **알았다는 듯** 말한다.

⇨ 특수가정법의 시제는 "본동사"를 기준으로 해석의 시점이 달라지므로, 본동사 시제를 잘 참고하여야 함

A 다음 중 맞는 것을 고르세요 정답&해설: p. 228

5. He behaved as if he (can / could) swim in the sea.

6. If I had saved some money, I (could have bought / could buy) the expensive computer now.

B 다음 중 맞는 것을 고르세요.   정답&해설: p. 228

1. If I (was / were) a bird, I could fly to you.

2. If I were not poor, I (can / could) buy the house at that time.

3. He would not do it If he (was / were) honest.

4. If he (had / had had) much money, he could have bought the car.

5. If I had been rich, I (would help / would have helped) him.

6. If the man (worked / had worked) harder, he would have succeeded.

7. I would lend it to you If I (had had / had) the book.

8. The car could have been stolen if you (didn't help / had not helped) me.

9. If I had much money, I (will / would) buy the great house.

10. If you loved her, I (will / would) give up.

11. I would have gone there If I (were not / had not been) ill.

12. If she (were / had been) awake, she could have heard the noise.

C 다음 단어들을 알맞게 배열하세요.   정답&해설: p. 229

1. (could / not / he / buy / he / poor / the house / were).

   ➜ If _____

2. (would / met / I / not / ill / have / you / I / had / been).

   ➜ If _____

3. (he / would / to / her address / he / write / knew / her).

   ➜ If _____

4. (helped / rich / had / have / would / she / him / she / been).

   ➜ If _____

5. (had / the car / have / had / much money / she / bought / would / she).

   ➜ If _____

D 아래의 각 문제 유형에 알맞게 해결하세요.

정답&해설: p. 229

[1-17번] 괄호 속 동사의 형태를 가정법 시제에 맞게 변경하거나, 선택하세요.

1. If I _____ it, I would tell you about it. (know)

2. If I _____ it, I could have told it to you. (hear)

3. If he had not advised me, I (would have lived / would live) totally different life these days.

4. If it _____ for your help, I could not have succeeded. (be)

5. I would not buy it if I _____ you. (be)

6. (Had it not been for / It had not been for) his help, I could not have finished the project.

7. If you had listened to my advice, this situation (could be / could have been) quite different now.

8. If I (solved / had solved) the problem, I would get the highest score on the test.

9. If I _____ a bird, I could fly to her. (be)

10. If the man _____ the truth, he would not have followed that boss. (know)

11. If the _____ , we (can / could) go to Natural History Museum.

    (날씨가 **좋다면** 우리는 자연사박물관에 놀러 **갈 수 있을 텐데**.)

12. If I _____ up a wallet with a lot of money, I would take it to the police. (pick)

13. If I had saved more money, I could (lend / have lent) it to you now without hesitation.

14. If I knew her address, I could write to her.

    = Because _____ , I can't write to her.

15. As I don't have a brother, I can't play with him.

    = If I _____ a brother, I _____ _____ with him.

16. If it had been fine, we would have gone for a drive.

    = As _____ , we didn't go for a drive.

17. 우리가 충분한 시간이 있다면, 우리는 모든 보고서를 읽어 볼 텐데. (enough / all the reports)

    = If _____ , _____ .

정답&해설: p. 230

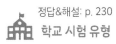
학교 시험 유형

E 각 문제 유형에 알맞게 풀어 보세요.

---

1. (9점) `중3 기출 유형`

> **보기**
> If I have a time machine, I will go to meet her.

1) 위 보기 문장을 가정법 과거로 전환하세요. (4점)

➜ : _____

2) 가정법 과거로 고친 문장을 직설법으로 전환하세요. (5점)

➜ : _____

[2-4번] 두 문장을 서로 **같게** 만드세요. (6점, 각 2점) `중3 기출 유형`

2. As he is poor, he can't go abroad.

= If he _____ rich, he _____ go abroad.

3. If he did not have a car, he could not go to the party.

= _____ he _____ _____ _____ , he _____ _____ to the party.

4. As I don't know her address, I can't send an e-mail to her.

= If I _____ her address, I _____ _____ an e-mail to her.

[5-7번] 다음 문장을 직설법은 **가정법**으로, 가정법은 **직설법**으로 전환하세요. (6점, 각 2점) `중3 기출 유형`

5. If I were rich, I could buy the expensive book. (2점)

= _____

6. I would have gone there if I had not been ill. (2점)

= _____

7. As I was not rich, I did not help him. (2점)

= _____

8. Rearrange the given words to complete the sentence. (5점) 고1 기출 유형

보기

the summer / survived / couldn't /they / had /
have / air conditioners / it / for / been / not / if

➜ : _____

_____

9. 다음 중 알맞은 것을 고르세요. (4점) 중3 기출 유형

Water pollution is getting worse. If there weren't so much trash, _____ .

① water would be dirty
② water pollution would be worse
③ water would be clean
④ water would have been clean
⑤ water would have been worse

10. 다음 주어진 조건에 알맞게 빈칸을 완성하세요. (7점) 중3 기출 유형

조건   1. 주어진 단어를 알맞게 사용하거나 활용할 것
  2. 철자 오류 -0.5점
  3. 칸 수의 힌트는 없음

1) (2점) If he had a car, he _____ her more often. (can / meet)

2) (2점) Sam could have known the real fact if you _____ him. (tell)

3) (3점) If the girl had saved one dollar a day, she _____ much money now.
(can / have)

11. 주어진 문장을 보기와 같이 고쳐 쓰세요. (6점, 각 2점) 중2 기출 유형

> **보기**
>
> This car is not mine, so I can't give you a ride.
> → If this car were mine, I could give you a ride.

1) Because mom does not like dogs, I can't have a dog.

➡ : _____

2) He is late again so he can not get in the class.

➡ : _____

3) She doesn't love him, so he can't marry her.

➡ : _____

12. 주어진 문장을 보기와 같이 고쳐 쓰세요. (9점, 각 3점) 중3 기출 유형

> **보기**
>
> Mom didn't tell me the time, so I could't meet her.
> → If mom had told me the time, I could have met her.

1) Wright Brothers tried to fly, so people could use airplane.

➡ : _____
_____

2) Because the concert was cancelled, the singer could take a rest.

➡ : _____
_____

3) They met each other often, so they could understand themselves well.

➡ : _____
_____

13. 다음 중 올바른 것을 **모두** 고르세요. (4점) 중3 기출 유형

① Had I met her, I could have told her my mind.
② If I were a teacher, I would not teach like that.
③ Jack could sing the song if he is not that sick.
④ Kevin would help you if he knows your situation.
⑤ If we had had much money, we can buy the house.

14. 다음 중 **틀린** 것을 고르세요. (5점) 중3 기출 유형

① My teacher would not have another test if all the students got the grade over the average.
② Were I a president, I would deal with everything important step by step.
③ If the CEO solved the problem, the workers could have managed to finish it.
④ If it didn't snow a lot, we could go camping together.
⑤ All the members could have helped her if you had told us a little bit earlier.

15. 다음 보기 중 맞는 것을 **모두** 고른 것은? (4점) 중3 기출 유형

보기

a) Had it not been for your aid, we could not have met the deadline.
b) Nancy had had more money if you had lent her some money.
c) Were I a poet, I could write the most gorgeous poem to you.
d) If the weather is so good, we could ride a bike to the downtown.
e) Has he had a house, he could have married Jane.
f) Have they had any difficulty running faster, the coach could have helped them.
g) If Sam knew the answer, he can tell it to you.
h) If you lost your wallet, you could visit the police station first.

① a, e, f   ② b, e, h   ③ b, c, f, h   ④ a, c, h   ⑤ a, c, d

Ch 14

비교급

Focus

> 비교급은 둘 사이에서, 최상급은 셋 이상에서 누가 더 우수, 열등, 동등한지를 나타내는 방법이다.

❶ 비교급, 최상급 표현 방법

✱ 8품사 중에서 형용사, 부사의 활용 패턴: < 원급 → 비교급 → 최상급 >

종류	구분	표현 방법	예문
1. 원급	기본 형태	형용사 / 부사	Ⓐ He is **tall**. Ⓑ She is **beautiful**.
2. 비교급	우등비교	~er than more~ than	Ⓐ-1 He is **taller** than you. = ~ than you are. Ⓑ-1 She is **more beautiful** than you. = ~ than you are. → than 뒤 **동사**와 함께 사용 시 **주격** 쓸 것(…than me / than I am)
	동등비교	as (형/부) as	Ⓐ-2 He is as **tall** as you. = ~ as you are. Ⓑ-2 She is as **beautiful** as you are.
	열등비교	less~ than	Ⓐ-3 He is **less tall** than you are. Ⓑ-3 She is **less beautiful** than you are.
3. 최상급	최상급	the~ est	Ⓐ-4 He is **the tallest** boy in my class. = the tallest in my class. 즉, 명사 생략 가능 Ⓑ-4 She is **the most beautiful** girl in my class.

○ 음절(syllable)의 이해: 　1) 존재하는 발음의 최소 단위 　2) 한 개 음절에 하나의 모음 포함 　3) · 표시: 음절의 경계를 표시함 　4) 국어의 음절 인식과는 다를 수 있음 　　버·스 (2음절) / bus (1음절) 　5) 롱맨(longman) 영어사전에서 　　단어를 찾아보면 음절 경계 보여줌	1음절	• 형용사: cold warm tall old high small long • 명사: car bus dog drive cake school
	2음절	• 형용사: care·ful pre·tty ha·ppy fun·ny cle·ver • 동사: in·crease re·ject ac·cept at·tach
	3음절	• 형용사: beau·ti·ful ex·pen·sive gen·e·rous • 명사: in·ter·net com·put·er pro·gram·mer

⇨ 3음절 이상 또는 음절의 여부와 상관없이 어미가 -ful, -less, -able, -ish, -ous 로 끝나는 형용사, 부사는 more
- most를 붙여 비교, 최상급을 표현한다.

　ex) more careful, more generous, more difficult,more expensive

---

A 다음 중 맞는 것을 고르세요.　　　　　　　　　　　　　　　정답&해설: p. 233

　1. The car is (bigger / more big) than your car.

　2. This book is (more light / lighter) than that book.

Focus

 불규칙 변화의 형태를 암기해야 하며, 비교급과 최상급을 강조할 수 있는 특정 부사들을 이해한다.

❷ 비교급, 최상급 불규칙 변화 암기

many (수가 많은) → more - most much (양이 많은) ↗	late → later- latest (시간이 늦은) ↘ latter -last (순서가 늦은)
little (양이 적은) - less - least few (수가 적은) - fewer - fewest	far → farther - farthest (거리: 먼) ↘ further - furthest (정도: 더욱더)

(1) He has (less / fewer) money than I have.   → 정답: **less** (돈은 양적 개념이므로)

(2) You should study (farther / further) than now.   → 정답: **further** (정도를 의미하므로)

(3) I will choose the (later / latter) one between them.   → 정답: **latter** (후자를 선택하므로)

❸ 비교급 강조 부사

✱ 비교급을 강조하는 부사는 정해져 있으며, 해석 방법은 "훨씬" 또는 "더욱더"

much, far, even, still, a lot

(1) He is (much / very) taller than me.   → 정답: **much**

(2) She is (so / even) prettier than her sister.   → 정답: **even**

(3) Jack became (far / so) more nervous.   → 정답: **far**

↪ (3)번처럼 비교 대상 (말하는 시점보다 이전)이 명확할 때 than 없이 비교급 마무리 가능

❹ 최상급 강조 부사

even, much, by far

(1) This is (far / by far) the surest way to solve it.   → 정답: **by far**

(2) This car is (much / so) the fastest car in the world.   → 정답: **much**

A 다음 중 맞는 것을 고르세요.   정답&해설: p. 233

3. He is (less taller / less tall) than you.

4. This lane is (much / so) longer than that lane.

Focus

비교급에서 예외적이거나 주의해야 할 특수한 형태들에 대해 학습한다.

❺ 비교급 앞에 정관사 the를 쓰는 경우 (원래는 최상급 앞에 the를 쓰지만, 아래의 경우에는 허용)

(1) The 비교급, the 비교급   ✱ The 비교급, the 비교급 해석: ~ 하면 할 수록, 더욱 ~ 하다

　　• The more we have, the more we want. (우리는 더 가지면 가질수록, 더 원한다)

(2) of the two 수반 시

　　• This is the cheaper of the two.

❻ 라틴어 비교급 주의 → 라틴어에서 차용한 단어들의 뒤에는 than을 사용하지 않고, **to**를 써서 비교를 표현

superior, inferior, senior, junior, major, minor, exterior, interior, prefer, anterior, posterior
　　　　(열등한, 하등한)　　　　　　　　　　　　　　　　　　　　(~보다 앞의) (~보다 뒤의)

(1) Nova is senior than me by 7 years. (X)　　➡ Nova is senior to me by 7 years. (O)

(2) Sam thought about interior than exterior. (X)　➡ Sam thought about interior to exterior. (O)

❼ 암기해 두면 유용한 비교급 표현

(1) no more than: 기껏, 겨우　　　　　　　　　　　　　　　✱ 수나 양이 많지 않다는 의미

　　• He has no more than 10 dollars. (그는 겨우 10달러를 가지고 있다)

(2) no less than: 적어도, ~ 만큼이나　　　　　　　　　　　✱ 수나 양이 많다는 의미

　　• He has no less than 10 dollars.(그는 적어도 10달러를 가지고 있다)

(3) not so much A as B: A라기보다는 오히려 B이다

　　• Teaching is not so much a job as a passion.(가르치는 것은 일이라기보다는 열정이다)

A 다음 중 맞는 것을 고르세요.　　　　　　　　　　　　　　정답&해설: p. 233

5. Mike is senior (than / to) your brother.

6. As Jack has (no more than / no less than) 50 dollars, we can even take a taxi to get there.

B 다음 중 맞는 것을 고르세요.

정답&해설: p. 233

1. He is as (tall / taller) as his older brother is.

2. This tiny dog is (more smart / smarter) than that big dog.

3. Jane is (the cute / cutest / the cutest) girl in my class.

4. Jessy is as (beautiful / beautifully) as her mother.

5. Mike is (taller / the tallest) boy in the basketball team.

6. The boy looks (so / even) older than my brother.

7. The book is (best / better) than that one.

8. We believe health is the (more / most) important thing and it is really true.

9. Julia is the (most wisest / wisest) student in her major.

10. This house is (four time / four times) as large as that one.

정답&해설: p. 234

C 다음 주어진 단어들을 알맞게 활용하거나, 선택형 문제는 알맞은 것을 고르세요. (단, 칸수의 힌트는 없음)

1. The more we have, _____ we want. (much)

2. Jin is the _____ boy of his friends. (old)

3. Which do you like (the best / better), coffee or milk?

4. He is (the faster / fastest / the fastest) boy in Asia.

5. Tom cruise was (very / more) popular than any other movie star.

6. He is _____ than me. (tall)

7. She has (no more than / no less than) 100 dollars so we don't need to worry about buying it.

8. Usually, middle school students are (more / less) tall than highschool students.

9. Your friend is not older than he (does / is).

10. He is the _____ boy in the class. (smart)

11. A girl at the side-walk is _____ than my sister. (pretty)

12. My mom was (more happy / happier) than any others when I won the race.

13. Summer is (the hottest / the most hottest) season around a year.

14. The problem is (the most difficult / more difficult) one that I have ever seen.

15. He is _____ than me. (humorous)

D 다음의 각 해석에 알맞게 영작하세요. (주어진 철자가 있다면 사용할 것)   정답&해설: p. 235

1. He is j_____ _____ me in the school.

   (그는 나보다 후배야 / 나보다 어려)

2. He _____ _____ much _____ _____ _____ .

   (그는 내가 먹었던 것만큼 많이 먹었다)

3. She p_____ _____ _____ _____ .

   (그녀는 커피보다 주스를 더 좋아한다)   * juice 쥬스

4. This job _____ _____ _____ _____ _____ you _____ .

   (이 일은 네가 생각하는 것만큼 그렇게 쉽지는 않다)

5. I can _____ a _____ _____ _____ _____ Jack.

   (나는 Jack만큼 그림을 잘 그릴 수 있다)

6. Eric _____ S_____ _____ James.

   (Eric은 James보다 더 뛰어나다)

7. This building is _____ _____ _____ high_____ _____ _____ .

   (이 건물은 저 건물보다 세배 더 높다)

8. Jane _____ .

   (Jane은 아름답다기보다는 더 귀엽다)

9. This one_____ _____ _____ _____ one.

   (이것은 저것보다 더 좋다)

10. _____ _____ _____ _____ , _____ earlier you arrive.

    (당신이 더 빨리 뛰면 뛸수록, 당신은 더 일찍 도착한다)

Part 4 완성

정답&해설: p. 235

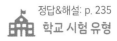
학교 시험 유형

E 각 문제 유형에 알맞게 풀어 보세요.

1. 우리말과 같은 뜻이 되도록 주어진 단어를 알맞게 배열하세요. (6점, 각 2점) 중2 기출 유형

> **조건**
> 1. 주어진 단어들을 사용하거나 필요시 활용할 것
> 2. 오류 1개 -0.5점
> 3. 주어진 단어는 모두 사용할 것

1) 이 차는 저 차보다 훨씬 더 비싸다. (expensive / much)

➔ : This car _____ _____ _____ _____ _____ _____ .

2) Jack은 Sam 보다 덜 활동적이다. (active / little)

➔ : Jack _____ _____ _____ _____ _____ .

3) 영어는 중국어만큼 어렵지는 않다. (as / not)

➔ : English _____ _____ _____ _____ _____ _____ .

2. 다음 우리말과 일치하도록 괄호 안의 단어들을 활용하여 빈칸에 맞게 영작하시오. (9점, 각 3점)
(필요할 경우 단어의 형태를 변형할 것) 중3 기출 유형

1) 당신이 적게 쓰면 쓸수록, 더 많이 저축한다. (spend, many, save, little)

➔ : _____ _____ _____ _____ , _____ _____ _____ _____ .

2) 당신이 더 높이 올라갈수록, 더 멀리 본다. (go up, far, see, high) → **go up 은 한 칸에 쓸 것**

➔ : _____ _____ _____ _____ , _____ _____ _____ _____ .

3) 우리는 나이가 들어갈수록, 더 현명해진다. (grow, we, old, become, wise)

➔ : _____ _____ _____ _____ , _____ _____ _____ _____ .

3. 다음 문장과 의미상 같은 것은?

중3 기출 유형

Jack is not so strong as his brother.

① Jack is strong just like his brother.
② Jack is stronger than his brother.
③ Jack's brother is stronger than him.
④ Jack's brother is not as strong as him.
⑤ Jack is the same as his brother in the strength.

4. 다음 중 바르게 쓰이지 **않은** 문장은?

중3 기출 유형

① That building is the highest in the world.
② Nothing is more precious than health.
③ Mr. Park reads more books than any other teachers.
④ No sport is as popular as soccer.
⑤ It was the best food that she has ever eaten.

5. 주어진 조건에 알맞게 영작하세요. (6점)

중3 기출 유형

> **조건** 1. 각 주어진 단어는 모두 사용하고, 필요시 활용할 것
> 2. 각 오류 -1점 감점
> 3. 문제당 오류 3개 이상 0점 처리

1) 비행기로 여행하는 것이 배로 여행하는 것보다 더 편하다. (4점)
   (ship / comfortable / travel / be / much / airplane)

   ➡ : ＿＿＿＿ ＿＿＿＿ ＿＿＿＿ ＿＿＿＿ ＿＿＿＿ ＿＿＿＿ ＿＿＿＿

   ＿＿＿＿ **by** ＿＿＿＿ .

2) 그 공원은 내가 생각했던 것만큼 크지 않았다. (2점)
   (be / not / as / think / big / that)

   ➡ : ＿＿＿＿ ＿＿＿＿ ＿＿＿＿ ＿＿＿＿ ＿＿＿＿ ＿＿＿＿ ＿＿＿＿

   ＿＿＿＿ ＿＿＿＿ .

[6-11번] 우리말과 아래의 조건에 알맞게 영작하세요.

> **조건**
> 1. 각 보기의 단어들은 모두 사용하고, 필요시 활용할 것
> 2. 필요한 단어들은 추가할 것
> 3. 단어 오류 -0.5 점 / 문법 오류 -1점
> 4. 전체 오류 갯수 3개 이상 0점

6. 네가 더 많이 공부하면 할수록, 너는 더 좋은 성적을 얻게 된다. (4점)

> **보기** (get / good / you / the / grade / much)

➡ : _____ _____ _____ _____, _____ _____ _____ you _____ .

7. Sam은 한국의 다른 어떤 군인들보다 용감하다. (3점)

> **보기** (soldiers / any / brave)

➡ : Sam is _____ _____ _____ _____ _____ _____ in Korea.

8. 이 차는 저 차보다 훨씬 더 빠르다. (3점)

> **보기** (fast / be)

➡ : _____ _____ _____ _____ _____ _____ _____ _____ .

9. 우리는 앞으로 두 시간을 더 공부해야 해. (4점)

> **보기** (need / far / study / to)

➡ : _____ _____ _____ _____ two _____ _____ .

10. 나는 처음 것보다 뒤에 것이 더 맘에 들어. (4점)

> **보기** (late / one)

➡ : _____ _____ the _____ _____ _____ the former one.

11. 비용을 더 지불하면 할수록, 당신은 더 만족하게 될 것이다. (5점)

> 보기   (satisfy / pay / be / will / much)

➡ : _____ _____ _____ _____ ,

_____ _____ _____ _____ _____ _____ .

12. 다음 중 어법상 잘못된 것을 **모두** 고르세요. (4점)   중3 기출 유형

① Samsung is more popular than any other company in Korea.
② He is not so stronger as his older brother.
③ This one also can be solved as easily as that one.
④ She can run as fastly as he can.
⑤ That novel is less interesting than this novel.

13. 주어진 보기의 단어들 중 알맞은 것을 골라 영작하세요. (8점, 각 2점)   중3 기출 유형

> 조건   1. 각 보기의 단어들 중 하나를 선택
> 2. 주어진 보기가 모두 사용될 필요는 없음
> 3. 해석에 알맞게 사용하거나, 필요시 활용할 것

> 보기   (loud / far / many / little / beautiful / large)

1) This machine is _____ efficient than that machine.

2) These days, _____ students than before have trouble reading paper books.

3) She appeared at the party as _____ as she could.

4) The little boy was shouting more _____ than any other student.

14. 이 건물은 저 건물보다 두 배 더 크다. (big / as / time / as / two)

This school ＿＿＿＿ ＿＿＿＿ ＿＿＿＿ ＿＿＿＿ ＿＿＿＿ ＿＿＿＿ that school.

15. 그의 상태는 우리가 생각했던 것 보다 훨씬 더 심했다. (serious / even / think / be)

His condition ＿＿＿＿ ＿＿＿＿ ＿＿＿＿ ＿＿＿＿ ＿＿＿＿ we ＿＿＿＿ .

16. 그 교장 선생님은 다른 어떤 선생님들보다 더 사려 깊었다. (consider / teachers / any / be)

The principal ＿＿＿＿ ＿＿＿＿ ＿＿＿＿ ＿＿＿＿ ＿＿＿＿ other ＿＿＿＿ .

Ch 15

접속사

✏️ Focus

> ⏱️ 접속사는 단어와 단어, 구와 구, 절과 절, 문장과 문장을 이어주는 문법적 역할을 한다.

❶ 단어, 구, 절, 문장의 구분

(1) **단어**: 언어의 최소 기본 단위
- desk, dog, cat, school, ball…

(2) **구**: 두 개 이상의 단어가 결합한 하나의 형태 단위
- on the desk, in the bus, at the cafe…   ✳ 전치사구
- to read books, to meet her…   ✳ to 부정사구
- reading books, meeting her…   ✳ 동명사구

(3) **절**: 접속사 + 주어 + 동사 ~~ 의 형태를 갖춘 하나의 형태 단위   ✳ **비독립적**: 하나의 문장 구성 성분
- He knows **that** she can read books.   ✳ that 절
- She loved me **when** she was young.   ✳ when 절

(4) **문장**: 주어 + 동사 ~~~ 의 형태를 갖춘 문장   ✳ **독립적**: 이미 완성된 형태를 보임
- Jane loves him so much.   ✳ 3형식 문장
- He finally gave me the money.   ✳ 4형식 문장

❷ 등위 접속사 (앞뒤 위상을 대등하게 연결해 주는 접속사): and, but, or, so

(1) She has a car **and** a house.   ✳ 단어와 단어 연결
    He is old **but** smart.
(2) Which one do you like, watching movies **or** going swimming?   ✳ 구와 구의 연결
(3) She is a good student **but** she is not a good friend.   ✳ 문장과 문장 연결
    I was so hungry **so** I ate the leftover in the kitchen.

A 다음 중 맞는 것을 고르세요   정답&해설: p. 237

   1. (That / What) the earth is round is common knowledge.
   2. A new problem is (that / what) he doesn't trust me.
   3. (Because / Because of) her help, we could finish the work safely.

Focus

> 종속접속사와 상관접속사 및 영어 문장을 길게 만드는 요인 중 하나인 명사절에 대해서 학습한다.

❸ 종속접속사(비독립적 성분으로서 단독으로 쓰일 수 없음. 즉, 아래의 밑줄 친 접속사절은 단독으로 존재 불가능)

> when, because, if, while, although, though, that, unless (= if~not): 만약 ~하지 않으면…

(1) 명사절 접속사 (절이 명사처럼 문장에서 주어, 목적어, 보어의 역할을 수행 - 필수적인 역할)

- He knows **that** she is a really good student.　　　　　✱ 문장의 목적어 (필수적 성분)

(2) 부사절 접속사 (절이 부사의 역할을 수행 - 시간, 장소, 이유, 원인, 결과, 정도 등의 의미를 표현)

- Please call me **when** you are ready for the meeting.　　　✱ 시간의 부사절 (부수적 성분)

❹ 상관접속사(상호 간의 관련성이 긴밀한 접속사)

↪ 상관접속사가 주어로 쓰였을 경우 **수일치에 주의**

종류	해석	수일치	문제 예시(정답 선택)
both A and B	A와 B 모두	복수 취급	Both you and I (like / likes) the movie.
either A or B	A 또는 B	B에 일치	Either you or I (love / loves) her.
neither A nor B	A도 아니고 B도 아닌	B에 일치	Neither you or I (love / loves) her.
not only A but also B = B as well as A	A뿐만 아니라 B도	B에 일치	Not only you but also Jack (like / likes) it. Jack as well as you (like / likes) it.
not A but B	A가 아니라 B	B에 일치	Not Jack but Sam (hate / hates) her.

→ 정답: <u>like</u> / <u>loves</u> / <u>love</u> / <u>likes</u> / <u>likes</u> / <u>hates</u>

❺ 명사절 (절의 구조를 갖춘 채 명사 역할 수행 - 주어, 목적어, 보어 역할)

✱ 접속사 that, if, what, 의문사절 등은 대표적 명사절

명사절의 문장 내 역할			
· **That he is honest** is true.	문장의 (　　) 역할	(　　) 형식	→ 정답: <u>주어</u>, <u>2형식</u>
· I know **that he is honest**.	문장의 (　　) 역할	(　　) 형식	→ 정답: <u>목적어</u>, <u>3형식</u>
· The fact is **that he is honest**.	문장의 (　　) 역할	(　　) 형식	→ 정답: <u>보어</u>, <u>2형식</u>

✐ Focus

> 형용사절, 부사절에 대한 심화 학습을 하며, 특히 시간, 조건의 부사절에 대해 정확히 이해한다. .

❻ 형용사절 (절의 구조를 갖춘 채 **형용사** 역할 수행 - 명사를 뒤에서 수식)

(1) 관계대명사: who, which, that   ↪ what은 **명사절**임에 주의

- Have you read the famous books **which** were written about the A.I?

(2) 관계부사: where, when, why, how

- He still remembered the place **where** he played with lots of good friends.

❼ 부사절 (절의 구조를 갖춘 채 **부사** 역할 수행 - 시간, 장소, 원인, 이유, 결과 등의 부수적 설명)

(1) Please call me **when** you are ready for the meeting.   (때)

(2) I could finish it **because** someone helped me a lot.   (이유)

(3) It is so complicated **that** nobody wanted to try it.   (결과)

(4) Do in Rome **as** Romans do.   (양태, 방식: ~ 대로)

(5) **As long as** you pay for it, there will be no problem.   (제한: ~ 하는 한)

❽ 시간, 조건의 부사절 (부사절 중에서도 "시간"과 "조건"의 부사절에서는 현재시제가 미래시제를 대신한다)

↪ 주절의 시제가 미래라고 해서 같이 미래를 쓰면 안 됨

(1) "**시간**"의 부사절 (when)

- When you (start / will start) the projet again, we will assist your company but not right now.
- I don't know the time when she (will come / comes) tomorrow.

    ✻ when절이 앞의 the time을 수식하고 있음   → 정답: <u>start</u> / <u>will come</u>

(2) "**조건**"의 부사절 (if, unless)

- I will not go there if he (will come / comes) tomorrow.

    ✻ **부사절은 문장 핵심 성분이 아님**, 명사절은 주어, 목적어, 보어 자리 위치, 형용사절은 앞의 명사(선행사) 수식

                                              → 정답: comes

◆ 명사절 If (If가 명사절로 쓰인 경우 "~인지 아닌지"라고 해석되며, 이때 whether로 대체 가능)

- I dont know **if** she will come tomorrow. (= whether)

    ✻ 여기서 **if** 는 **명사절**로서 문장 핵심 성분인 **목적어** 역할

A 다음 중 맞는 것을 고르세요

정답&해설: p. 237

4. Say hello to him if you (will meet / meet) him.

5. Sam is my best friend (for / because of) he is honest.

B 다음 중 알맞은 것을 고르세요. 정답&해설: p. 238

1. My father as well as my uncles (is / are) good at speaking English.

2. I wonder (that / whether) my friend will come to see me or not.

3. You can get there (either / neither) by bus nor by taxi.

4. Please say hello to him if you (will meet / meet) him next time.

5. Don't try to believe (that / what) others say to you.

6. (Not / Not only) you but also I love her.

7. She knows (neither / either) me or him.

8. Both you (and / or) me have no problems.

9. I don't know when she (will come / comes) tomorrow morning.

10. I came here not by bus (but / or) by taxi although it is more expensive.

C 아래 문제를 각 유형에 맞게 풀어 보세요. 정답&해설: p. 238

1. Hey, hurry up, (and / or) you will be late again.

2. If you take an express train, you will not be late.
   = _____ _____ _____ _____ , _____ you will not be late.

3. Take an umbrella, or you will get wet.
   = _____ _____ _____ _____ _____ , you will get wet.

4. (What / That) he couldn't solve the problems is not true.

5. (Although / Despite / In spite of) she wasn't tired, she went to bed.

6. She got _____ a shock _____ she dropped the cup.
   (그녀는 너무 쇼크를 받아서 컵을 떨어뜨렸다)

D 아래의 문제들 중 선택형 문제들은 알맞은 것을 선택하고, 빈칸은 직접 채워 넣으세요. 정답&해설: p. 239

1. The river has (risen / raised / rising) _s_____ it rained so much.

2. He was (so / such) a good student that he could pass the exam.

3. He loved Jane, (because / if / so) he (married with / married) her.

4. She speaks so (fast / fastly) that we can't understand her.

5. He is so strong (what / that) he can carry the heavy box.

6. This book was very tough to understand so I (can't / couldn't) read it at that time.

7. I like to live in the country (that / because) there is almost no pollution.

8. I love my town (if / since) many people are very kind to me.

9. This car you are looking at now is very expensive, so I can't afford to buy it.

   = This car is _____ expensive _____ I can't afford to buy it.

10. _____ it snows tomorrow, we'll go on a picnic.

11. _____ he is poor, he is very happy.

12. I like movie, music, (so / and) art.

13. Sam finally arrived in Busan (and stayed / stayed) at a hotel.

14. My dad usually tells me an interesting fact and often (read / reads) me mystery stories, too.

15. karl is my best friend (because / because of) he is generous.

16. Yesterday, they were quite ill (but / so) they had to stay home all day.

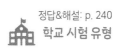

E 각 문제 유형에 알맞게 풀어 보세요.

정답&해설: p. 240
학교 시험 유형

1. (4점) [중3 기출 유형]

> (A) 비록 그는 작게 시작했지만, 그가 큰 변화를 만들어 내는 중이다.

위 (A)의 의미가 되도록 주어진 단어를 모두 사용하되, 필요시 **활용**하여 문장을 완성하시오.

> 보기 a / small / be / although / make / big / he / started / he / difference

➜ _____

2. 주어진 보기를 사용하여 문장을 작성하시오. (8점) [중3 기출 유형]

> 보기 I finished my homework. I cleaned my room, too. (not only~ but also~)

➜ : (1) _____ . (4점)

> 보기 He is not only a good speaker but also a great writer. (~as well as~)

➜ : (2) _____ . (4점)

3. (6점) [고1 기출 유형]

다음 보기에 **주어진 단어를 모두 사용**하되 **필요시 활용, 추가**하여 주어진 해석에 맞는 영어 문장을 완성하시오. (단, 특정 단어는 반드시 **1회 중복사용** 되어야만 함)

> 보기 big / the / great / fact / a / mistake / be / and / make / that / between

(1) The difference _____ . (2점)

  (총 8단어) 너와 나 사이의 차이는 그렇게 크지 않다.

(2) I realized _____ . (4점)

  (총 9단어) 나는 내가 큰 실수를 했다는 사실을 깨달았다.

4. (5점)

고1 기출 유형

> **조건**
>
> 반드시 <u>주어진 단어</u>를 **활용**하되, 필요하면 **변형**하라. 철자 오류 인정하지 않음.
> 대소문자 구분하지 않음. 완벽한 문장에서 오류가 있는 단어 개당 0.5점씩 감점

* Rewrite underlined (A) starting with 'It' using the words (**that**, **seem**, **products**, **remove**).

(A) Those products seem to have been removed.

➡ : _____

5. (4점)

중3 기출 유형

> **조건**
>
> 보기에 주어진 단어를 모두 한 번씩 사용하여, 우리말에 맞게 영작하세요.
> 철자 오류 인정하지 않음.
> 필요한 단어는 추가하며, 한 칸에 한 단어씩 쓸 것
> 철자나 문법오류 총 3개 이상인 경우 0점 처리

▶ 나는 네가 그녀의 생일 파티에 올 수 있을지 없을지 알고 싶어.

> **보기**
>
> (know / come / want / her / to / can)

➡ : _____

6. (4점) 다음 중 보기의 **if**와 의미가 같은 것은?

중2 기출 유형

> **보기**
>
> Do you mind **if** I open the window?

① I will not go camping **if** she comes tomorrow.
② You can just go out **if** you are boring.
③ You can take it much more **if** you want.
④ He is wondering **if** he can borrow your car.
⑤ **If** you want to meet her, contact her secretary first.

ECAS 중등 영문법 – 서술형 1000제

7. 다음 조건에 맞게 알맞은 문장으로 전환하세요. (3점)

> **조건**
>
> so that을 사용하여 같은 의미로 영작하세요.
> 필요한 단어는 **추가**하며, 한 칸에 한 단어씩 쓸 것
> 철자 및 문법오류 각 1개당 -0.5점 처리

보기

David and Sam are studying English in order to talk with American friends.

➡ : _____

_____

8. 다음 보기 문장을 같은 의미를 가진 다른 표현으로 바르게 변형한 것은? (3점)

보기

Jack wants to eat not only this cake but also that bread.

① Jack enjoys eating not only this cake but that bread.
② Jack wants to eat not this cake but that bread.
③ Jack wants to eat this cake as well as that bread.
④ Jack wants not only to eat both cake and bread.
⑤ Jack wants to eat that bread as well as this cake.

9. 다음 보기 문장과 같은 의미를 지닌 문장을 고르세요. (4점)

보기

Mike will not go camping unless she comes tomorrow.

① Mike doesn't want to go camping tomorrow with her.
② Mike is not going to go camping if she comes tomorrow.
③ She will not go camping with Mike tomorrow.
④ Mike will not go camping because she will come tomorrow.
⑤ Mike will not go camping if she does not come tomorrow.

10. 다음 주어진 조건에 맞게 영작하세요. (4점)

> | 조건 | It~ that을 사용하며, 보기의 단어는 모두 사용할 것
> 필요한 단어는 **추가**하며, 한 칸에 한 단어씩 쓸 것
> 철자 및 문법 오류 각 1개당 -0.5점 처리

▶ 벌들이 수분의 과정에서 우리의 도움을 필요로 한다는 것은 우리에게 정말 중요한 메시지이다.

| 보기 |

(to / pollination / message / need / us / of / important / bees)

➡ : _____ _____ a _____ _____ _____ _____

_____ _____ _____ _____ _____ _____

in the process _____ _____ .

11. (8점)

밑줄 친 (A)의 우리말에 맞게 보기를 참고하여 알맞게 영작하세요.

(A) 그들뿐만 아니라 Jack도 그녀가 그 프로젝트를 끝내는 것을 돕는다.

| 보기 |

help / also / they / her / not only / finish / the project / but / well

> | 조건 | 1. 보기의 주어진 단어들은 모두 사용하되, **필요시 추가 또는 활용**할 것
> 2. (가)의 주어진 단어로 시작하며, 의미가 알맞게 영작할 것
> 3. (가)의 내용을 같은 의미를 가진 다른 표현으로 (나)에 옮겨 쓸 것
> 4. 오류 개당 **-1점** 감점

➡ : (가): **Jack as** _____ . (4점)

(나): _____ . (4점)

정답 및 해설

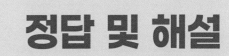

수일치

A

1. likes 2. asked 3. have 4. play 5. does not

해설

1. Jane은 3인칭, 단수이고 동사의 시제가 현재시제이므로 단수 동사
2. 주어가 단수이므로, 현재시제라면 asks가 되어야 하므로 과거형 선택.
3. students가 주어이므로 복수, 그러므로 복수동사 have
4. 조동사(can) 뒤에는 동사원형, 그러므로 play
5. computer는 3인칭, 단수 형태이므로 동사도 does 선택.

B

1. gets up 2. played 3. play 4. did 5. go 6. are singing
7. Did 8. likes 9. is 10. enjoys 11. like 12. has

해설

1. she는 3인칭, 단수이므로, 단수동사 gets 선택.
2. Last Sunday는 지난 일요일이므로, 과거시제 선택.
3. 의문문의 형태에서 이미 does로 수일치시켰으므로 동사원형 선택.
4. yesterday는 과거를 의미하므로 조동사의 과거형 did 선택.
5. 주어가 Na-ri와 Min-ho가 주어이므로 복수형 go 선택.
6. 일단 주어가 birds 복수라서 are 선택하고 진행형으로 -ing를

선택.
7. last year이 과거 시간을 의미하므로 과거형인 did를 선택.
8. 의문사(who)가 주어로 쓰인 경우는 단수 취급하므로 likes 선택.
9. 의문문의 형태라서 the date가 주어이고 단수이므로 is 선택.
10. He는 3인칭, 단수이므로 enjoys 선택.
11. They는 3인칭 복수이므로 like 선택.
12. She는 3인칭 단수이므로 has 선택.

C

1. likes the present very much from his friends 또는 from his friends very much
2. guy asked me how to use the bending machine
3. books have much useful information for children
4. VIP will come here in 10 minutes
5. Has the supervisor finished the project?

해설

1. Jacky는 그의 친구들로부터 받은 선물들을 매우 좋아한다.
2. 어떤 덩치 큰 남자가 나에게 자판기를 어떻게 사용하는지 물었다.
3. 과학책들은 아이들에게 매우 유용한 정보를 담고 있다.
4. VIP가 10분 뒤에 도착할 것이다.
5. (의문문) 그 감독관이 프로젝트를 끝냈나요?

D

1. are 2. has 3. is 4. be 5. Has 6. has 7. is 8. is
9. is eating 10. leaves 11. are 12. Are 13. gets up
14. played 15. play 16. does 17. did not buy 18. eat
19. was 20. is

해설

해설

1. they는 3인칭, 복수이고, 내용상 알맞은 are 선택.
   (do는 내용상 X)

2. She는 3인칭, 단수이고, 내용상 알맞은 has 선택 (is는 내용상 X).

3. 주어는 교장 선생님이고 3인칭, 단수이므로 is 선택.

4. 조동사 might가 있으므로 동사원형 선택.

5. 의문문에서 p.p형 met과 결합하며, 수일치를 고려하면 has+p.p

6. 주어가 A or B인 경우에는 동사에 가까운 B와 수일치

7. 주어가 3인칭 단수이고, 내용상 알맞은 is 선택 (has는 내용상 X).

8. 주어 the school이 3인칭, 단수이므로 is

9. 주어 a bird는 3인칭, 단수이다. 단수 진행형인 is eating 선택.

10. 주어 the train은 3인칭, 단수이므로 동사도 단수 형태인 leaves

11. There 구문의 주어는 동사 뒤에 있으므로, 복수동사 are (있다) 선택.

12. 의문문이며, 주어 they 뒤에 -ing가 있으므로 be 동사 선택-진행형

13. 주어 she는 3인칭 단수이고, 반복적 행동을 묘사하는 단수동사 gets

14. Last Sunday는 지난 일요일이므로, 수일치 상관없이 과거형 선택.

15. does를 이용한 의문문이므로, 동사원형 play 선택.

16. what으로 시작하는 의문문이며, he가 3인칭 단수이므로 does 선택.

17. when young이 과거의 일을 의미하므로, 과거형 did 선택.

18. all the students가 주어이므로 복수형 동사인 eat 선택.

19. why로 시작하는 의문문이며, yesterday가 과거이므로 was 선택.

20. There 구문의 수일치는 동사 뒤 maxim이 주어이므로 단수 is 선택.

E

1. ⑤
2. ③
3. ④
4. ③
5. ④
6. ⑤
7. ③, ④
8. ⑤
9. ④
10. ③
11. Many fish in the river are swimming.
    = Many fish are swimming in the river.
12. She enjoys reading books but he enjoys swimming
13. 1) usually goes to school on foot
    2) walks his dog every day
    3) does not skip breakfast

🏫 학교 기출 유형 해설

1. ⑤ → David and Jack이 복수형이므로 are로 수정.

2. ① → books가 주어이므로 are
   ② → Is (Juice는 물질 명사이므로 단수 취급)
   ④ → cats가 주어이므로 are
   ⑤ → watermelons가 주어이므로 are

3. ① → 주어가 3인칭, 단수이므로 eats 또는 ate
   ② → James가 이름이므로 복수가 아님, is
   ③ → yesterday가 있으므로, was
   ⑤ → Does에 맞추어 read로 수정 또는 is로 수정 시 진행형 가능

4. ① → studyed에서 y를 i로 바꾼 studied
   ② → eat의 과거형은 ate
   ④ → make의 과거형은 made
   ⑤ → stop의 과거형은 stopped

5. ① → there 구문의 수일치는 역으로 시켜야 하므로, dogs가 주어이므로 복수 취급해서 are로 수정.
   ② → 의문문이 포함된 의문문에다가 there 구문이다. cats가 주어이므로 are로 수정.
   ③ → there 구문의 수일치는 역으로 시키므로 places에 맞추어 are로 수정.

⑤ → there 구문의 주어인 juice는 단수이므로 is로 수정.

6. ① → They는 3인칭 복수이므로 동사를 love로 수정. (동사에 -s/es를 붙이면 단수동사가 됨)

② → Sam은 3인칭 단수이므로 likes로 수정.

③ → They는 3인칭 복수이므로 동사를 play로 수정.

④ → 주어가 You and I 복수이므로 are로 수정.

7. ① → ten year old를 ten years old로 수정.

② → fish는 복수형이 따로 존재하지 않으므로 fish로 수정. (a fish: 물고기 한 마리, some fish: 여러 마리)

⑤ → Many 뒤에는 복수명사가 와야 하므로 children으로 수정.

8. ① → siting을 sitting으로 수정. (철자 오류 문제)

② → are play는 동사가 두 개이므로 playing으로 수정. (진행형)

③ → runing을 running으로 수정. (철자 오류 문제)

④ → a movies는 오류 a movie 또는 movies로 수정. (관사 문제)

9. ① → flower에 맞추어 is 또는 are에 맞추어 flowers로 수정.

② → juice는 물질 명사이므로 단수 명사, 그러므로 is로 수정.

③ → 명령문이므로 동사원형으로 시작, have로 수정.

⑤ → 의문문이며 주어가 A and B이므로 are로 수정.

10. ① → 부정문인데 do가 일반동사이므로 didn't do로 수정.

② → Did로 시작하므로 조동사 뒤에는 동사원형 watch로 수정.

④ → last weekend는 지난주이므로 과거 동사 swam으로 수정.

⑤ → have to 뒤에는 동사원형 visit로 수정.

11. 주어 "Many fish", 동사는 진행형 "are swimming", 그러므로 Many fish in the river are swimming이 되며 fish는 복수형이 없음과 동사를 be -ing로 마무리해야 함에 주의

12. 한국어를 잘 참조하여 주어는 우선 "그녀"임을 알 수 있고, 동사는 "즐긴다"이므로 She enjoys로 수일치와 시제를 마무리 짓는다. 또한 독서를 즐기므로, reading books를 연결하여주고 역접의 의미를 살려서 그 뒤에 but을 써주면 She enjoys reading books but이 완성된다. 그럼 but 뒤의 문장은 주어가 "그"임을 알 수 있고 동사는 역시 "즐긴다"이며 목적어는 "수영"이므로 She enjoys reading books but he enjoys swimming이 된다.

13. 1) Jane이 3인칭 단수이므로 enjoys로 수일치시켜야 하며 빈도부사 uaually는 일반동사 앞에 위치하고, 걸어서는 on foot이라는 전치사구이므로, 영작하면 정답과 같다.

2) 주어 Sam은 3인칭 단수이므로 walks로 수일치시키고, 산책의 대상인 개를 목적어로 처리하여, walks his dog every day로 마무리한다. (주의: everyday는 형용사, every day는 부사)

3) 주어 David는 3인칭 단수이므로 부정문으로 받아 줄 때 does의 형태로 받아야 하며, 동사 skip의 목적어인 breakfast를 써주면 정답과 같다.

5형식

Ch 02

A

1. 1형식 2. 2형식 3. 3형식 4. 5형식 5. 4형식 6. 5형식

해설

---

1. 동사 laugh 뒤에 부사와 전치사구들만 있으므로 1형식
2. 동사 be 뒤에 보충어 역할인 형용사 quiet가 있으므로 2형식
3. 동사 made의 대상인 a tree가 존재하므로 3형식
4. 동사 made의 대상인 her와 그녀를 보충 설명하는 내용이므로 5형식
5. 동사 gave 뒤에 ~에게 ~을 이라는 해석이 성립하므로 4형식
6. 동사 made의 대상인 학생, 그를 보충 설명해 주는 가수, 즉 5형식

B

1. 3형식 2. 2형식 3. 4형식 4. 1형식 5. 5형식 6. 2형식
7. 3형식 8. 2형식 9. 1형식 10. 4형식 11. 1형식
12. 3형식 13. 2형식 14. 1형식 15. 5형식

해설

---

1. 동사 made의 목적어로 the big desk가 왔고, 전치사구는 문장의 형식에 영향을 미치지 않으므로 3형식 문장.
2. 동사 is 뒤에 beautiful이라는 형용사가 등장하여 주어인 she의 상태를 보충 설명하고 있는 2형식 문장.
3. 동사 gave는 뒤에 2개의 목적어를 취하는 패턴을 보여주고 있

으며 대명사 me와 명사 money가 각각 간접목적어, 직접목적어로 취해진 4형식 문장.
4. 동사 sing 뒤에 on the tree라는 전치사구만 존재하는 패턴이므로 1형식 문장(부사 또는 전치사구는 문장의 형식에 영향 미치지 않음).
5. 동사 made가 뒤에 대명사 him과 a singer라는 두 개의 명사를 각각 목적어와 목적보어로 처리하는 5형식 문장.
6. 동사 became 뒤에 a professor(교수)라는 명사가 주어인 He를 보충 설명해 주고 있으므로 2형식 문장.
7. 동사 bought 뒤에 the book 명사가 목적어로 처리되고, about the future는 전치사구이므로 3형식 문장.
8. 동사 am 뒤의 명사 a student는 주어인 I를 보충 설명하고 있으므로 2형식 문장.
9. 동사 laughed 뒤에 부사 very loudly와 전치사구 in the classroom이 있는 문장구조이므로 1형식 문장.
10. 동사 sent 뒤에 대명사 me와 a letter라는 명사가 2개 위치한 구조인데, "~에게 ~을"이라는 해석이 적용되는 4형식 문장.
11. 동사 rises 뒤에 전치사구 in the East가 존재하는 1형식 문장.
12. 동사 study 뒤에 명사 English를 목적어로 처리하는 3형식 문장.
13. 동사 gets 뒤의 형용사 warm은 주어 It (비인칭 주어: 날씨)를 보충 설명하고 있으므로 2형식 문장.
14. 동사 sang 뒤에 전치사구 in my beautiful garden이 있으므로 1형식 문장.
15. 동사 made 뒤에 대명사 me와 a student라는 명사가 2개 존재하고 있고, 각각 목적어와 목적보어로 처리되므로 5형식 문장.

C

1. terrible / 2형식 2. sent / 4형식 3. beautiful / 5형식
4. read / 3형식 5. studied / 3형식 6. became / 2형식
7. loudly / 3형식 8. a beautiful girl / 5형식
9. me a book / 4형식 10. sang / 1형식

해설

1. 동사 look 뒤에 주어인 You가 어떻게 보이는지에 대한 보충 설명을 필요로 하는 자리이므로, 형용사가 와야 한다(부사는 보충어 역할을 할 수 없다). 그러므로 2형식 문장.

2. 동사 자리이므로, 동사의 형태가 와야 한다. sending은 동사의 형태가 아니므로 불가하다. 그러므로 정답은 sent이며, 동사 뒤에 대명사 me와 명사 flowers가 각각 간접목적어와 직접목적어로 처리되므로, 4형식 문장.

3. 동사 made 뒤에 목적어(her)을 어떻게 만들었는지를 보충 설명하는 목적보어 자리이므로 형용사 보충어가 와야 하므로 beautiful을 선택해야 하는 5형식 문장.

4. 부사 yesterday가 동사의 과거형을 선택해야 함을 알려주고 있으므로 read를 선택한다(readed라는 형태는 없다). 동사 read 뒤에 a comic book은 목적어로 처리되므로 3형식 문장.

5. 우선, 동사 두 개를 쓰는 것은 불가능하므로 studied를 선택한 후 뒤에 English가 목적어로 처리되므로 3형식 문장.

6. 주어가 He이므로 수일치가 되지 않는 become은 우선 제외시키고 became을 선택한 후, 동사 뒤에 a history teacher은 주어 he를 보충 설명하는 자리이므로 2형식 문장.

7. 동사 called 뒤에 my name은 목적어로 처리되므로 3형식 문장. 선택형 문제는 목적보어 자리가 아니므로 부사가 와서 동사의 의미를 수식해야 한다. 즉, 내 이름을 "크게" 불렀다.

8. 동사 made 뒤에 her은 목적어, beautiful girl은 목적보어가 되는 5형식 문장. 그런데 girl은 헤아릴 수 있는 "가산명사"이므로 관사 (a, an, the)가 붙거나 아니면 girls처럼 복수명사로 쓰여야 한다. 그러므로 a beautiful girl이 정답이다.

9. 동사 gave 뒤에 "간접목적어(me)+직접목적어(a book)" 형태로 처리되고 있으므로 4형식 문장. = My mom gave a book to me (3형식 - 전치사구 활용)

10. 사 자리 선택 문제이므로 동사형을 선택해야 한다. 3단 변화 형태가 sing - sang - sung이므로 p.p 형태인 sung은 동사가 아니므로 제외한다. 그럼, 과거형인 sang이 정답이 된다.

D

1. is / 2형식 2. public officers / 2형식 3. cute / 2형식
4. so old / 2형식 5. cried / 1형식 6. the book / 4형식
7. energetic / 5형식 8. fresh / 2형식 9. profitable / 2형식
10. are / 1형식 11. her / 4형식 12. me / 4형식
13. him / 5형식 14. angry / 5형식 15. beautiful / 5형식
16. made / 3형식 17. do / 3형식 18. gave / 4형식
19. enjoy / 3형식 20. sang / 1형식 21. became / 2형식
22. some / 3형식 23. me a memo / 4형식
24. cried / 1형식 25. loves / 3형식

해설

1. 동사 자리인데, 보기 둘 다 동사이다. 하지만 become은 주어가 David(3인칭, 단수)인데 이미 수일치가 되지 않으므로 정답은 is가 되고 동사 is 뒤에 주어인 David를 보충 설명하는 a teacher가 있으므로 2형식 문장.

2. 주어인 They는 3인칭 복수이므로 보충어 자리의 명사도 복수형이 와야 한다. 그러므로 public officers가 정답이 된다. a public officiers는 관사(a)가 한 개 또는 한 사람을 의미하므로 officiers와 같이 쓰이게 되면, 상호 간 모순임을 알 수 있다. 그리고, 주어와 등식 관계가 성립하므로 2형식 문장.

3. 주어인 She를 보충 설명하는 자리이므로 형용사 보충어가 정답. 그러므로 2형식 문장.

4. 주어인 The building의 상태를 보충 설명하는 자리이므로, 형용사(old) 보충어가 필요하며 또한 형용사를 수식하는 것은 부사이므로 어순이 so old의 형태로 와야 한다. 그러므로 2형식 문장.

5. 시간 부사구 (last night)이 지난 밤의 일을 의미하고 있으므로 과거동사를 선택한다. 그러므로 cried를 선택하고 1형식 문장.

6. 동사 made 뒤에 목적어(him)이 있다. 그럼 목적어인 "그"를 "책"으로 만들었는지, 즉 동격의 관계가 성립한다면 5형식 문장이 될 수 있을 텐데, 그러한 관계는 성립할 수 없다. 그러므로 4형식 문장임을 알 수 있고 해석도 "그에게 책을" 만들어 주었다고 하면, 정확히 4형식 수여동사 문장 패턴임을 이해할 수 있다.

7. 동사 made 뒤에 목적어(us)를 보충 설명하는 목적보어 자리 선택 문제이므로 보충어 자리에는 형용사(energetic)가 와야 한다. 그러므로 5형식 문장.

8. 주어인 These apples가 어떻게 보이는지를 보충 설명하는 자

리임을 알아야 한다. 즉, 신선해 보이는지, 시들어 보이는지와 같은 보충 설명을 필요로 한다. 그렇다면 형용사 보충어가 와야 하는 2형식 문장.

9. 주어인 "그 영화"가 "입증되었다(prove)"고 하는데, 무엇이 어떻게 입증되었는지를 보충 설명을 필요로 한다. 그러므로 형용사 보충어가 와야 하는 2형식 문장.

10. 선택형 문제는 There 구문의 수일치 문제임을 알 수 있다. there 구문의 주어는 동사 뒤의 명사가 주어이므로, cars가 주어이며 동사는 복수동사 are 선택하고, 이때 be 동사의 해석은 "있다"라고 해석되므로 1형식 문장(be 동사는 흔히 "~이다"라고 해석되지만, "있다"라고 해석되면 1형식 문장임).

11. 동사 bought 뒤에 목적어 자리이므로, 인칭대명사의 목적격을 선택한다. she는 주격, her 은 목적격 (또는 소유격)이므로 정답은 her이며 그녀에게 비싼 시계를 사준 것이므로 4형식 문장.

12. 동사 gave 뒤에 목적어 자리이므로 목적격을 바로 선택하며, "~에게 ~을"이라는 해석이 되므로 4형식 문장 또한 to me를 쓰려면 …gave old diaries to me로 쓴다.

13. "우리는 그를 공부의 신이라 부른다"라는 해석이며, 목적어 자리이므로 목적격 him을 선택하는 5형식 문장.

14. "그 소식이 우리를 화나게 만들었다"라는 해석이며, 목적어(us)의 상태를 보충 설명하는 목적보어 자리이므로 형용사를 선택하는 5형식 문장.

15. 동사 made 뒤의 목적어(her)를 보충 설명하는 목적보어 자리이므로 형용사 보충어가 와야 하는 5형식 문장.

16. 동사 선택 문제인데 makes는 주어 I와 수일치도 맞지 않고 해석도 현재시제로서 어색함을 알 수 있다. 그러므로 made를 선택하고 전치사구 for him은 문장의 형식에 영향을 미치지 않으므로 3형식 문장.

17. 의문문이므로 주어와 동사의 위치가 바뀌어 있다. 동사가 like로서 일반동사이므로, 일반동사의 의문문 전환 시에는 do / does와 같은 조동사의 도움이 필요하므로 수일치까지 고려하면 do를 선택하는 3형식 문장.

18. 부사 yesterday가 과거시제를 의미하므로 동사 과거형 gave를 선택하고, 동사 뒤에 간접목적어(me)와 직접목적어(a book)이 존재하는 4형식 문장.

19. 주어가 cats (3인칭. 복수)이므로 동사도 복수형인 enjoy를 선택하고, 동사 뒤의 rat toy는 목적어로 처리되는 3형식 문장.

20. 동사 자리 선택 문제인데, is cry는 be 동사 (is)와 일반동사 (cry)가 존재하는 동사가 두 개인 문장이 되어버린다. 그러므로 동사 cried를 선택하고 동사 뒤에 부사들과 전치사구만 존재하는 1형식 문장.

21. 위 20번과 같은 선택 문제이다. 동사가 두 개 등장하는 것은 비문법적이므로 is become을 제외시킨다. 그리고 주어를 동사 뒤 명사가 보충 설명해 주는 것으로 마무리되므로 2형식 문장.

22. 명사 milk는 물질명사이므로, 하나 또는 한 사람을 의미하기도 하는 관사 a랑은 결합할 수 없다. 그러므로 some을 선택하고 동사 want의 목적어로 처리되므로 3형식 문장.

23. send는 대표적인 4형식 동사이다. 지금 이 문장도 4형식 해석 패턴인 "~에게 ~을"이 딱 맞아 떨어지는 형태이므로 me a memo를 선택한다

24. 19번, 20번과 같은 유형의 문제이다. 그리고 동사 뒤에 전치사구, 부사만 존재하므로 1형식 문장.

25. 주어는 One이므로 단수 주어임을 알아야 한다. 전치사구인 friends에 속지 않도록 주의! 그러므로 단수동사 loves를 선택하고, 명사 her sister를 목적어로 처리하는 3형식 문장.

E

1. made the cookies for her mom (3형식)
2. dog follows the other dogs (3형식)
3. You will know the fact (3형식)
4. were many people on the road yesterday (1형식)
5. The doctor made her so beautiful (5형식)
6. man gave the book to him (3형식)
7. buildings have many windows (3형식)
8. He became a famous doctor (2형식)
9. The clock stopped yesterday (1형식)
10. He saw the frog in the stream (3형식)
11. There were many buses on the road (1형식)
12. You should buy the books (3형식)
13. He likes the music so much now (3형식)
14. They always play soccer on the beach (3형식)
15. The teacher gave her some books (4형식)
16. We painted the house green (5형식)
17. She often visits the town (3형식)

18. The car needs a new tire (3형식)

19. A tree needs some water (3형식)

20. The concert made the people happy (5형식)

21. He really enjoys the food (3형식)

22. The heavy rain makes(made) the road dirty (5형식)

23. You should follow the rules (3형식)

24. Would you pass me the salt (4형식)

25. Many people heard the story in 2021 (3형식)

26. The white cat is sitting on the school bench (1형식)

27. Many fish are swimming in the clean river (1형식)

28. This pandemic makes us tired (5형식)

29. There have been many problems (1형식)

30. He made the attractive gift for his son (3형식)

🏫 학교 기출 유형 해설

💡 영작 중요 Tip

영어 작문을 할 때, 제일 중요한 점은 **동사를 확인**하는 것이다. 동사를 확인했다면 다음으로는 주어와의 수일치, 시제, 태까지 두루 점검해야 한다. 학교 기출 유형에서는 위 패턴이 계속 반복 적용되므로 반드시 기억해 두자!

1. 동사 made를 중심으로 전개한다. made의 대상으로는 cookies가 될 것이고, 전치사 for를 보니 "~를 위해서 만들었다"라는 해석이 될 것이라 예상되므로, 마무리 지어보면 정답과 같다.

2. 우선, 주어가 dog이냐 dogs가 될 것인지 선택이 어려운 문제이다. 이것을 판단하기가 어려울 수 있거나 실수했을 가능성이 높은 문제이다. 하지만 위의 중요 Tip에서도 언급하였듯이 동사를 확인해 보자. 동사는 follows이다. 즉, 동사가 단수 형태(follows)이므로 주어도 단수(dog)임을 역으로 추론할 수 있다. 그럼 정답과 같이 영작이 마무리되겠다.

3. 비교적 간단한 영작 문제이다. 동사가 know이므로 "~을 알다"의 주체는 무조건 여기서는 You가 될 수밖에 없다. 그리고 조

동사(will)이 있으므로 You will know the fact가 되는 3형식 문장.

4. There 구문 영작 문제이다. There 구문에서는 동사가 먼저 나오고 주어가 등장하므로 정답과 같이 영작될 것이며, There 구문에서의 be 동사는 "있다"라고 해석되는 1형식 문장.

5. 동사가 made임을 알 수 있고 주어 자리는 목적격의 형태인 (her)은 절대 불가함도 알 수 있다. 그렇다면 주어는 doctor가 될 것이며 정답과 같이 영작될 수 있겠다

6. 동사는 gave임을 확인했고, 주어 자리에는 목적격(him)은 절대 등장할 수 없으므로, The man이 주어가 된다. 그런데 전치사 to가 존재하므로 단순 4형식 패턴으로는 영작될 수 없다. 그러므로 3형식 문장으로 전환해서 to him으로 마무리해야 하는 조금 조심해야 하는 영작 문제이다.

7. 동사가 have이므로 주어는 복수의 형태여야 한다. 그렇다면 복수명사는 buildings와 windows가 있으나, 내용상 건물이 창문을 가지는 것이므로 정답과 같이 영작되어야 할 것이다.

8. 동사는 became이고 주어 자리는 주격(he)이 보이는 문제이므로 정답과 같이 영작 된다.

9. 동사는 stopped임을 확인했고, 멈춘 것의 주체는 바로 시계임을 알 수 있다. 정답과 같이 영작할 수 있다.

10. 동사는 saw이고, ~을 보았다는 행위의 주체, 즉 주어는 he임을 알 수 있다. 그다음 명사 앞에 붙여주는 정관사(the)가 두 개 존재하고 있는데 명사가 frog와 stream이므로 각각 붙여 준다면 정답과 같이 영작될 수 있겠다.

💡 영작 중요 Tip

주어진 조건에서 **"필요시 활용하라"**는 말이 포함된 경우 매우 조심해서 풀어야 한다. 우선, "필요시"라는 말은 활용할지, 안 할지를 스스로 판단하라는 말이므로, 정확한 분석력을 필요로 한다. 그리고 단순 배열 문제와는 다르게 "활용"을 한다는 것은 그 문장에 맞게 여러 가지 조건들을 통합적으로 고려해서 마무리해야 하므로 신중해야 하며, 상대적으로 더 어려울 수밖에 없다.

11. 동사가 be 동사가 확인되었으나, 원형의 형태이므로 활용이 필요하다고 생각된다. 또한 There 부사가 보이고 있으므로 there 구문이 아닐까라고 생각해봐야 하며, 또한 many가 있

는데 bus는 단수형이므로 buses로 바뀌어야 할 것이다. 그렇다면 정답과 같이 될 수 있다. 하지만, Many buses were on the road there과 같이 영작했다 하더라도 문법적으로 틀린 것은 아님.

12. 조동사 should가 보이므로 동사원형 buy와 주어인 You를 순서대로 정리해 주면 정답과 같은 영작이 된다.

13. 동사 like를 중심으로 앞(주어), 뒤(보어 또는 목적어)가 될 것이다. 그렇다면 주어는 he가 될 것이며 목적어는 the music이 되므로 정답과 같이 영작된다.

14. 동사 play를 중심으로 주어(they)와 뒤의 구조를 전개해야 한다. 그렇다면 정답과 같이 마무리될 것이다.

15. 동사 gave를 중심으로 주어는 the teacher가 될 수밖에 없으며 뒤의 구조는 "수여동사" 4형식 문장 구조임을 알 수 있다. 그렇다면 간접목적어, 직접목적어 패턴으로 마무리짓는다.

16. 동사 painted를 중심으로 주어와 동사 뒤의 구조를 마무리 짓는다. 그렇다면, 내용상 "우리는 그 집을 녹색으로 칠했다"는 내용이므로 정답과 같이 영작된다.

17. 동사 visit을 중심으로 주어와 동사 뒤 구조를 마무리짓는다. 하지만 주어가 she(3인칭, 단수)이므로 동사를 활용하여 visits으로 변형해야 한다.

18. 동사 need를 중심으로 "그 차가 새 타이어를 필요로 한다"라는 내용이 가장 적절하므로 정답과 같이 영작되며 동사를 활용해서 수일치를 단수로 맞춰 준다. 그리고 "새차가 타이어를 필요로 한다"라고 영작할 수도 있겠으나, 새 차는 이미 타이어가 있을 확률이 높기에 "그 차가 새 타이어를 필요로 한다"는 내용이 더 적절할 것이다.

19. 동사 need를 중심으로 내용상 주어는 tree가 될 것이고, 필요로 하는 것은 water가 될 것임을 짐작할 수 있다 그렇다면 동사 need의 형태를 수일치 시켜서 needs로 마무리해야 한다.

20. 동사 made를 중심으로 주어는 the people이거나 the concert일 수가 있겠다. 그럼 남은 단어들을 이용하여 뒤의 내용을 유추해 보면 행복하게 만들었다가 되므로, 콘서트가 사람들을 행복하게 만들었다가 보다 더 적절하므로(사람들이 콘서트를 행복하게 만드는 것이 아니라) 정답과 같이 영작될 수 있겠다.

21. 동사 enjoy를 중심으로 내용에 맞게 전개해보면 정답과 같다.

22. 동사 make를 중심으로, 도로를 더럽게 만든 것은 "비"가 될 것이므로 주어는 rain이 된다. 그리고 뒤의 문장은 "목적어를 목적보어로 만들다 (만들었다)가 되므로, 정답과 같이 영작되거나 동사를 made로 활용하였다 하더라도 무방하다.

23. 동사 should를 중심으로 주어는 You가 될 것이므로 정답과 같이 영작될 수 있다.

24. 우선, 의문문이라는 점에 주의해야 한다. 그렇다면 의문사는 보이지 않으므로, 조동사를 주어 앞으로 이동시키는 의문문의 형태가 될 것이며, pass 동사가 "~에게 ~을 건네주다"인 4형식 해석이 성립하므로 정답과 같은 순서로 영작될 것이다.

25. 2021년에 들은 것이므로 동사 '과거형'을 사용해서 영작한다.

26. 동사가 is인데 sitting도 보이고 있으므로, be+~ing의 영작이 이루어지면 진행형이 된다. 그럼 정답과 같이 영작될 수 있다.

27. 물고기는 단수, 복수 형태가 같으므로, 내용상 판단해야 하는데 many가 있으므로 복수형으로 인식해야 됨을 알 수 있다. 또한 swimming 형태가 있으므로 be+~ing의 진행형 패턴으로 영작을 마무리하면 정답과 같다.

28. "이 펜데믹(세계적 전염병)은 우리를 미치게 한다"라고 해석되는 문장이다. 5형식 패턴으로 영작을 마무리지어야 한다.

29. There 구문의 be 동사는 "있다"라고 해석되며 1형식.

30. 동사 made를 중심으로 주어는 he이거나 his son일 수 있겠으나 내용상 "그는 그의 아들을 위해 그 매력적인 선물을 만들었다"가 되므로 정답과 같이 영작될 수 있겠다.

A

1. is singing 2. will make 3. bought 4. met 5. knows
6. has produced 7. was driving 8. had heard
9. had already watched

해설

1. 주어가 The girl이므로 sing은 수일치에서 문제가 되므로 정답이 될 수 없고, is singing은 "현재진행형" 패턴을 보여 준다.
2. 미래 시간 부사구 tomorrow가 있으므로 미래를 의미하는 조동사 will을 선택한다.
3. in 1999는 과거 시간 부사구이므로 과거시제를 선택해야 한다.
4. 현재완료 시제의 "의문문 패턴"임을 이해해야 한다. 현재완료는 "has(have)+p.p"인데, 의문문의 형태가 되면 has(have)가 주어(S)의 앞으로 이동하면서 완성된다. 그러나, 주어(S) 뒤에는 여전히 "p.p(과거분사)"의 자리임을 잊어서는 안 되며, 그렇기에 정답은 met (p.p)을 선택해야 한다.
5. is knowing은 진행형, knows는 현재형이므로 둘 다 가능성이 있어 보인다. 하지만 기억해야 할 점은 know (상태동사)는 진행형으로 쓸 수 없다는 점이다.
6. since 1970은 과거 그 순간부터 지금까지를 의미하는 것이므로 그 의미에 부합하는 시제는 "현재완료(has/have+p.p)"이다. 그러므로 정답과 같다.
7. suspected man은 용의자(의심받는 사람)이라는 뜻으로서 3시부터 5시까지의 시간 동안 그 자가 ~을 하고 있는 중이었다라는 의미이므로 단순과거형보다 과거 특정 시간대에서 행위의 진행을 표현하는 "과거진행형"을 선택한다.
8. karl이 그 소리를 들은 후에 즉시 도망갔다는 뜻이므로 소리를 들은 것이 먼저이므로 had p.p(대과거)를 선택해야 한다.
9. 그가 영화를 보자고 제안했을 때(과거) 그녀는 이미 봤다는 내용이므로 "과거완료(had p.p)"를 선택해야 한다.

B

1. goes 2. had finished 3. bought 4. broke out 5. opens
6. used 7. choose 8. hid 9. has fallen 10. had become

해설

1. 우선 보기들 중에서 동사의 형태는 시제가 전부 "현재시제"이므로, 수일치에만 주의해서 답을 선택한다.
2. 사장님이 끝내라고 말하기 전에 그는 이미 그것을 끝냈다는 내용이므로 한 시제 앞선 "과거완료(대과거)"를 선택한다.
3. 시간 부사구 last year이 존재하므로, 시제를 과거형으로 선택한다.
4. 한국전쟁이라는 역사적 사실을 언급하고 있으므로 과거시제로 선택한다.
5. 그 카페의 반복적인 일상을 표현하고 있으므로 단순 현재시제를 선택.
6. 주어 She 뒤에 has가 이미 존재하고 있으므로, 현재완료 p.p 선택.
7. 보기의 동사들 중에서 수일치가 되는 choose를 선택.
8. "내가 그녀를 보았을 때" 시제가 과거이므로, 과거 동사로 시제 일치.
9. since가 "~이후로"를 의미하므로, 과거 특정 시점부터 지금까지를 의미한다. 그 시제는 "has/have+p.p(현재완료)"이므로 보기 중 현재완료 시제를 선택.
10. "쿠바, 멕시코와 같은 스페인 식민지들 대부분이 1960년까지 독립했다"는 내용이며, 과거의 일을 이야기하고 있으므로 보기 중 현재완료는 제외된다. 그리고 1960년까지 이미 완료된 행위이므로 과거완료(대과거)를 선택한다.

C

1. has 2. moves 3. became 4. has made 5. had lived
6. boils 7. loves 8. had gone

1. 해석은 두 대의 BMW 차량을 소유하고 있는 중이다라는 뜻으로서 문제가 없어 보이지만, 본문 이론 공부에서 "소유(가지다) 동사는 진행 시제를 쓸 수 없다"라고 배웠다. 그러므로, 단순 현재시제로 묘사해야 하므로 정답은 is having을 has로 수정.

2. 지구가 태양 주변을 돈다라는 과학적 사실을 언급하는 내용이므로 현재시제를 써야 한다(과거시제를 쓰는 것은 과거의 일을 언급하는 것이기에 [과거에는] 지구가 태양을 돌았다라는 의미가 된다).

3. 1950년대 이야기를 하고 있으므로, 과거시제를 써야 한다.

4. 이미 몇 차례 풀어본 유형임을 알 수 있다. since가 과거 그 순간부터 지금까지를 의미하는 것이므로 그 의미에 부합하는 시제는 "현재완료(has/have+p.p)"이다. 그러므로 정답과 같다.

5. before를 중심으로 "~하기 전"이라고 나뉘므로 시애틀(미국 도시)로 이사하기 전에 보스턴에 (이미) 살았었다"라는 내용이므로 그 전의 내용은 "대과거(had p.p)"로 수정한다.

6. 이 문장은 정확히 I know (that) water…의 형태로서 접속사 that이 생략되어 있다. 이것은 조금 어려울 수도 있지만 목적어 "절"을 이끄는 접속사 that 은 생략 가능하다는 원리에 의해서 생략 된 것이다. 그렇다면 접속사 that 뒤에 등장하는 것은 다시 주어+동사~의 패턴이다. 그 주어가 바로 water이고 동사가 boiled로 제시되었기에 문법적으로 문제는 없다. 하지만, 내용이 물은 100도에서 끓는다라는 과학적 사실이므로 "현재시제"로 수정해야 한다.

7. 동사 love는 감정을 의미하는 동사로서, 본문 이론에서 감정 동사들은 진행형으로 쓰지 않는다고 배웠다. 사랑한다면 love, 과거에 사랑했다면 loved라고 표현해야 하므로, 현재시제로 수정.

8. 그가 오기 전에 서류를 검토했다는 내용이다(go over: 검토하다). 그가 온 시점이 "과거"이므로, 그 전의 행위는 "대과거"로 묘사되어야 하므로 had p.p로 수정.

D

1. sent 2. arrived 3. kicked 4. has lived 5. has gone
6. been rainy 7. occupied 8. have known 9. eaten
10. finished 11. froze 12. know 13. made 14. got 15. lost

1. 현재완료 의문문 패턴임을 알 수 있다. 현재완료는 "has(have)+p.p"인데, 의문문의 형태가 되면 has(have)가 주어(S)의 앞으로 이동하면서 완성된다. 그러나, 주어(S) 뒤에는 여전히 "p.p(과거분사)"의 자리임을 잊어서는 안 된다.

2. 동사 has가 이미 자리를 잡았으므로, 그 뒤의 패턴을 맞춰줄 수 있는 p.p를 선택한다, 즉 현재완료 시제가 된다.

3. 지난 체육 시간의 이야기를 하고 있으므로, 과거시제를 선택한다.

4. since가 "~이후로"를 의미하므로, 과거 특정 시점부터 지금까지를 의미한다. 그 시제는 "has/have+p.p(현재완료)"이므로 보기 중 현재완료 시제를 선택.

5. 그가 현재 스페인에 가 있는 상태이므로 has gone을 선택한다. has been은 과거부터 지금까지의 "경험"을 의미하므로 내용상 알맞지 않다.

6. for two weeks는 "2주 동안"이라는 뜻이다. 그 말은 2주 전부터 지금까지를 의미하는 것이므로 "현재완료" 시제를 요구한다. 현재완료는 "has/have+p.p"로 표현한다. 이 문장은 has been 뒤에 rainy라는 형용사가 붙어있으므로 2형식 문장.

7. 의문사 how long이 "얼마나 오랫동안"이라는 의미이므로 과거부터 지금까지를 의미한다. 그러므로 현재완료 시제를 선택.

8. 전치사구 from childhood가 "유년 시절부터"라는 의미이므로 과거부터 지금까지를 의미한다. 그러므로 현재완료 시제를 선택.

9. 현재완료 의문문 패턴임을 알 수 있다.
   현재완료는 "has(have)+p.p"인데, 의문문의 형태가 되면 has(have)가 주어(S)의 앞으로 이동하면서 완성된다. 그러나, 주어(S) 뒤에는 여전히 "p.p(과거분사)"의 자리임을 잊어서는 안 된다.

10. 동사 have가 존재하고 있으므로 그 뒤의 패턴을 맞춰줄 수 있는 p.p를 선택한다, 즉 현재완료 시제가 된다.
    ▶ 해석: 졸업하기 위해 매우 중요한 프로젝트를 방금 끝마쳤다.

11. 과거시간 부사구 yesterday가 있으므로, 과거시제를 선택.

12. 조동사 didn't가 있으므로, 조동사 뒤에는 무조건 동사원형을 선택.

13. 동사 has가 이미 자리를 잡았으므로, 그 뒤의 패턴을 맞춰줄 수 있는 p.p를 선택한다, 즉 현재완료 시제가 된다.

14. 과거시간 부사구 two years ago가 있으므로, 과거시제를 선택.

15. 동사 has가 이미 자리를 잡았으므로, 그 뒤의 패턴을 맞춰줄

수 있는 p.p를 선택한다, 즉 현재완료 시제가 된다.

E

1. go 2. on 3. goes 4. had already arrived 5. made

6. happened 7. knows 8. had already left 9. happened

10. barking 11. happy 12. cried 13. became

14. have sold 15. liked 16. gave 17. had already finished

18. catches 19. did 20. loved

21. ⑤ 22. ① 23. ⑤ 24. ①, ⑤ 25. ⑤ 26. ④ 27. ①

28. ① 29. ① 30. ③

31. A bird is flying over the river

32. The men are enjoying the new year's day.

33. One student is standing in front of the school.

34. ③ 35. ② 36. ②, ⑤ 37. ② 38. ② 39. ② 40. ①

41. ④

🏫 학교 기출 유형 해설

---

1. 조동사 will 뒤에는 동사원형이 와야 한다.

2. on foot이 "걸어서"라는 숙어이므로, 이 부분을 고쳐야 한다 (단순 암기도 매우 중요함을 반드시 기억해 두세요).

3. 달이 지구를 돈다는 내용은 맞지만 수일치에서 오류가 발생하였다. 달은 3인칭 단수이므로 동사도 단수동사로 수정해야 한다.

4. Jack이 프로젝트를 끝마쳤을 때(과거시제), 그의 친구는 이미 도착한 상태였으므로 (대과거)로 표현해야 한다.

5. 과거 시간 부사구 last year이 있으므로, 과거시제로 표현한다.

6. 2001년의 테러 이야기이므로, 과거시제로 표현한다.

7. Everyone은 뜻은 모든 사람이지만 형태는 -one이므로 단수 취급하므로, 단수동사로 수일치를 맞춰 준다.

8. 다니엘이 그녀의 이름을 기억했을 때 그녀는 이미 떠나고 없는 상황이므로, 이름을 떠올린 시점이 (과거)이므로, 그녀가 떠난 시점은 한 시제 더 먼저 일어난 (대과거)로 표현해야 한다.

9. 과거 시간 부사구 3 years ago가 있으므로, 과거시제로 표현한다.

10. be 동사와 일반동사가 공존할 수는 없으므로, 진행형으로 수정.

11. 시제는 문제가 없지만, 보충어 자리의 문제가 발생한 문장이다. 그가 보이는데 "어떻게 보이는지" 보충 설명해야 하는 2형식 문장이다. 그러므로 형용사 보충어가 와야 한다.

12. 문장의 동사가 존재하지 않는 형태이므로, 완전 오류 문장이다. 그러므로 과거 시간 부사구를 참고하여 과거 동사형으로 수정한다.

13. 역시 동사가 존재하지 않는 형태이므로, 완전한 오류 문장이다. 그러므로 내용상 더욱 알맞은 동사 과거형으로 수정한다.

14. since가 "~이후로"를 의미하므로, 과거 특정 시점부터 지금까지를 의미한다. 그 시제는 "has/have+p.p(현재완료)"이므로 현재완료 시제로 수정한다.

15. 내가 어렸을 적 이야기를 하고 있으므로, 과거시제로 시제를 서로 맞추어 수정한다(시제 일치).

16. 과거 시간 부사 yesterday가 있으므로, 동사 과거형으로 수정한다.

17. 그가 우리에게 (과거) 합류하기 전에 이미 회의(대과거)를 마쳤다는 내용이므로 시제를 과거완료로 알맞게 수정한다.

18. 일찍 일어나는 새가 먹이를 잡는다는 격언이다. 격언은 과거, 현재, 그리고 미래에도 통용되는 것이므로, 단순 현재시제로 표현한다.

19. 과거 시간 부사 yesterday가 있으므로, did로 수정해야 한다.

20. 과거 시간 부사 10 years ago가 있으므로, 과거형으로 수정한다.

21. 정확한 문법 실력을 묻고 있는 어려운 문제이다.

- Be hurry up은 hurry up으로 수정한다. hurry가 동사이므로 be를 쓰게 되면 동사를 두 번 중복해서 쓴 문장이 된다.

- Be nicely는 be 동사 뒤 보충어 자리이므로 형용사 nice로 수정한다.

- a noises는 관사(a)와 복수명사는 같이 쓰일 수 없다.

- Be not run 이 문장도 be 동사와 일반동사가 같이 쓸 수 없다.

- Don't seat은 Don't sit으로 수정한다. 왜냐하면 seat은 동사원형이긴 하지만, 3형식 동사로서 "~을 앉히다"이므로 뒤에 목적어가 있어야 한다. 하지만, sit은 그냥 "앉다"이므로 내용상 너무 오래 밖에 앉아 있지 말라는 내용이므로 Don't sit가

알맞다.

22. 정확한 문법 실력을 묻고 있는 어려운 문제 유형이다.

- James는 그냥 사람 이름이므로 복수형이 아니다. 그러므로 James is reading...으로 수정한다.

- 조동사 will 뒤에는 동사원형이 와야 하므로 take로 수정.

- 평서문은 He was sick이므로 의문문은 Was he sick이다.

- 지난 밤인데 현재시제를 쓰면 안 되므로 were not sad로 수정.

- Did 조동사 뒤에는 동사원형이므로 find로 수정.

- 동사 went는 일반동사이므로, 의문문 전환 시 조동사 did가 필요하다. 그러므로, Did he go to America last year?로 수정한다.

23. ① 진행형으로 올바르게 표현하려면, is 또는 was watering 로 수정.

② He can not make cookies로 수정.

③ Jason has the new computer로 수정.

④ Charles는 사람 이름이므로 단수 취급, 그러므로 does로 수정.

24. ① Did Tom find his keys yesterday로 수정.

⑤ Jenny wrote Jina a letter로 수정(4형식), Jenny wrote a letter to Jina로 수정(3형식).

25. ① There are four cars로 수정(관사(a)와 복수명사는 불가).

② I am going to learn…으로 수정(be going to=will).

③ He is writing a birthday card로 수정(철자법 주의).

④ Three sheep are…로 수정(sheep은 복수형 없음).

26. 3일 전 이야기이므로 과거시제 선택.

27. 지난 월요일 이야기이므로 단순 과거시제 선택.

28. the sun(3인칭 단수)이므로 수일치에 주의하여 선택.

29. ② Jack이 결혼한 것이 더 먼저 발생한 행위이므로 시제는 had p.p이며, 결혼을 한 것이지 결혼되어진 것은 아니므로 능동문이다. 그러므로, I knew that Jack had married로 수정.

③ 지금의 너와 비교하는 것이므로 than you are now로 수정.

④ 오늘 저녁에 메시지를 받은 것이라면 Jane got your message 오늘 저녁에 받을 것이라면 Jane will get your message.

⑤ 조동사 didn't 뒤에는 동사원형이므로 go로 수정한다.

30. ③ 미래시간 부사 tomorrow가 있는데, 과거형을 쓴 것은 명백한 오류이다. 그러므로 will go 미래시제로 수정한다.

31. A bird is flying over the river(진행형 시제 표현 방법과 정확한 철자법 이해 여부를 묻고 있음).

32. The men are enjoying the new year's day(men이 복수형인지 이해 여부를 묻고 있음).

33. One student is standing in front of the school(단순한 진행형 변환 패턴 인지 여부를 확인하고 있음).

34. ③ 상태동사(resemble)는 진행형으로 쓸 수 없다. 그러므로 He resembles his mom으로 수정해야 한다.

35. ② Tom has broken the window로 수정한다. 현재완료는 has p.p형인데, p.p형의 정확한 암기 여부를 묻고 있는 문제이다.

36. 현재완료의 4가지 해석법을 묻고 있다(경험, 완료, 계속, 결과). 예시문장은 당신의 (경험)을 묻고 있다.

① 10년 동안 (계속) 살고 있음을 표현.

② 이전에 런던에 가본 적 있음(경험)을 표현.

③ 지난주부터 (계속) 아픔.

④ 기차가 방금 막 떠났음 (결과 - 지금은 없음).

⑤ 내가 아프리카에 가본 적 없음(경험)을 표현.

37. 과거부터 지금까지의 (경험)을 묻고 있는 "현재완료 시제" 문제이다. has been은 (경험)을 의미한다(has gone은 "지금 어딘가에 가 있다"는 의미).

38. 현재완료로 묻고 있고, 현재완료로 답하는 문제이다. 고양이는 키워 본 적 없지만(경험), 개는 키워봤다는 내용이다.

39. ② Don't worry about your mom으로 수정. 조동사(Don't) 뒤에는 동사원형이 와야 하는데, be 동사가 등장하면 worry 일반동사와 겹쳐서 동사가 두 개가 되는 오류가 발생한다. 그러므로, be 동사를 빼고 위처럼 수정한다.

40. ① Jack이 거의 차에 치일 뻔했다는 내용이다. 하지만 hit은 3단 변화가 hit-hit-hit이므로 hitted와 같은 단어는 존재하지 않으므로 주의해야 한다. 아직 배운 문법 파트는 아니지만, be+p.p는 "수동태"라고 Ch 05에서 학습한다.

41. ① 시제의 전, 후 관계를 묻고 있다. 그녀가 티켓을 이미 샀던 것을 몰랐다(과거)는 내용이므로, 그 전에 티켓을 산 것이므로 (대과거)로 표현해야 한다. He didn't know the girl had already bougth the ticket.

② 그가 해변을 산책(과거)하기 전에, 그는 신발을 묶었다는 내용이므로(대과거)로 표현해야 한다. he had tied his shoes.

③ 나의 형이 나에게 준 꽃병을 깨뜨렸다(과거)는 내용이다. 그럼 상식적으로 형이 나에게 먼저 꽃병을 준 것이므로 (대과거)로 표현해야 한다. I broke the vase my brother had

given to me.
⑤ 어제 이야기를 하고 있으므로, 단순 과거시제를 써야 한다.
My brother went to America yesterday.

A

1. go **2.** shout **3.** to say **4.** to sit **5.** to come **6.** to be late

해설

1. 동사 let이 사역동사이고, "그것을 그냥 가게 해라(즉, 내버려둬라)"는 내용이므로, 목적어가 가는 것이므로 능동을 의미하는 "동사원형"을 선택한다.

2. heard가 지각동사이고 his father(목적어)가 소리치는 능동적 행위이므로, 동사원형 shout을 선택한다(소리쳐지는 것이 아님).

3. 동사 wanted는 사역동사도 아니고, 지각동사도 아니다. 그러므로 목적보어 자리에 절대로 동사원형을 쓸 수 없다. 일반동사 중에서 5형식 패턴을 보이는 동사는 목적어가 "능동"이면 목적보어 자리에 "to+동사원형"을 써야 한다. 이 문장에서는 the doctor(목적어)가 능동적으로 말을 한 것이므로 to say를 선택해야 한다. 흔히, want A to B라고 암기하는 패턴이다.

4. 동사 get은 "준사역동사"라고 불린다. 이는 사역동사의 역할에 버금간다는 뜻으로 불리는 표현이며, 특징은 목적어와 목적보어의 관계가 능동일 때 "to+동사원형"을 쓰는 것이다. 그렇다면 일반 5형식 동사와 같은 패턴을 보이는 것인데 왜 준사역동사라 칭하는가? 그 이유는 해석이 "~을 시키다"라고 사역동사의 의미와 같기 때문이다. 결론적으로, 표현은 동사원형을 쓸 수는 없으나 준사역동사라고 불리는 대표적인 동사라는 점은 반드시 기억해야한다. 이 문장의 해석은 "그 남자는 그가 앉게 시켰다"라고 되고 그가 앉은 것은 능동적 행위이므로 "to+동사원형"을 선택한다.

5. 동사 expected는 일반동사의 5형식 패턴을 보이고 있다. 즉, 목적어가 목적보어 하기를 기대한다는 내용이다. 그럼 Jason(목적어)가 오는 것은 능동적 행위이므로 to come 선택. 흔히, expect A to B라고 암기하는 패턴이다.

6. 동사 told는 일반동사의 5형식 패턴을 보이고 있다. 즉, me(목

적어)가 다시 늦지 말라는 내용이므로 to be를 선택. 흔히, tell A to B라고 암기하는 패턴이다.

B

1. repair 2. read 3. purchase 4. think 5. know
6. delivered 7. cut 8. miss 9. go 10. wash

해설

1. 동사 had는 사역동사임을 알 수 있다. him (목적어)가 나의 컴퓨터를 수리하는 능동적 행위이므로, 동사원형을 선택한다.
2. 사역동사 let이 등장했고, me(목적어)가 메모를 읽는 것이므로 동사원형을 선택한다. [내(목적어)가 읽혀지는 것이 아님]
3. 사역동사 have가 등장했고, him(목적어)가 요트를 구입하는 것이므로 동사원형을 선택한다. [그(목적어)가 구매되는 것이 아님]
4. 사역동사 make가 등장했고, me(목적어)가 생각하는 것이므로 동사원형을 선택한다.
5. 사역동사 let이 등장했고, us(목적어)가 아는 것이므로 동사원형을 선택한다.
6. 사역동사 has가 등장했고, a newspaper(목적어)가 배달되는 것이므로, 목적어와 목적보어의 관계는 수동이므로 p.p를 선택해야 한다. [신문이 배달하는 것이 아님]
7. 사역동사 had가 등장했고, the famous hair designer(목적어)가 내 머리를 자르는 것이므로, 동사원형을 선택한다.
   ▶ 해석: Jane은 그 유명한 헤어 디자이너가 내 머리를 자르게 시켰다.
8. 사역동사 make가 등장했고, me(목적어)가 그리워하는 것이므로 동사원형을 선택한다.
9. 사역동사 let이 등장했고, the students(목적어)가 나가는 것이므로 동사원형을 선택한다.
10. 사역동사 make가 등장했고, me(목적어)가 손을 씻는 것이므로 동사원형을 선택한다.

C

1. I heard Jane cry in her room
2. Did you see Chris ride a bike?
3. I felt the desk shake
4. We watched the sun rise over the mountain
5. I heard my name called

해설

1. 지각동사 heard를 중심으로 문장을 전개한다. 지각동사의 특성이 목적어가 능동이면 목적보어 자리에 "동사원형"을 쓸 수 있다는 것이므로, 익숙하지 않은 학생들에게는 동사(heard)와 울다(cry)동사 두 개를 한 문장에 접속사도 없이 쓴 다는 것이 어색할 수 있다. 하지만, 그것이 바로 지각동사의 특성이므로 당연하게 작문해 보자. 그럼 정답과 같이 영작이 될 수 있다.
2. 의문문임에 주의한다. 그러므로 조동사(did)를 먼저 써야 하고, 본동사가 see (지각동사)이므로 뒤의 목적어, 목적보어 자리에서 특히 목적보어 자리에 동사원형을 써서 영작을 마무리한다.
3. 지각동사 felt가 등장했고, 책상이 흔들리는 것이므로 동사원형으로 영작한다.
4. 지각동사 watch가 등장했고, 태양(목적어)는 떠오르는 것이므로 동사원형을 목적보어 자리에 써야 한다.
5. 지각동사 heard가 등장했고 my name(목적어)는 부르는 것이 아니라 "불리어지는 것"이므로, 지금까지의 능동패턴과는 다름을 이해해야 한다. 그러므로, 목적어와 목적보어의 관계는 수동이므로 반드시 과거분사(p.p)를 써야함에 주의해야 한다.

D

1. cover 2. wash 3. cut 4. broken 5. covered / hidden
6. to play 7. ring (ringing) 8. fixed 9. to come
10. introduce 11. to read 12. to study 13. to escape
14. watch 15. take 16. enjoy 17. cleaned 18. run
19. laugh (laughing) 20. to meet

1. 사역동사 let이 등장하였고, his men(목적어)가 땅을 덮는 것이므로 능동적 관계이다. 그러므로 동사원형을 선택.

   ▶ 해석: 사장님은 그의 직원들에게 그 땅을 덮게 시켰다

2. 사역동사 had가 등장하였고, Minsu(목적어)가 설거지를 하는 것이므로 능동임을 알 수 있다(즉, 설거지 당하는 것이 아님). 그러므로 동사원형 선택.

3. 사역동사 had가 등장했고, my hair(목적어)가 잘리는 것이므로 목적어와 목적보어의 관계는 수동이다. 그러므로 p.p 선택.

4. 사역동사 had가 등장했고, the toys(목적어)가 부숴진 것이므로 목적어와 목적보어의 관계는 수동이다(즉, 장난감들이 무엇인가를 부수거나 고장 내는 게 아님). 그러므로 p.p 선택.

5. 동사가 kept이며, her face(목적어)가 cover하는 게 아니라 덮여지고 숨겨진 채라는 내용이 말이 되므로, p.p를 선택한다. 그런데 이번에는 목적보어가 병렬로 두 개가 등장하였으므로 내용상 두 개 다 p.p 형태로 선택한다.

   ▶ 해석: 그녀는 그녀의 얼굴을 가리고 숨긴 채 있었다.

6. 동사가 order이므로, 사역동사도 지각동사도 아님을 알 수 있다. him(목적어)가 피아노를 연주하는 것이므로 능동이다. 그러므로 "to+동사원형"을 선택한다.

7. 지각동사 heard이고, my phone(목적어)가 울리는 것이므로 동사원형 선택(우리 국어도 전화가 울린다고 표현하지, 전화가 울려진다고 하지 않음).

8. 준사역동사 got이 등장하였고, my car(목적어)가 수리되는 것이므로 p.p 선택.

9. 동사가 expect 일반 5형식 동사이므로 him(목적어)가 내일 오는 것이므로 to come 선택.

10. 사역동사 let이 사용되었고, me(목적어)가 자기 자신을 소개하는 것이므로 능동이다. 그러므로 동사원형 선택.

11. 동사가 allow는 일반 5형식 동사이며, me(목적어)가 만화책을 읽는 것이므로 능동이다. 그러므로 to read 선택.

12. 동사가 want는 일반 5형식 동사이며, his students(목적어)가 공부하는 것이므로 능동이다. 그러므로 to study 선택.

13. 동사가 enable은 일반 5형식 동사패턴이며, us(목적어)가 탈출하는 것이므로 능동이다. 그러므로 to escape 선택.

   ▶ 해석: 그의 특별한 능력은 매번 우리가 위험한 상황을 벗어날 수 있게 해 주었다.

14. 사역동사 let이 사용되었고, us(목적어)가 영화를 보는 것이므로 능동이다. 그러므로 동사원형 선택.

15. 사역동사 had가 등장했고, the kid(목적어)가 알약을 먹는 것이므로 능동이다. 그러므로 동사원형 선택.

16. 사역동사 make가 등장했고, us(목적어)가 게임을 즐기는 것이므로 능동이다. 그러므로 동사원형 선택.

17. 사역동사 had가 등장했고, her dog(목적어)가 깨끗해지는 것이므로 수동이다. 그러므로 p.p 선택.

18. 사역동사 make가 등장했고, the car(목적어)가 더 빠르게 달리는 것이므로 능동이다. 그러므로 동사원형 선택.

19. 지각동사 heard가 등장했고, the student(목적어)가 크게 웃는 것이므로 능동이다. 그러므로 동사원형 또는 -ing 사용도 가능하다.

20. 동사가 want는 일반 5형식 동사이며, him(목적어)가 그녀를 만나는 것이므로 능동이다. 그러므로 to meet 선택.

E

1. ⑤ 2. ⑤ 3. ① 4. ④ 5. ① 6. ⑤ 7. ③ 8. ④
9. painted 10. pulled out 11. move 12. laugh 13. to start
14. fly 15. laugh (laughing) 16. to study 17. solve
18. come (coming) 19. felt 20. thrown away 21. get
22. to escape 23. get 24. to clean 25. solve / to solve
26. hold 27. clean 28. cross / crossing
29. move / moving 30. walk / walking 31. reach
32. watch 33. to go 34. to wait 35. sing / singing
36. touch / touching 37. called 38. call 39. to get
40. rise / rising 41. to go 42. stop 43. study
44. (1) made me clean
    (2) let you read
    (3) got this desk broken
45. ②, ④, ⑤
46. (1) had us be on time
    (2) made us share ideas with classmates
    (3) let us ask / questions in class

1. ⑤ notice도 지각동사이다. the thief(목적어)가 다이아몬드 반지를 훔치는 능동적 행위를 하고 있으므로 동사원형(steal) 또는 -ing(stealing) 형태를 써야 한다.

2. 보기에 제시된 동사는 make이다. him(목적어)이고 밑줄 친 부분은 목적어를 보충 설명하는 목적보어 자리임을 알 수 있다. 그렇다면, 목적보어 자리에 올 수 있는 것과 없는 것을 하나씩 대입해 가면서 풀어 봐야 한다.

   ① 목적어인 him과 excited(p.p)의 상호연결성을 묻고 있다. 즉, 그가 흥분된(들뜬) 상태인지를 묻고 있다. 문법적, 해석적으로 틀린 곳이 없다.

   ② 목적어인 him과 명사 a desk의 상호연결성을 묻고 있다. "~에게 ~을 만들어 줄 것이다"라고 해석되는 4형식 문장이다.

   ③ 목적어인 him과 명사 a singer의 상호연결성을 묻고 있다. 그를 가수로 만들 것이다라는 해석이 성립함을 알 수 있다.

   ④ 보기가 study이므로 동사원형이 등장했음을 알 수 있다. 예시문의 동사가 make이므로 사역동사역할도 가능하다는 점을 묻고 있다. 그렇다면 목적어인 him이 프랑스어를 공부하는 것이므로 능동이다. 사역동사의 특성상 동사원형이 오는 것이 맞다.

   ⑤ 보기가 to stop으로서 "to+동사원형"의 형태를 취하고 있다. 이는 일반 5형식 동사의 목적보어 패턴이므로 오답이다.

3. ① 지각동사 saw가 쓰였고, 목적어 my son이 오토바이를 타는 것이므로 능동이다. 그러므로 동사원형(ride)을 써야 한다.

   ② 동사 want는 일반 5형식 동사 패턴을 보여준다. 그러므로 목적보어 자리에 not to be late라고 to를 써줘야 한다(동사원형을 쓰는 것은 사역이나 지각동사의 특성이다).

   ③ 동사 told는 일반 5형식 동사 패턴을 보여준다. 그러므로 목적보어 자리에 to clean이라고 to를 써줘야 한다.

   ④ 사역동사 let이 쓰였으나, 목적보어 자리에 to를 쓰고 있다는 것 자체가 오류인 문장이다. 그러므로 to를 빼야 한다.

   ⑤ 동사 asked는 일반 5형식 동사 패턴을 보여준다. 그러므로 목적보어 자리에 to join이라고 to를 써줘야 한다. (동사원형을 쓰는 것은 사역이나 지각동사의 특성이다)

4. ④ 사역동사 make가 쓰였고 목적어 the kid이 boring하다라고 표현되었다. 하지만, boring을 쓰면 지루하게 만드는 능동적 행위일 것이다. 즉, bored를 써야 '지루한'이라는 뜻이

된다.

5. ② 일반 5형식 동사 told이므로, 목적보어를 to come으로 수정

   ③ 일반 5형식 동사 tells가 와서 to not lie로 to를 쓴 것은 맞지만, 부정어 not의 위치는 not to lie처럼 앞에 위치해야 한다.

   ④ 지각동사 heard이고, 목적어가 능동이므로 목적보어 자리에 동사원형 또는 -ing 형태로 마무리해야 한다.

   ⑤ 지각동사 saw이므로, 목적어가 능동이므로 목적보어 자리에 동사원형 또는 -ing 형태로 마무리해야 한다.

6. ⑤ 지각동사 saw가 쓰였고, 목적어 the lion이 잠을 자는 것이다. 그러므로 목적어와 목적보어의 관계가 "능동"이므로 동사원형 sleep 또는 sleeping을 선택해야 한다(동사가 사역동사나 지각동사가 아닌 일반 5형식 동사인 경우에 "to+동사원형"을 쓴다).

7. 보기의 주어진 예문은 5형식 문장 패턴의 이해를 묻고 있다. 그러므로, 밑줄 친 부분은 "목적어"이고, 목적보어인 부분은 to go임을 알 수 있다. 목적보어 자리에 to go (to+동사원형)이 등장했다는 것은 문장의 본동사가 절대로 "사역" 또는 "지각"동사가 올 수 없다는 뜻이다. 그렇다면 정답은 ③번 let이 된다.

8. ③ 본동사는 is이며, 주어가 "동명사구"임을 인지해야 한다. 아직 우리 책에서는 학습되지 못한 부분이겠지만, 보다시피 중3 기출 유형에서는 동명사구와 사역동사를 복합적으로 연결하여 문제를 출제할 수도 있다. 동명사구의 범주는 Making him to go there까지이다. 이 범주 안에서 make는 형태는 -ing가 붙어있어도 여전히 사역동사임을 이해해야 한다. 그러므로 이 동명사구 범주 내에서 5형식 패턴이 등장하였고, 목적어인 him이 그곳에 가는 것이므로 능동이다. 그러므로, 동사원형으로 수정하면 Making him go there과 같이 써야 하는 난이도가 조금 높은 문제라 하겠다.

9. ▶ 해석: 아버지는 집을 페인트칠 하셨다.
   목적어(집)와 목적보어(페인트칠)의 관계는 수동이므로 p.p를 쓴다.

10. ▶ 해석: 그 남자는 그의 이를 뽑았다.
    목적어(그의 이)와 목적보어(뽑다)의 관계는 수동이므로 p.p를 쓴다.

11. ▶ 해석: 한국 대통령은 군대를 일본으로 이동시켰다.
    본동사가 사역동사이며, 목적어(군대)와 목적보어(이동)의 관계는 능동이므로 동사원형을 쓴다.

12. ▶ 해석: 재밌는 게임은 학생들이 매우 크게 웃게 했다.

본동사가 사역동사이며, 목적어(학생들)와 목적보어(웃다)의 관계는 능동이므로 동사원형을 쓴다.

13. ▶ 해석: 그 카레이서는 그 차가 출발하게 허락했다.

본동사가 일반 5형식 동사이며, 목적어(그 차)와 목적보어(출발하다)의 관계는 능동이므로 "to+동사원형"을 쓴다.

14. ▶ 해석: 허리케인의 큰 힘은 나무를 하늘에 날게 만들었다.

본동사가 사역동사이며, 목적어(나무)와 목적보어(날다)의 관계는 능동이므로 동사원형을 쓴다.

15. ▶ 해석: 우리는 그 여자아이가 웃는 것을 보았다.

본동사가 지각동사이며, 목적어(그 여자아이)와 목적보어(웃다)의 관계는 능동이므로 동사원형 또는 -ing를 쓴다.

16. ▶ 해석: 선생님은 학생들이 지금보다 더 열심히 공부하기를 기대했다.

본동사가 일반 5형식 동사이며, 목적어(학생들)와 목적보어(공부하다)의 관계는 능동이므로 "to+동사원형"을 쓴다.

17. ▶ 해석: 또 하나의 힌트가 그 상황을 매우 쉽게 해결되게 했다.

본동사가 사역동사이며, 목적어(그 상황)와 목적보어(해결하다)의 관계는 "수동"이므로 p.p를 쓴다.

18. ▶ 해석: 모든 사람들이 열차가 그들에게 다가오고 있음을 들었다.

본동사가 지각동사이며, 목적어(열차)와 목적보어(오다)의 관계는 능동이므로 동사원형 또는 -ing를 쓴다.

19. ▶ 해석: 중력은 어떤 사물의 무게를 느껴지게 해준다.

본동사가 사역동사이며, 목적어(어떤 사물의 무게)와 목적보어(느끼다)의 관계는 "수동"이므로 p.p를 쓴다(사물이 느끼는게 아님).

20. ▶ 해석: 그 건물의 어두운 쪽은 쓰레기가 버려지게 했다.

본동사가 사역동사이며, 목적어(쓰레기)와 목적보어(버리다)의 관계는 "수동"이므로 p.p를 쓴다.

21. ▶ 해석: 마스크 속의 그의 가려진 얼굴은 그에게 자신감을 주었다.

본동사가 사역동사이며, 목적어(그)와 목적보어(가지다)의 관계는 능동이므로 동사원형을 쓴다.

22. ▶ 해석: 그의 능력이 사람들이 성안에서 탈출하게 했다.

본동사가 일반 5형식 동사이며, 목적어(사람들)와 목적보어(탈출하다)의 관계는 능동이므로 "to+동사원형"을 쓴다.

23. ▶ 해석: 많은 연습은 학생들이 시험에서 완벽한 점수를 받게 했다.

본동사가 사역동사이며, 목적어(학생들)와 목적보어(받다)의 관계는 능동이므로 동사원형을 쓴다.

24. 동사가 일반 5형식 동사패턴이며, 목적어(그녀)와 목적보어(청소하다)의 관계는 능동이므로 "to+동사원형"을 선택한다.

25. 본동사가 "준사역동사(help)"이며, 목적어(우리)와 목적보어(해결하다)의 관계는 능동이므로 동사원형 또는 to+동사원형을 사용할 수 있다. 맞는것을 모두 고르는 문제이므로 정답은 두 개를 선택.

26. 동사가 사역동사이고, 목적어(나)와 목적보어(붙잡다)의 관계는 능동이므로 "동사원형"을 선택한다.

27. 동사가 make라서 사역동사라고 착각할 수 있겠으나, 여기서는 그냥 5형식 문장으로 쓰였다. 즉 목적어(공기)에게 ~하도록 시킬 수는 없기 때문에 사역동사로 보기는 어렵고, 그냥 목적보충어 자리에 "형용사"보충어도 등장할 수 있다는 개념을 다시 한번 떠올렸어야 할 것이다(우리가 공부했던 예문들 중에서 I made her beautiful과 같은 문장을 보고 사역동사라고 표현하지는 않는 것처럼 이 문제도 같은 유형의 문제이다).

28. 본동사가 지각동사이며, 목적어(그의 여동생)과 목적보어(건너다)의 관계는 능동이므로 "동사원형" 또는 "-ing"를 사용할 수 있다. 그러므로, 정답을 두 개를 모두 선택해야 한다.

29. 본동사가 지각동사이며, 목적어(의자)와 목적보어(흔들리다)의 관계는 능동이므로 "동사원형" 또는 "-ing"를 사용할 수 있다. 그러므로, 정답을 두 개를 모두 선택해야 한다.

30. 본동사가 지각동사이며, 목적어(아기)와 목적보어(걷다)의 관계는 능동이므로 "동사원형" 또는 "-ing"를 사용할 수 있다. 그러므로, 정답을 두 개를 모두 선택해야 한다.

31. 동사가 사역동사이고, 목적어(학생들)와 목적보어(도달하다)의 관계는 능동이므로 "동사원형"을 선택한다.

32. 동사가 사역동사이고, 목적어(그들의 아이들)와 목적보어(시청하다)의 관계는 능동이므로 "동사원형"을 선택한다.

33. 본동사가 "준사역동사(get)"이며, 목적어(그)와 목적보어(가다)의 관계는 능동이므로 to+동사원형을 사용해야 한다. 또 다른 "준사역동사(help)"와는 다름에 주의해야 한다.

34. 동사가 일반 5형식 동사패턴이며, 목적어(나)와 목적보어(기다리다)의 관계는 능동이므로 "to+동사원형"을 선택한다.

35. 본동사가 지각동사이며, 목적어(누군가)와 목적보어(노래하다)의 관계는 능동이므로 "동사원형" 또는 "-ing"를 사용할 수 있다. 그러므로, 정답을 두 개를 모두 선택해야 한다.

36. 본동사가 지각동사이며, 목적어(무언가)와 목적보어(건드리다)의 관계는 능동이므로 "동사원형" 또는 "-ing"를 사용할 수 있다. 그러므로, 정답을 두 개를 모두 선택해야 한다.

37. 본동사가 지각동사이며, 목적어(내 이름)과 목적보어(부르다)의 관계는 "수동"이므로 "p.p"를 사용해야 한다.

38. 본동사가 지각동사이며, 목적어(누군가)와 목적보어(부르다)의

관계는 능동이므로 "동사원형" 또는 "-ing"를 사용할 수 있다. 그러므로, 정답을 두 개를 모두 선택해야 한다.

39. 동사가 일반 5형식 동사패턴이며, 목적어(나)와 목적보어(치우다)의 관계는 능동이므로 "to+동사원형"을 선택한다.

40. 본동사가 지각동사이며, 목적어(누군가)와 목적보어(부르다)의 관계는 능동이므로 "동사원형" 또는 "-ing"를 사용할 수 있다. 그러므로, 정답을 두 개를 모두 선택해야 한다.

41. 동사가 일반 5형식 동사패턴이며, 목적어(학생들)와 목적보어(가다)의 관계는 능동이므로 "to+동사원형"을 선택한다.

42. 동사가 사역동사이고, 목적어(아기)와 목적보어(멈추다)의 관계는 능동이므로 "동사원형"을 선택한다.

43. 동사가 사역동사이고, 목적어(그의 아들)와 목적보어(공부하다)의 관계는 능동이므로 "동사원형"을 선택한다.

44. 이 문제는 사역동사(시킨다는 의미)들 중에서도 미묘한 의미상의 차이를 이해하는지 여부를 묻고 있는 서술형 문제 스타일이다.

   1) 동사가 "시켰다"이므로, made를 선택 후 목적어 (me)와 목적보어(clean)을 순서대로 마무리해 준다.

   2) 동사가 "~하게 해 주다"이므로, 허락하다의 의미인 let을 선택 후 목적어(me)와 목적보어(read)를 순서대로 마무리한다.

   3) 동사가 "부쉈다"인데, 5형식 패턴을 직역하지 않고 의역으로 마무리한 표현이다. 직역을 한다면 "책상(목적어)가 부숴지게(목적보어) 했다"가 될 것이다. 그럼 남아있는 동사 중 준사역동사(get)을 선택 후 이 책상(this desk) 부서지다(broken)을 순서대로 써준다.

45. ① 사역동사 had가 왔으며, 목적어(그 책의 표지)는 목적보어(바뀌다)의 관계가 "수동"이므로 p.p 형을 써야 하므로, changed로 수정되어야 한다.

   ▶ 해석: 그녀는 그 책 표지가 흑백에서 컬러로 바뀌게 했다.

   ③ 지각동사 watched가 왔으며, 목적어(노인)이 목적보어(애쓰다)의 관계가 "능동"이므로 "동사원형" 또는 "-ing"를 쓸 수 있다.

   ▶ 해석: 그는 단지 지하철에서 한 노인이 그의 개와 함께 내리려고 애쓰는 것을 지켜보았다.

46. 1) 동사 have를 시제를 맞추어 had로 활용한 후 목적어(us), 목적보어 (지키다)를 맞추는 형태이다. 보기 중 is (be)동사는 "존재하다"는 의미가 있으므로, be on time을 해주면 "제시간에 있다"가 되므로 영작이 정답과 같이 될 것이다. There is a

book. 책 한 권이 있다 → 대표적인 "있다" 해석

   2) 동사 make를 시제를 맞추어 made로 활용한 후, 목적어(us), 목적보어(공유하다)를 맞추는 영작이다. 공유하다라는 단어는 share이므로 정답과 같이 마무리할 수 있다.

   3) 동사 let을 과거시제로 맞춰주고 목적어(us)가 목적보어(질문하다)의 관계는 능동이므로 동사원형(ask)으로 완성시킨다.

수동태

A

1. was bought 2. heard 3. was made 4. interested
5. consists of 6. look 7. built 8. bought 9. was made

해설

1. 피아노는 구매된 것(수동)이다.
2. 주어인 내가 듣는 것(능동)이지 들어지는 것이 아님에 주의한다.
3. 보트는 만들어진 것(수동)이다.
4. 그녀가 흥미를 느끼는 것(수동)이다.
5. "이 차는 많은 부품들로 이루어져 있다"라고 수동으로 해석되지만, consist of는 자동사 (수동태 사용 불가)이고, 의미도 이미 "~로 이루어지다"라고 해석되므로 능동 형태를 선택해야 한다.
6. "너 오늘 매우 멋져 보여"라고 수동으로 해석되지만, look도 자동사로서 이미 "~해 보인다"라고 해석되므로, 능동을 선택한다.
7. 우리가 건물을 짓는 것(능동)이다.
8. 그가 책을 산 것(능동)이다.
9. 그 기계가 노인들을 돕게 만들어진 것(수동)이다.

B

1. was delivered 2. surprised 3. was surprised at
4. was brought 5. sent 6. made 7. were pleased
8. be discussed 9. be paid 10. are listed

해설

1. 그 편지는 배달된 것(수동)이다.
2. 그 뉴스(소식)이 그를 놀라게 한 것(능동)이다.
3. 그 남자는 그 뉴스(소식)에 놀란 것(수동)이다.
4. 어떤 가방이 분실물 센터로 옮겨진 것(수동)이다.
5. 그녀가 그에게 메시지를 보낸 것(능동)이다.
6. 그 결과물이 그 둘 모두를 행복하게 만든 것(능동)이다.
7. 그들은 그녀가 회복되고 있어서 기쁜 것(수동)이다.
8. 그 계획은 내일 논의될 것(수동)이다.
9. 임대료는 세입자에 의해 지불될 것(수동)이다.
10. 주어는 he이고, 동사는 has이다.

C

1. be fixed 2. packed 3. was made 4. be filled 5. sent
6. cleared 7. was reset 8. existed 9. of 10. cooked

해설

1. 특수 기계장치와 수리하다의 관계는 (수동)이다.
2. 그녀의 선물과 포장하다의 관계는 (수동)이다.
3. 그 차와 만들다와의 관계는 (수동)이다.
4. 당신의 컵과 채우다의 관계는 (수동)이다.
5. 그녀와 메모를 보내다의 관계는 (능동)이다.
6. 지원자들과 해운대 바다를 치우다의 관계는 (수동)이다.
7. 그의 전화기와 재설정과의 관계는 (수동)이다.
8. 그 다리와 존재하다의 관계는 능동, 수동의 개념으로 따질 필요가 없다. 왜냐하면, exist는 자동사이므로 무조건 능동으로 표현한다. 단순 암기도 매우 중요하다는 것을 알 수 있다.
9. 책은 당연히 만들어진 것이므로 (수동)이다. 수동태로 이미 잘 표현되어 있다. 문제의 핵심이 수동태가 아니라 뒤에 결합되는 전치사의 종류 구분이므로, 이번 경우에는 재활용된 종이로 만들어진 책이므로 원재료의 유추가 가능하다. 그러므로 of를 선택한다.
10. 어머니와 요리하다의 관계는 (수동)이다.

D

1. His younger brother is taken care of by him
2. Flowers were bought for Jane
3. A letter was written to me everyday by her
4. The girl was seen to dance by Jack
5. X
6. He was called Lucky Guy by people
7. X
8. The house was not built by him
9. X
10. Was your book found yesterday by you
11. Mr. Obama was elected president of USA
12. He was seen to paint the blue house by me
13. Where was that book bought by her?
14. The noise was not made by him
15. Many useful things for the students were made by the teacher.

해설

1. 이 문제는 동사가 숙어(take care of)라는 점에 주목해야 한다. 그럼 목적어인 his younger brother 은 주어로 이동하고, 동사는 is taken care of로 변형되고, 주어는 by him으로 정답과 같이 마무리될 것이다. 여기서 주의해야 할 점은 of를 빼먹지 않고 포함시켜서 수동태로 변환시켜야 한다는 점이다.
2. 사람을 주어로 동사 buy의 수동형은 사용 불가.
3. 사람을 주어로 동사 write의 수동형은 사용 불가.
4. 조금 난이도가 있는 문제이므로 주의해야한다. 일단 주어진 문장은 지각동사 saw가 왔고, the girl (목적어)와 dance (목적보어: 동사원형)으로 이루어진 문장이다. 이때 목적보어 자리의 동사원형은 수동문 전환시에 to R으로 활용되어야 함을 반드시 기억하자. 그럼 정답과 같은 영작으로 마무리된다.
5. 자동사 look은 목적어가 없으므로 수동태 전환 불가.
6. 5형식 문장의 목적보어(Lucky Guy)는 수동태 문장의 주어로 사용 불가. 왜냐하면 목적어(him)이 있기에 목적보어(Lucky Guy)가 존재할 수 있는 개념이므로, 목적보어가 있어서 목적어

가 존재하는 역의 관계는 성립할 수 없기 때문이다. 쉽게 말하자면, 나는 Sam(목적어)을 키다리 아저씨(목적보어)라고 부른다는 문장에서 Sam이 없다면 키다리 아저씨도 없는 것이다.
7. 목적어가 있는 타동사 중에서 "소유동사"는 수동전환 불가.
8. 목적어 the house를 주어 자리로 이동시키고 동사는 be+p.p로 주어는 by 뒤로 보내서 수동태 문장을 마무리하면, 정답과 같다.
9. 목적어가 있는 타동사 중에서 상태동사는 수동전환 불가
10. 의문문의 수동태 전환 문제이다. 수동태는 우선 be+p.p이므로 의문문으로 전환될 경우 be 동사가 주어의 앞으로 이동하는 것은 똑같이 적용된다. 그럼 Be+주어+p.p?의 형태가 요구되며 정답과 같이 전환될 수 있다.
11. 5형식 문장이었고, 영어에서는 직책, 관직명 앞에는 무관사(관사 사용 안 함) 원칙이 흔히 적용된다. 5형식 문장을 수동태로 바꾸면 2형식 문장으로 전환됨을 알 수 있다.
12. 이 문제는 the blue house를 주어로 전환해서 틀리기 쉽다. 결론적으로 blue house는 동사 saw의 목적어가 아니고 목적보어 paint 동사의 목적어임에 주의한다.
13. 의문사가 포함된 의문문의 수동태 전환에서 의문문은 여전히 문장의 맨 첫 자리를 차지하며, 뒤의 구조는 의문사에 맞게 "동사+주어"의 형태를 취해주면, 정답과 같이 전환된다.
14. 조동사 did의 (과거)시제에 주의하며 수동태로 전환하면, 정답과 같다.
15. 목적어 many useful things를 주어 자리로 이동시키고, 수동태로 마무리하면 정답과 같이 전환될 수 있다.

E

1. ⑤
2. ④
3. ⑤
4. ④
5. was happy to be given another chance to pursue his passion for cooking
6. (1) is addicted to
   (2) was astonished
7. a useless object can be transformed into something

useful for everyday life.

8. When David was heard what to do, he was so surprised.

9. whatever can be called souvenir

10. In fact, honey from ancient Ezypt can be eaten today.

🏫 학교 기출 유형 해설

---

1. ① 주어 Hangle(한글)은 단수이므로, 단수동사 was로 수정.

   ② 이 프린트는 학생들에 의해 사용될 수 있는 것이므로 수동태이다. 그러므로 could be used의 형태로 수정한다.

   ③ 주어 로미오와 줄리엣은 책 이름이므로 단수 취급해야 한다. 따라서 was로 수정해야 한다.

   ④ 주어 전화기는 Graham Bell에 의해 발명되어 졌던 (과거) 것이므로 동사의 과거시제인 was invented로 수정해야 한다.

2. 주어진 문장이 능동문이지만, 보기들은 수동문으로 올바르게 전환했는지를 묻고 있다.

   ① could carry는 여전히 능동문 형태이다.

   ② could be carry는 be 동사는 생성되었으나, carry가 동사원형이므로 문법적으로 불가능한 형태이다.

   ③ could is carry는 "조동사+동사원형"의 규칙을 어기고 있다.

   ⑤ could have carried는 여전히 능동문 형태이다.

3. ⑤ 주어 The castle은 로마제국에 의해 지어진 것이므로 수동태(be p.p)로 나타내야 하는데 build는 동사원형이므로 built로 수정해야 한다.

4. ④ 주어인 인어공주는 아이들을 위해 쓰여진 것이므로 수동태로 표현해야 한다. 그러므로 is written으로 수정해야 한다.

5. to 부정사의 수동태를 활용해야 하는 고난도 문제이다. 영작을 할 때에는 한국어를 먼저 찬찬히 살펴보고 주어와 동사를 확인한다. 그리고 수식어구를 확인한 뒤 영작을 시작해야 한다. 이 문제의 국어부터 살펴보면, 주어는 Jane이고 동사는 행복했다(과거시제도 확인)이다. 그럼 **Jane was happy**가 1차적으로 만들어질 수 있다.

   그런데 "~할 기회를 얻게 되어(수동확인)" 행복했다고 되어 있으

므로, Jane was happy to~~~라고 해야 하는데 "얻다"라는 동사는 보기에 없고, 오히려 give라는 동사가 주어져 있다. 그렇다면, give를 수동태로 쓰면 be given이 될 것이고 의미가 "제공받다" 즉, 얻다가 될 것임을 파악해야 하는 문제이다. 그럼 Jane was happy **to be given another chance~~**처럼 2차적으로 영작이 완성되었다. 그럼 남은 국어를 보면 "요리를 향한 열정을 추구할~"이므로 Jane was happy to be given another chance **to pursue his passion for cooking.**으로 3차 마무리될 수 있다.

6. (1) 보기 단어들 중 중독과 관련된 단어는 addict임을 확인한 후 수동태라는 것도 인지해야 한다. 그럼 Jack is addicted to "~에 중독되다"로 마무리한다.

   (2) 주어진 한국어가 과거형 수동태임을 알 수 있다. 보기 단어 중 astonish가 ~을 놀래키다이므로 "놀랐다"라는 수동태로 표현하면 was astonished로 마무리한다.

7. 주어는 a useless object 동사는 수동태이므로 can be transformed이다. 나머지는 정답과 같이 영작할 수 있다.

8. 우선, David가 ~을 들었을 때(과거)이므로, When David heard~, 패턴으로 1차 마무리해야 한다. 그런데 무엇을 해야 하는지를 들었을 때이므로, When David heard what to do 라고 영작되는데 "의문사+to 부정사"가 동사 heard의 목적어로 취해져야 한다. 그 다음 그는 매우 놀랐다(수동)이므로 he was so surprised로 surprise를 활용해서 문장을 마무리하면, 정답과 같이 영작할 수 있다.

9. 주어가 무엇이든이므로 whatever로 복합관계대명사로 전환 후 동사는 "불릴 수 있다"이므로 수동태임을 알 수 있다. 그리고 "기념품"이라고 불릴 수 있다고 마무리되어야 하므로 정답과 같이 영작이 마무리되며, 2형식 문장이다. 주어인 whatever가 기념품이라 불릴 수 있는 등식 관계가 성립하는 문장이 되었다.

10. 주어를 honey로 시작하지만, 출처를 표현하는 고대 이집트로부터의 꿀이기 때문에 honey from ancient Ezypt라고 주어를 마무리해 준다. 그다음 "먹을 수 있다"라는 국어를 영작해야 하는데, 꿀이 먹는 것이 아니므로 (즉, 능동 불가) ~할 수 있다의 의미인 can을 쓴 후 수동패턴으로 can be eaten으로 마무리하면 정답과 같다.

Ch 06
To 부정사

A

1. read 2. to change 3. to earn 4. It 5. riding
6. to help

해설

1. To+동사원형의 형태가 to 부정사의 기본 패턴이다. 그러므로 정답은 read(to 부정사의 명사적 용법 - 주어 역할).
2. 동사 want는 to 부정사를 목적어로 취하는 대표적인 동사이다(단순 암기이므로, 몰랐으면 빨리 외우자!). 그러므로 to change를 선택한다(to 부정사의 명사적 용법 - 목적어 역할).
3. 동사 is를 중심으로 앞의 주어는 My goal of this year가 주어이다. 동사 뒤에 동사 earn을 또 쓸 수는 없으므로, to earn을 선택한다. 그럼 주어인 My goal 과 동사 뒤의 많은 돈을 버는 것이 등식관계(=)과 성립하는 2형식 문장이 된다(to 부정사의 명사적 용법 - 보어 역할).
4. 선택형 보기는 가짜 주어 자리를 인지하는지 여부를 묻고 있다. 가짜 주어는 무조건 It으로 써야 한다. 진짜 주어인 to 부정사는 상대적으로 길다고 판단하여 문장의 뒤로 보내는 경우이며, 앞으로 흔히 보게 되는 경우이므로, 잘 기억해 두자.
5. 동사 enjoy는 동명사(R-ing) 형태를 목적어로 취하는 대표적 동사이다. 이 역시 단순 암기이므로 몰랐다면, 지금 당장 외우자.
6. 해석은 "자선단체 사람들은 도움이 필요한 사람들을 도울 계획을 세웠다"이다. 일단 동사 plan은 to 부정사를 목적어로 취하는 대표적인 동사이다. 이 역시도 단순 암기이므로 빨리 외우자.

B

1. is 2. to see 3. to drink 4. to learn 5. for 6. of
7. It 8. keep 9. to read 10. is 11. to take
12. to write on

해설

1. 동사 is의 앞자리이므로 (명사적 - 주어)
2. 동사 smile은 (완전자동사, 즉 1형식)이므로, 이 동사의 뒷자리는 자연스럽게 (부사적) 용법으로 남게 된다. 왜냐하면 S+V로 끝나는 문장 구조가 1형식 구조이기 때문에, 그 뒷자리는 중요한 성분이 등장할 수가 없고, 부사와 같이 부연 설명의 자리만이 가능하다.
3. 명사 something을 뒤에서 꾸미는 (형용사적 용법 - 명사 수식)
4. 가짜 주어, 진짜 주어 패턴이므로, 비록 to 부정사가 문장의 뒤에 위치하였으나, 실질적인 주어이다. 그러므로 (명사적 용법 - 주어)
5. 가주어, 진주어의 패턴이다. 그러므로 (명사적 용법 - 주어)
6. 가주어, 진주어의 패턴이다. 그러므로 (명사적 용법 - 주어)
7. 가주어, 진주어의 패턴이다. 그러므로 (명사적 용법 - 주어)
8. 가주어, 진주어의 패턴이다. 그러므로 (명사적 용법 - 주어)
9. 명사 books를 뒤에서 수식하는 (형용사적 용법)
10. 동사 is의 앞자리이므로 당연히 (명사적 용법 - 주어)
11. 동사 expected의 대상이 되는 목적어 자리임을 알 수 있다. 즉, "~을" 기대하는지 설명해야 하므로 (명사적 용법 - 목적어)
12. 앞의 명사 something을 뒤에서 꾸며주는 (형용사적 용법)

C

1. They agreed not to go on a trip
2. I hope to be a good fire fighter
3. It was hard to persuade him
4. My house is to be seen from the station
5. It is possible for him to help you

♥영작 중요 Tip

영어 영작 문제는 국어의 **"주어(S)"**와 **"동사(V)"**부터 늘 먼저 확인하여야 한다.

1. 주어가 they이고, 동사는 agree이다. 하지만, 가지 않기로 동의했다이므로 not to go on a trip으로 완성하면 정답과 같다.

2. 주어 I, 동사 hope을 먼저 정리한 후 to 부정사를 목적어로 취하면, 정답과 같이 영작할 수 있겠다.

3. 이 문제는 He was hard라고 하지 않도록 주의해야 한다.
It의 존재 자체가 가주어, 진주어 패턴을 이용하라고 유도하는 문제이다. 그렇다면 It was hard to persuade him 과 같이 영작 된다.

4. 주어 my house이고 동사는 is이다. 그다음 to 부정사를 연결시켜야 하는데, 나의 집은 보인다이므로 My house is to be seen의 형태로 to 부정사의 수동태를 써야 한다.

5. 이 문제도 가주어, 진주어 패턴의 활용을 유도하고 있으며, 의미상 주어까지 사용하게 하는 문제이다. 그럼 기본 패턴이 그 유명한 "It~ for~ to R"의 패턴이 되고, 마무리하면 정답과 같다.

D

1. to visit 2. to take 3. to ask 4. to go 5. encouraged
6. keep (write) 7. to / me 8. to be 9. to pass / test
10. It / to / English 11. young to marry 12. be fixed
13. want to (are to) 14. care of 15. It / for him / to
16. to brush 17. It / of her 18. him to come 19. rely
20. sit on

1. "나는 미국 뉴욕에 친구가 있지만, 그를 2020년 이후부터는 못 봤다. 그래서 나는 그를 (방문하기를) 원한다"가 가장 적절한 내용일 것이고 want는 to 부정사를 목적어로 취하므로, to visit이 정답

2. "오늘 비가 올 것이다. 나는 우산을 (가져갈) 필요가 있다"가 적절한 내용 연결일 것이다. need는 to 부정사를 목적어로 취하므로 to take가 정답

3. "나는 그에게 어떻게 이 질문을 (물어봐야)할지 모르겠다. 그는 친절한 사람이 아니다"라는 내용이다. 동사 know의 목적어로 (의문사+to 부정사)가 올 수 있다. 이 형태는 to 부정사가 종종 의문사와 결합하여 쓰이는 관용적 형태이며 자주 쓰인다. 그럼 내용과 결합시켜 본다면 정답은 to ask가 될 것이다.

4. "휴가 기간 동안 어디를 (갈) 계획이냐?"는 내용이므로 정답은 to go.

5. "나의 영어 선생님은 어제 나에게 영어로 프레젠테이션을 해보라고 (격려)하셨다."는 내용이다. 보기 중 남아 있는 단어는 encourage인데, 위 4문제들과는 다르게 이번에는 문장의 본동사 자리임에 주의해야 한다. 본동사 자리는 수일치나 시제, 태 등에 주의해야 하므로, yesterday를 놓쳐서는 안 된다. 즉, 시제를 과거시제로 표현하라는 문제이므로 encouraged가 정답.

6. To 부정사가 주어로 쓰였고, 내용이 영어 일기를 쓴다는 내용을 to 부정사의 명사적 용법 - 주어로 마무리해야 한다. write도 될 수 있겠으나, 무엇인가를 오랫동안 지속적으로 기록, 관리해 나가는 뉘앙스의 영어단어는 keep이 더 적합하다.

7. 그가 친절하다고 생각하는 판단의 근거를 설명하는 to 부정사의 부사적 용법이다. to help me라고 마무리한다.

8. 그녀가 자라서 과학자가 된 것은 "결과"이다. 즉, to 부정사의 부사적 용법이다. 그러므로 to be로 마무리한다. (이 문장을 과학자가 되기 위해서라고 해석하는 경우가 많을 수 있는데, 동사 자체가 "자랐다(grew up)"이므로 "성장했다"는 것은 주어(She)의 "의지(~하기 위해서)"와는 무관함을 알 수 있다. 그러므로, 1차적으로 성장을 했고, 결과적으로 과학자가 되었다는 흐름으로 이해해야 한다. She tried hard to be a scientist. 이 문장이 과학자가 되기 위해 노력했다는 내용일 것이다.

9. to 부정사의 부사적 용법의 대표적 해석법인 "목적"이 나왔다. to pass the test로 마무리한다.

10. "영어를 배우는 것은 어렵다"라고 해석되어 있어서, 주어를

English로 쓰게 되면 뒤의 빈칸들 처리가 곤란했을 것이다. 그러므로, 이번 경우에는 가주어, 진주어를 이용해야 한다. 그럼 정답과 같이 영작할 수 있겠다.

11. "넌 결혼하기엔 너무 어려." 즉, 너무 어려서 결혼할 수 없다는 내용이다. 그렇다면 "too~ to 동사원형"의 부정 의미를 이용한다. too young to marry(너무 어려서 결혼할 수 없다).

12. 주어 My car를 뒤에서 수식하는 to 부정사의 형용사적 용법이다. 차와 수리하다(fix)의 관계를 따져보면 차는 수리하는 것이 아니라 수리되는 것이므로, 수동태(be+p.p)임을 알 수 있다. 그러므로, to be fixed의 형태로 써야 하는 조금 어려운 문제이다.

13. hit the book은 열심히 공부한다는 의미이다. if 절의 구조는 주어(You) 뒤의 동사 자리인데 "성공하려 한다면"이므로 동사는 want가 될 것이고, want는 to 부정사를 목적어로 취하는 대표적 동사이므로 want to라고 쓰면 된다.

14. 앞의 명사 many children을 뒤에서 수식하는 to 부정사의 형용사적 용법이다. "돌보다"라는 동사(숙어)는 take care of 이다.

15. "그가 너를 돕는 것이 불가능하다"라는 문장이라서 주어를 he 라고 쓰면 뒤의 빈칸들을 채우는 것이야말로 불가능할 것이다. 그러므로 가주어, 진주어를 다시 한번 써야 할 것이며, to 부정사의 의미상 주어를 명시해야 한다. It is impossible for him to help you.

16. "이 이미지는 당신이 양치를 해야 함을 상기시켜 준다"는 내용이므로 remind A to B의 패턴(A에게 B를 상기시키다)이며, to brush를 써준다.

17. 주어가 "그녀가"라고 되어 있다고 해서, She를 썼다면 역시 뒤의 남아있는 빈칸들을 채우는 것이 불가능함을 알 수 있었을 것이다. 그러므로 가주어, 진주어 패턴을 이용해서 마무리하면 정답과 같다.

18. "목적어(그)가 목적보어(오다)를 기대한다"는 내용인데 본동사가 expect 일반 5형식 동사이므로, 목적보어 자리에는 to 부정사의 형태로 마무리해야 한다. 그럼 him to come이 될 것이다.

19. 앞의 명사 someone을 뒤에서 꾸며주는 to 부정사의 형용사적 용법이며, 동시에 "의지하다"는 의미의 단어를 알고 있는지 묻고 있다. 정답은 rely이다.

20. 앞의 명사 chair를 뒤에서 꾸며주는 to 부정사의 형용사적 용법이다. 앉다라는 동사를 to sit on까지 마무리해 줘야 한다.

왜냐하면 수식 대상인 앞의 명사를 to 부정사의 동사와 결합시켜 보면 to sit the chair (X), to sit on the chair(O)이기 때문이다.

E

1. ① 2. ④ 3. ② 4. ② 5. ②, ⑤ 6. ⑤ 7. ①, ③
8. ⑤
9. one knew how to solve it
    one knew how we should solve it
10. Jack jogs every morning in order to stay healthy
    Jack jogs every morning so that he can stay healthy
11. 1) He is tall enough to reach the ceiling
    2) Sally is not old enough to drive a car
    3) Jack is not brave enough to go into the Ghost House
12. ④
13. ① / ④
14. 1) to sit on
    2) to show you
    3) something delicious to eat
15. 1) it makes sense to buy a school uniform
    2) how to dispose of used cooking oil properly
16. 1) Jane was too busy to meet her friends
    2) The cat was small enough to pass the hole on the door
17. ⑤
18. 1) They are too young to understand it
    2) They are so young that they can't understand it

🏫 학교 기출 유형 해설

---

1. ① 문장의 주어는 She임을 알 수 있다. 문장 앞에 위치하여 to 부정사의 (명사적 용법 - 주어)라고 착각하기 쉬운 문제이며

그것을 노리고 출제한 문제이다. 정답은 (부사적 용법 - 목적). 이 문제를 틀린 학생들은 영어의 주어 찾기를 평소 더욱 연습해야만 앞으로 오류를 줄일 수 있을 것이다.

② 동사 expect 뒤의 to 부정사의 (명사적 용법 - 목적어)이다.

③ 동사 is 앞의 문장 전체의 "주어" 자리를 차지하고 있으므로, to 부정사의 (명사적 용법 - 주어)이다.

④ 동사 is 뒤에 위치하여 to 부정사의 (명사적 용법 - 보어)이다.

이것은 주어 My dream = to be a CEO의 등식 관계가 성립함으로서 이해될 수 있다.

2. ① 동사 is 앞의 to 부정사의 (명사적 용법 - 주어)이다.

② 동사 expects 뒤의 to 부정사의 (명사적 용법 - 목적어)이다.

③ 동사 is 뒤의 to 부정사의 (명사적 용법 - 보어)이다.

④ 앞의 명사 money를 수식하는 to 부정사의 (형용사적 용법)

3. ② 동사 is 뒤의 to 부정사의 형태가 "to+동사원형"이 아니므로 오류이다. 그러므로 to be로 고쳐야 한다.

4. 보기의 주어진 예시는, 앞의 명사 nothing을 뒤에서 수식하는 to 부정사의 (형용사적 용법)이다. 그럼 보기들 중에서 형용사적 용법을 찾아야 할 것이다.

하지만, ②번은 to 부정사의 (부사적 용법 - 이유)로서 자신이 왜 행복한지를 부연 설명하는 내용이므로 보기의 예문과는 다르다.

5. 보기의 주어진 예시는, 앞의 명사 places를 뒤에서 수식하는 to 부정사의 (형용사적 용법)이다. 그럼 보기들 중에서 형용사적 용법을 찾아야 할 것이다.

① 동사 love 뒤의 to 부정사의 (명사적 용법 - 목적어) 역할

③ 동사 start 뒤의 to 부정사의 (명사적 용법 - 목적어) 역할

④ 동사 want 뒤의 to 부정사의 (명사적 용법 - 목적어) 역할

6. ⑤ 앞의 명사 paper를 수식하는 to 부정사의 (형용사적 용법)인데, to write paper는 연결이 안 됨을 알 수 있다. 그러므로, to write on paper로 해보면 "쓸 종이"가 되므로, 전치사 on을 써서 형용사적 용법을 마무리해야 한다.

7. 보기의 주어진 to 부정사는 앞의 명사 chance를 수식하는 to 부정사의 (형용사적 용법)이다. "너를 더 잘 알 수 있는 기회"라고 해석된다.

② 그가 왜 행복한지를 설명하는 to 부정사의 (부사적 용법)

④ 주어와 동격관계가 성립하는 to 부정사의 (명사적 용법 - 보어)

⑤ 친구를 만나기 위해서라고 해석되는 to 부정사의 (부사적 용법 - 목적)

8. 보기의 주어진 예시는 to 부정사의 (부사적 용법 - 목적)임을 알 수 있다. "한국 역사를 더 배우기 위해, 그 장소들을 방문해 보는 게 어떨까?"라고 해석된다.

① to 부정사의 (부사적 용법 - 결과)

② to 부정사의 (부사적 용법 - 이유)

③ to 부정사의 (부사적 용법 - 판단의 근거)

④ to 부정사의 (명사적 용법 - 목적어)

9. 1) 주어가 (어느 누구도)이므로, 주어진 No를 이용한다면 No one으로 마무리한다. 동사는 알지 못했다(과거)이므로 knew가 될 것이다. 그리고 "어떻게 해결하다"이므로 how tosolve가 될 것이고, 그것을 이라는 목적어를 넣어주면 how tosolve it. 그럼 전체적으로 다시 영작을 마무리하면 → No one knew how to solve it.

2) 위 1번과 의미는 같지만, 달라진 점은 "의문사+S+V" 패턴을 다 쓰라는 점이다. "의문사+to 부정사"구를 의문사절로 풀어 쓰면 "의문사+주어+should+동사원형"의 패턴으로 전환되는지 여부를 묻고 있다. → No one knew how **we should** solve it.

10. 주어진 예문은 to 부정사의 (부사적 용법 - 목적)을

① 강조하는 패턴: **in order** to 동사원형

② so that 절: so that 주어+동사~~

위 두 가지 패턴으로 전환을 자연스레 할 수 있는지 묻고 있다. 그럼 위 ① 번 패턴으로는 나머지는 모두 동일하게 해 주고, to 부정사 앞에 in order만 넣어주면 된다.

→ Jack jogs every morning **in order** to stay healthy.

②번 패턴으로는 so that절 전환이므로 주어와 동사를 정확히 다 살려야 한다. 이때 주의할 점은 주어 선택과 동사의 시제 및 수일치에 주의해야 한다. 주어가 Jack이므로 대명사 he로, 본동사가 jogs이므로 현재시제임을 알 수 있다. 그렇다면 → Jack jogs every morning so that he **can** stay healthy.

11. 1) enough 부사의 특성을 묻고 있다. enough은 형용사와 부사로 쓰일 수 있고, 형용사로 쓰이는 경우는 enough money처럼 명사를 앞에서 수식한다. 하지만, 부사로 쓰이는 경우에는 일반적 부사의 위치와는 다르게, 뒤에서 수식하게 되어 있다. 그럼 1)번 문제처럼 키가 큰 (tall)을 꾸미기 위해 충분히 키가 큰이라고 하려면 enough tall이 아니라 tall **enough**의 패턴으로 수식해야만 한다. 그리고 "~하기에 충분히"라고 쓰려면 to 부정사를 결합시켜서 tall **enough to**~라고 전개된다. 그럼 정답은 → He is tall enough to reach the ceiling.

2) 위 1)번 문제 "설명"을 그대로 적용해 보면, 정답과 같다.

3) 위 1)번 문제 "설명"을 그대로 적용해 보면, 정답과 같다.

12. 보기의 해석은 "내가 청소를 끝냈을 때, 나는 너무 피곤해서 운동을 할 수 없었다"이므로, 너무 ~해서 ~할 수 없다는 "too~ to 동사원형" 패턴도 있고 "so~ that S can't+동사" 패턴도 있다. 하지만, 주어진 보기의 빈칸 뒤에는 주어 (I)와 동사 (couldn't exercise)가 있으므로, so~ that 구문을 선택한다.

13. 보기의 주어진 예시는 to 부정사의 (부사적 용법 - 목적)임을 알 수 있다. "택시를 잡기 위해"라고 해석된다.

② to 부정사의 (부사적 용법 - 결과)

→ Jane은 일어나 보니 그녀가 시험에 통과했음을 알게 되었다.

③ to 부정사의 (부사적 용법 - 판단의 근거)

→ 내가 내 안경에 앉다니 너무 어리석었다.

⑤ to 부정사의 (부사적 용법 - 조건)

→ 솔직하게 말한다면, 그녀는 그를 사랑하지 않아.

14. 1) 앞의 명사 chairs를 수식하는 to 부정사의 (형용사적 용법)인데, to sit chairs는 연결이 안 됨을 알 수 있다. 그러므로, to sit on chairs로 해보면 "앉을 의자"가 되므로, 전치사 on을 써서 형용사적 용법을 마무리해야 한다.

2) 앞의 명사 pictures를 수식하는 to 부정사의 (형용사적 용법) 이므로, to show you라고 해야 한다. → 나는 너에게 보여주기 위한 그림들을 가지고 있다. showing you는 "너에게 보여주는"이라는 해석이 되므로 어색하다.

3) → 먹기에 맛있는 어떤 것을 만들어 보자. 우선 Let's make something이 1차적 영작일 것이다. 하지만, 여기서 주의해야 할 점은 -thing로 끝나는 명사류를 형용사가 꾸밀 때 어순에 주의해야 한다. 이런 명사들은 something, anything, nothing, everything 같은 명사들이 있고, 이들을 형용사가 꾸밀 때는 반드시 뒤에서 꾸미게 되어 있다. 그러므로 Let's make delicious something이 아니라 Let's make something delicious to eat으로 마무리되어야 한다.

15. 1) → 나는 어디로(학교) 가는지 알기도 전에, 교복을 사는 것은 말이 안 된다고 생각한다.

우선, I don't think 뒤에는 접속사 that이 생략되어 있음을 인지할 수 있어야 한다. 접속사가 생략 되어 있어야만, 보기에 주어진 단어들 중에서 makes라는 동사의 영작이 가능할 수 있기 때문이다. (접속사+주어+동사…이므로) 그리고, 목적어절

을 이끄는 접속사 that은 생략 가능하다. that이 생략되었음을 인지하였다면, 그 다음은 that절 안에서 주어+동사의 구조를 맞추는 것이다. 그런데 주어진 동사가 makes이므로 주어가 <단수>가 되어야 함을 알 수 있다. 그렇다면 보기 중의 단수 명사는 it이 존재하므로, it makes sense to buy a school uniform이 영작된다. 여기서 it은 역시 가짜 주어가 되고, 진짜 주어는 뒤의 "to 부정사구"이다.

2) → 그 나이 든 요리사는 그녀에게 어떻게 사용된 기름을 적절히 처리하는지를 충고해 주었다. 우선, 전치사 on 뒤의 구조를 정리해야 하는 문제임에 집중한다. 전치사 뒤에는 명사가 와야 하지만, 주어진 단어들을 보았을 때 단순 명사로 정리되지 않음을 알 수 있다. 그럼 전치사 뒤에 "명사구" 또는 "명사절"이 올 수 도 있음으로 확장시켜 접근한다. 내용상 "how to 동사원형" 패턴임을 이해할 수 있다. 그리고 dispose of가 ~을 처리, 처분하다라는 동사이므로 how to dispose of~~패턴의 영작이 가능하다. 사용된 기름이므로 cooking oil 앞에서 used를 써주면 how to dispose of used cooking oil properly로 마무리될 수 있다. 이러한 문장 형태는 to 부정사가 의문사와 종종 결합하여 쓰이는 관용적 표현인데, 사실상 의문사절을 줄여 쓴 형태이다.

16. 우선, 보기의 예시를 잘 이해하고 풀어야 한다.

첫 번째 예문은 so~ that~ not 즉, <부정문> 패턴이다.

두 번째 예문은 so~ that~ 즉, <긍정문> 패턴이다.

그러므로 각각의 경우에 맞는 예문을 알맞게 변형하라는 문제이다.

1) 부정문 예문이므로 too~ to 구문으로 변환한다.

2) 긍정문 예문이므로 enough to 구문으로 변환한다.

그럼 정답과 같이 영작될 수 있겠다.

17. ⑤ 그는 너무 똑똑하여 그 문제를 풀 수 없다?는 의미가 어색하다.

He is so smart that he can solve the problem으로 바꿔야 한다.

18. 1) too~ to 구문 영작

주어 (they)를 먼저 써주고 동사 (be)는 활용한다. 그리고 어린 (young) 형용사 보충어를 먼저 연결시키면 → They are young으로 1차 완성이 된다. 하지만, "너무 어려 그것을 이해할 수 없다"라고 마무리해야 하므로 → They are **too** young **to understand it**을 추가시킨다.

2) so~ that 절 영작

위 1)번 문제 "설명"과 똑같은 절차를 거쳐서 → They are young으로 1차 완성시킨다. 하지만, "너무 어려 그것을 이해할 수 없다"라고 마무리해야 하므로 → They are **so** young **that they can not understand it**을 추가하여 마무리한다.

동명사

A

1. moving 2. losing 3. studying 4. talking

1. 동사 mind는 동명사(R-ing)를 목적어로 취함 (단순 암기)

2. 동사 admit는 동명사를 목적어로 취함
3. 동사 suggest는 동명사를 목적어로 취함
4. 내용상 전화를 받기 위해서 ~하던 것을 멈춘 것이므로 -ing 선택

B

1. going 2. painting 3. opening 4. writing 5. talking
6. smoking 7. sleeping → sleeping car 침대칸
8. driving → feel like ~ing ~하고 싶다 9. reading 10. going
11. eating 12. is 13. writing 14. saving 15. is

1. 내 취미는 여행 가는 것인 동격관계가 성립해야 하므로 동명사 선택.
2. 동사 enjoy는 동명사를 목적어로 취함.
3. 동사 mind는 동명사를 목적어로 취함.
4. 전치사 뒤에는 명사가 와야 하는데, 동사 write이므로 동명사

로 전환.

5. 전치사 뒤에는 명사가 와야 하는데, 동사 talk이므로 동명사로 전환.

6. 주어 자리에 동사 smoke가 왔으므로, 동명사로 전환.

7. 동명사는 목적, 용도를 의미함 (a car for sleeping: 수면 칸)

8. 관용적 표현이므로 단순 암기. feel like -ing

9. 관용적 표현이므로 단순 암기. be worth -ing

10. 관용적 표현이므로 단순 암기. no use -ing

11. 동사 suggest는 동명사를 목적어로 취함.

12. 동명사구가 주어로 쓰인 경우, 단수 취급하므로 is.

13. 동사 finish는 동명사를 목적어로 취함.

14. 동사구(숙어) give up은 동명사를 목적어로 취함.

15. 동명사구가 주어로 쓰인 경우, 단수 취급하므로 is.

C

1. enjoys her playing / piano
2. him (his) giving up
3. is busy reading
4. looking forward to meeting
5. having been fixed

해설

1. enjoys의 목적어가 playing인데, 피아노 치는 주체가 그녀이므로 동명사의 의미상 주어인 her를 동명사 앞에 위치시킨다.

2. forgive는 동명사를 목적어로 취하므로, give up이 위치하게 되고 그런데 시험을 포기한 주체는 "그"이므로 동명사의 의미상의 주어인 목적격 (소유격)을 동명사 앞에 위치시켜서 마무리한다.

3. be busy -ing는 "~하느라 바쁘다"는 동명사 파트의 가장 기초적인 관용적 표현이므로, 바로 암기하자.

4. look forward to -ing가 ~을 기대하다라는 뜻인데, 이미 are이라는 be 동사가 자리잡고 있으므로, look의 형태를 -ing를 붙이면 진행형이 된다. 그리고 해석도 "기대 하는 중이다"라고 진

행형임을 의미하고 있으므로, 위 정답처럼 영작을 마무리하자.

5. 고난도 영작 문제이다. 동명사를 쓰는 것은 기본이지만, 한 시제 더 앞선 행위를 표현해야 한다.

D

* 틀린 곳 없는 번호: (3, 9, 10번)

1. are → is
2. to release → releasing
3. 틀린 곳 없음
4. are → is
5. to trying → trying 그것을 풀려고 노력해봤자 소용없다
6. being → is 나의 마음을 그녀에게 표하는 것은 쉽지 않다
7. to write → writing
8. enjoy → enjoys (enjoyed) 그 선생님은 그가 피아노 치는 것을 즐긴다(즐겼다)
9. 틀린 곳 없음
10. 틀린 곳 없음, 그들은 그가 그 시험을 통과하기를 기대하고 있다
11. The P.E teacher enjoyed his (him) playing soccer
12. I remember Jack (Jack's) taking my computer
13. He forgot her bring the books
14. Dad is proud of my(me) passing the test
15. Sam objected to his (him) meeting her
16. David is afraid of losing her

해설

1. 동명사구가 주어로 쓰인 경우에는 단수 취급해야 한다.

2. postpone (연기하다, 미루다) 동사는 -ing를 목적어로 취함.

3. can't help -ing는 ~하지 않을 수 없다라는 뜻인데, 이번에는 could가 쓰였으므로 ~하지 않을 수 없었다라고 해석한다.

4. 동명사구가 주어로 쓰인 경우에는 단수 취급 해야 한다.

5. It is no good (=use) -ing (~해봤자 소용없다)는 숙어

6. 문장의 동사가 없는 형태이므로 동명사 주어에 맞게 동사 is 선택.

7. 동사 finish는 동명사를 목적어로 선택.

8. 주어 teacher는 3인칭, 단수이므로, enjoys 또는 enjoyed로 수정.

9. 동사 mind는 동명사를 목적어로 선택.

10. 전치사 to는 동명사 passing을 목적어, him을 의미상 주어로 취함.

11. 동사 enjoy가 동명사를 목적어로 선택, his를 의미상 주어로 취함.

12. remember가 동명사 목적어를 선택, Jack을 의미상 주어로 취함.

13. 동사 forgot이 동명사 목적어를 선택, her을 의미상 주어로 취함.

14. 동사구 be proud of가 동명사 선택 후 me를 의미상 주어로 취함.

15. 동사 object to가 동명사를 선택 후 his를 의미상 주어로 취함.

16. 동사구 be afraid of가 동명사를 목적어로 선택함.

E

1. ⑤
2. ③
3. ③, ⑤
4. ④
5. ④
6. his car having been stolen
7. 1) could not help helping their enemy
   2) tried to
8. 1) telling what to do
   2) being told what to do
9. keeps practicing
10. Jack has a strong fear of his friend disappearing

🏛 학교 기출 유형 해설

1. ① enjoy는 동명사를 목적어로 취하므로 reading으로 수정.
   ② enjoy는 동명사를 목적어로 취하므로 swimming으로 수정.
   ③ enjoy는 동명사를 목적어로 취하므로 watching으로 수정.

④ love는 동명사 또는 to 부정사를 목적어로 취하므로 loves to meet 또는 loves meeting으로 수정할 수 있고 어떤 것을 취하든 의미상의 차이는 없음.

2. 보기에서 동사 enjoy는 동명사를 목적어로 취하고, want는 to 부정사를 목적어로 취하므로 정답은 ③번.

3. ③번은 "분사구문", ⑤번은 "현재분사"이다. 분사구문은 줄여서 쓴 형태이며, 현재분사는 명사를 수식하는 형용사와 같은 역할을 수행한다. 중3 기출문제 유형이므로, 분사구문, 동명사, 분사의 형태가 똑같이 생겼음을 이용해서 출제하였다. 우리 책에서는 앞으로 배울 예정이지만, 위 두 개는 분명 우리가 이번에 학습했던 동명사와 같은 역할을 수행하지는 못함을 이해할 수 있을 것이다.

4. ④번 문장의 동사 refuse는 to 부정사를 목적어로 사용한다.

5. 내용상 알맞은 것을 선택해야 하므로, 독해를 정확히 해야 할 것이다. 첫 번째 선택 문제는 내용상 소포를 보내기 위해 우체국에 갔다는 내용이 되므로, to 부정사(부사적용법-목적)을 선택해야 한다. 두 번째 문제는 동사 forget 뒤에 올 수 있는 형태를 묻고 있다. forget 동사는 뒤에 to 부정사와 동명사 둘 다 올 수 있으므로, 결국 각각의 정확한 해석 암기 여부를 묻고 있다. to 부정사가 오면 "~해야 할 것을 잊었다"가 되고, ~ing가 위치하면 "~했던 것을 잊었다"가 되므로, 본문 내용상 전화기를 들고 와야 하는 것을 잊은 것이므로 to bring을 선택해야 한다. 세 번째 문제는 동사 try 뒤의 적절한 형태를 묻고 있다. 하지만, try 동사도 뒤에 to 부정사와 동명사 둘 다 올 수 있으므로, 결국 각각의 정확한 해석 암기 여부를 또 다시 묻고 있다. to 부정사가 오면 "~하기 위해 애쓰다, 노력하다"가 되고, ~ing가 위치하면 "시험삼아 한번 해 보다"라는 의미이다. 내용상 기억하려고 애쓰고 노력한 것이므로 to remember를 선택해야 한다.

6. 동명사의 시제와 태를 동시에 묻고 있는 고난도 문제이다.
   그의 차는 그가 충격받은 시점(과거)보다 한 단계 전(대과거) 시점에서 이미 도난당한(수동) 것임을 캐치해야 한다. 전치사 for는 이유를 나타내는 전치사이다. 즉 ~때문에 충격받았다는 내용이다. 그럼 이제부터 순차적으로 풀어 보면, for는 전치사이므로 동사를 쓰려면 동명사로 위치해야 한다.
   그럼 for being stolen (수동)의 개념을 우선 떠올린 후 동명사의 "의미상 주어"는 (소유격 또는 목적격)으로 표현할 수 있으므로 for his car (목적격 형태)로 살려낸다면 for **his car** being stolen이 될 것이다. 하지만, 그 전에 도난당한 것이므

로 동명사의 완료형 (having p.p: 본동사 시점보다 한 시제 더 앞
선다는 것을 의미)으로 마무리한다면 for his car having
been stolen으로 마무리 된다.

having p.p → 동명사의 시제 표현법

+be p.p→ 수동태 패턴 결합

= having been p.p로 마무리한다.

7. 동명사의 관용적 표현들에 대한 암기 여부를 묻고 있다.

1)번 문제는 "~하지 않을 수 없다(~할 수밖에 없다)"는 표현을 묻
고 있으며 보기에도 관련 표현 단어 힌트를 주고 있다. 위 표현
은 "can not help ~ing" 패턴을 요구하는 것이다. 그렇다면 ~
할 수밖에 "없었다"이므로, 시제를 (과거)로 마무리해야 한다.
그럼 "could(과거형) not help ~ing" 패턴이 될 것이고, 정답
과 같이 마무리된다.

2)번 문제는 "~하려 노력하다, 애쓰다"이므로, try to가 정답
이다.

8. 동사 like는 뒤에 to 부정사와 동명사 모두를 선택할 수 있으
며, 의미상의 차이는 없다. 그러나 문제에서 주어진 조건은 단
어 수의 제한을 보여주고 있다. 그리고 말하는 것을 좋아하지
않는다와 말을 듣는 것을 좋아하지 않는다라고 제시함으로서,
능동문과 수동문으로 각각 다르게 영작하도록 요구하고 있다.
그럼 제한된 칸수를 이용한다면, 결국 "동명사"패턴이 와야 함
을 알 수 있다. 그러므로 1)은 telling what to do와 같이 능
동, 2)는 being told what to do와 같이 수동으로 마무리된
다.

9. 주어 he는 세계적인 요리사가 되기 위해서 지금 연습을 계속
하고 있는 중이라는 의미이므로, 수일치에 주의하여 keeps
practicing으로 마무리한다. 동사 keep ~ing는 ~을 지속, 계
속하다라는 표현이다.

10. Jack이 두려움을 가지고 있다라는 방식으로 해결되어야 할 것
이다. 주어진 활용 가능한 동사가 has이기 때문에, 주어진 국
어 해석은 의역된 것으로 이해해야 한다. 그러므로, Jack has
a strong fear of~까지가 1차적 영작이 될 것이다. 그다음 전
치사 뒤의 구조를 "친구가 사라지다"라는 내용을 넣어서 정리
해야 하는데, 사실 사라지다 disappear는 (동사)이므로 전치
사 뒤에는 동명사로 활용하고, 그의 친구가 사라지는 것이므로
동명사의 (의미상 주어)를 넣어서 마무리하면, 정답과 같이 영
작할 수 있겠다.

분사

A

1. exciting 2. broken 3. walking 4. turned

해설

1. 축구 경기 그 자체가 흥미진진하므로 exciting (능동)을 선택.

2. 차량이 고장 난 (부서진) 것이므로 broken (수동)을 선택.

3. 지각동사(see)의 목적어(him)이 걸어다니는 중(진행)이므로 -
ing.

4. with 부대 상황이며, TV는 켜는 게 아니라 켜진 것이므로 p.p
선택.

B

1. exciting 2. tired 3. boring 4. loved 5. bored
6. exciting 7. interested 8. found 9. written 10. laughing
11. welcomed / cheering 12. used / stolen
13. are reading / written 14. led / exciting 15. eating

해설

1. 주어이자 수식 대상인 월드컵 그 자체가 exciting했으므로 -
ing선택.

2. 주어인 You가 피곤한 듯 보이는 것이므로, p.p 선택.

3. 영화 그 자체가 지루한 것이므로 -ing 선택.

4. He는 모두에 의해 사랑받는 것이므로 p.p 선택(수동태 패턴).

5. 주어인 You가 지루한 듯 보이는 것이므로 p.p 선택.

6. 주어인 야구 경기가 흥미진진하므로 -ing 선택.

7. 나의 이모(고모)가 ~에 관심이 있는 상태이므로 p.p 선택.

8. 많은 두개골들이 발견 된 것이므로 p.p 선택(수동태 패턴).

9. 영어로 쓰여진 편지이므로 p.p 선택.

10. 그녀가 웃고 있는 중이므로 -ing 선택(현재 진행형 패턴).

11. 한국팀이 환호하는(-ing) 군중들에 의해 환영받는(p.p) 상황임.

12. 동사 자리는 능동을 선택하고, 차량은 도난된 것이므로 p.p 선택.

13. 쓰여진(p.p) 책을 읽고 있는 중이므로 (be -ing: 진행) 선택.

14. 교생 선생님에 의해 이끌어지는 수업(p.p)이 흥미진진하므로 --ing.

15. 멤버들이 특별 메뉴를 먹고 있는 중이므로 -ing 선택.

C

1. interested 2. exhausted 3. confusing 4. annoying
5. spelled6. spoken 7. was taken 8. interesting
9. satisfied 10. biting

1. 내가 ~에 관심이 있는 상태이므로 p.p 선택.

2. 내가 피곤한 상태이므로 p.p 선택.

3. 혼돈을 주는 단어들이므로 -ing 선택.

4. 그 소리가 매우 성가신 것이므로 -ing 선택.

5. 이름 철자법이 어떻게 되는지 묻고 있으므로 p.p 선택.

6. 영어가 사용 되는 것이므로 p.p 선택.

7. 이 사진이 찍힌 것이므로 p.p 선택.

8. 그녀의 강의 그 자체가 꽤 흥미로운 것이므로 -ing 선택.

9. 그가 매우 만족스럽게 느끼는 상황이므로 p.p 선택.

10. 그 개가 그녀의 다리를 무는 행위이므로 -ing 선택.

D

1. delivered 2. sitting 3. designated 4. invented 5. sold
6. built 7. writing 8. crying 9. fried 10. exciting
11. drunk 12. developed 13. preferred 14. wearing
15. written 16. limited 17. damaged 18. made
19. laughing(laugh) 20. encouraging

1. 책들이 그 차량에 의해서 배달 된 것이므로 p.p 선택.

2. 그 남자가 잔디에 앉아있는 중이므로 -ing 선택(뒤에서 수식).

3. 지정되어 있는 장소에 주차를 하는 것이므로 p.p 선택.

4. 새 도구가 그에 의해 발명된 것이므로 p.p 선택.

5. 나의 집이 팔리는 것이므로 p.p 선택.

6. 그 집이 전쟁 직후에 지어진 것이므로 p.p 선택.

7. 그 학생이 편지를 쓰는 것이므로 -ing 선택(뒤에서 수식).

8. 아기가 울고 있는 중이므로 -ing 선택.

9. 치킨이 튀겨 진 것이므로 p.p 선택.

10. 올림픽 게임이 흥미진진하므로 --ing.

11. 그가 술에 취한 상태이므로 p.p 선택.

12. 미국은 세계에서 발전된 나라(선진국)이므로 p.p 선택(완료된 상태).

13. 지하철은 선호되는 교통수단이므로 p.p 선택.

14. 안경을 착용 중인 소녀이므로 -ing 선택.

15. 글로 쓰여진 동의서(서면 동의서)이므로 p.p 선택.

16. 제한된 상품을 가지고 있으므로 p.p 선택.

17. 손상된 제품이므로 p.p 선택.

18. 유명한 회사에 의해 만들어진 가구이므로 p.p 선택.

19. 소년이 웃고 있는 중이므로 -ing 또는 지각동사이므로 동사원형 가능.

20. 고무시키는(격려해 주는) 소식이므로 -ing 선택.

E

1. ③
2. ①
3. ①
4. has a little cat called Lion
5. ④
6. ②
7. 1) wrapped 2) counting 3) dying 4) surrounded
8. 1) waiting 2) broken 3) ripped
9. saw the general walking (walk) his gorgeous dog
10. boring
11. were / appreciated
12. approached
13. suspecting
14. using
15. interested
16. complicated / embarrassed
17. developed / visited
18. heard
19. focused
20. relieved
21. approaching
22. embarrassing
23. shocked / breaking
24. returned
25. yawning

🏫 학교 기출 유형 해설

1. ③번은 다른 보기들과는 달리 try 동사 뒤의 동명사이다. 나머지는 현재분사로서 명사를 수식하고 있다.
2. ①번은 "Jane이 요리하고 있는 중이다"라는 내용으로서, 현재분사로 쓰여 be 동사와 결합하여 "진행시제"를 나타내고 있다. 나머지 보기들은 전부 동명사로 쓰여서, 각각 주어, 목적어, 보어로 사용되고 있다.

3. ①번은 뒤에서 앞에 있는 명사 a boy를 후치수식하고 있는 현재분사인데, 나머지 보기들은 동명사로 쓰였음을 알 수 있다.
4. 우리말 국어에서 ~라고 불리는 고양이에 주의해야 한다. 우선 주어 David, 동사 has(활용), 목적어 a little cat을 써 준 다음, 뒤에서 고양이를 꾸며주는 called Lion을 완성시켜 주면 되는 비교적 단순한 스타일 문제이다.
5. A) 목적어 my name은 "불려지는 것"(수동)이므로 called.
   B) 주어 The book은 "구매된 것"(수동)이므로 bought.
   C) 당신은 "피곤해 보이는 것"(수동)이므로, tired.
   D) 목적어 her은 무대에서 춤을 추는 것(능동)이므로 dance 또는 dancing 둘 다 가능(본동사가 지각동사이므로).
   F) 주어의 형태가 이상함을 알 수 있다. 우선 간단히 주어는 The boy이며, 뒤에서 reading the newspaper를 사용하여 주어를 꾸며주면 오류가 없는 형태가 된다.
6. * 올바른 문장 두 개는 ⓑ, ⓕ이다.
   ⓐ 목적어 my car와 repair 수리하다의 관계는 수동: repaired.
   ⓒ bus와 crowd의 관계는 수동: crowded(버스가 북적거리게 하는 것이 아님).
   ⓓ tunnel이 단수이므로 was로 수정해야 한다.
   ⓔ 내가 수학에 관심이 있는 상태이므로 interested로 수정한다.
   　즉, 수학 자체가 interesting하며, 나는 수학에 의해 interested된 상태이다.
   ⓖ 동사가 are read의 형태로 되어 있는데, 우선 동사가 2개인 오류로 보여지거나 또는 be p.p 수동태인 것으로 보여진다. 수동태라고 가정하면 주어인 We가 읽혀지는 것이 아니므로 불가능하다. 그럼 be 동사를 이용하여 올바른 문장으로 만들려면, We are reading의 "진행형" 형태로 수정해야 한다.
   ⓗ 주어는 The man이고 동사는 is이다. 그럼 sit은 동사의 형태이므로 불가능한 구조이다. 그러므로 뒤에서 The man을 수식하는 형태로 마무리하면 sitting으로 수정해야 한다.
   ⓘ 내가 놀라게 하는 것이 아니라 지금 당신이 말하는 것을 들어서 놀란 게 된 것이므로 surprised로 수정해야 한다.
7. 1) 책은 포장된 것이므로 수동 p.p
   2) 작은 아이가 연못의 금붕어를 헤아리고 있으므로 능동 -ing
   3) 나무들이 가뭄으로 죽어가는 중이므로 -ing
   4) 여자아이가 낯선 사람들에 의해 둘러싸여진 것이므로 수동 p.p

8. A) 동사 keep의 목적어인 me가 기다리는 것이므로 -ing 선택

   B) glass가 깨어진 것이므로 p.p 선택

   C) 목적어 book은 찢겨진 상태이므로 p.p 선택

9. 지각동사 see를 활용하는 5형식 영작 문제이다. 목적어는 장군(the general), 목적보어는 산책시키다이므로 능동이다. 그러므로 walk 또는 walking이 되며, 세부 내용은 정답과 같다.

10. 주어인 그 영화가 "지루한 것"이므로 능동 -ing(반대로 주어가 사람들이었다면 "지루한" 영화에 의해 "지루해 지게 된 것"이므로 p.p를 쓰면 된다).

11. ▶ 해석: 그가 연구에서 행한 많은 노력들이 마침내 인정받았다.

    많은 노력들이 주어이므로 첫 번째 빈칸은 복수동사 were를 선택하고, appreciate는 인정하다는 뜻을 가진 동사인데 분사로 활용되는 자리이며, 노력들이 인정하는 것이 아니라, 노력들은 인정받는 것이므로 수동 p.p 선택.

12. 빈칸은 동사 자리이므로 주어인 hurricane이 마을로 접근한 것이므로 과거형 approached를 선택(즉, 분사 문제 아님).

13. ▶ 해석: 그들을 의심하는 많은 사람들이 믿고 있는 많은 소문들이 있다.

    구조적으로 상당히 복잡하고 조심해야 하는 고난도 문제이다. 우선 구조를 분석해보면, 주어 so many rumors, 동사 are의 관계가 역으로 형성되는 there 구문(1형식 문장) 패턴임을 알 수 있다. 그럼 rumors 뒤의 that은 "많은 사람들이 믿고 있는"이라고 해석된다. 그럼 전치사의 목적격 관계대명사라고 이해되고 선택형 괄호는 "많은 사람들"을 뒤에서 "그들을 의심하는"이라고 해석되는 수식 부분임을 알 수 있다. 그들을 의심하는 것은 능동이므로(의심받는 게 아니므로) -ing 선택.

14. 문장의 주어는 many Koreans이고 동사는 are worried이다. 그럼 중간의 선택형 문제는 분사 문제이고, 많은 돈을 사용하는 한국인들이 되어야 하므로 -ing 선택.

15. be interested in을 become interested in으로도 쓸 수 있다. 주어가 ~에 관심이 있다는 표현을 쓸 때 자주 쓰는 표현이므로 암기해 두고, interesting을 쓰지 않도록 주의하자.

16. ▶ 해석: 그 시험은 너무 복잡해서 많은 학생들이 당황했다.

    문장의 기본 주요 구조는 "so~ that 주어+동사" 구문이다. 해석의 큰 틀은 "너무 ~해서 ~하다"라고 되며, 선택 문제는 우선 복잡한 시험 (복잡하게 하는 시험이 아님)이므로 p.p를 선택하고, 많은 학생들이 당황하게 된 것이므로(당황하게 하는 것이 아님) p.p 선택한다.

17. 프랑스라는 나라는 상대적으로 "발전된" 국가 (선진국)이므로 p.p를 선택하고, 그 나라는 종종 방문되는 국가이므로 역시

p.p를 선택한다.

18. 현재완료(have p.p) 의문문 패턴임을 알 수 있다. 주어 앞으로 have가 이동해서 나갔으며, 주어 you 뒤의 선택형 문제 자리는 p.p 자리임을 알 수 있다. 그럼 정답은 heard (p.p)를 선택.

19. 주어 That이고, 동사는 made이다. 주어가 나를 그 문제에 매우 집중되게 한다는 내용이므로 p.p이다(주의: 내가 집중하는 것이라고 생각해서 focusing을 선택할 수 있는데, 내용적 설명으로는 위와 같고, 문법적 설명으로는 focusing은 능동의 형태이므로 뒤에 "목적어"가 와야 한다).

20. ▶ 해석: 그녀는 그 소식을 들은 후에 꽤 마음이 편해졌다.

    그녀는 그 소식을 듣고 매우 안도한 상태이므로 p.p를 선택(그녀가 누군가를 안도시키는 것이 아님).

21. 폭풍우를 수식하는 자리이며, 폭풍우가 다가오는 것이므로 -ing.

22. 주어인 It이 무엇인지는 알 수 없으나, 매우 당황스럽게 만드는 것이므로 -ing 선택.

23. 주어인 He가 뉴스 속보에 의해서 충격을 받은 상태(수동)이므로 p.p를 선택한다. 그리고 뉴스 속보는 breaking news라고 쓴다.

    예를 들어, 정규방송이 진행 중임에도 그 방송을 끊고 들어오는 것이므로 (능동) breaking 선택.

24. 선택형 문제 자리는 주어 he 다음의 동사 자리임을 알 수 있으므로, 그냥 동사형을 선택한다.

25. 여자 아이가 하품을 하는 것이므로 능동과 진행의 의미인 -ing 선택.

Ch 09
분사구문

A

1. Missing 2. singing 3. Not having eaten 4. having tried
5. bandaged

해설

1. 주어가 생략되었다는 것은, 주절의 주어 they와 같다는 의미이므로 그들이 고향을 매우 많이 "그리워하는 것(능동)-"이므로 -ing.
2. 주절은 He was walking down the street까지이며, 그가 노래를 크게 "부르면서(능동)" 걸어간 것이므로 -ing.
3. 주절이 he looks really skinny이므로, 종속절의 주어는 he임을 알 수 있다. (주절과 종속절의 주어가 같을 때 생략하므로) 그런데 내용상 지난 2주 동안 어떤 음식도 먹지 않아서, 지금(현재) 정말 말라 보인다는 내용이므로, 종속절의 시제가 한 시제 먼저 일어난 것임을 알 수 있다. 그렇다면 분사구문에서 시제를 나타내는 방법인 "having p.p"를 써야 하고 또한 분사구문을 부정할 때 부정어 not의 위치는 분사구문 앞에서 부정하는 것이 원칙이므로 Not having eaten(과거에 먹지 않았다는 부정 의미)로 선택될 수 있겠다.
4. 거의 2년 동안 그 프로젝트를 완수하기 위해 매달렸기에(과거보다 이전의 일) 마침내 우리의 목표를 달성했다(과거)라는 내용이므로, 한 시제 앞선다는 것을 표현하기 위해 "having p.p"를 선택한다.
5. with 부대 상황 문제이다. with 부대 상황은 "with+명사+(-ing / p.p)를 선택하는 문제로서, 명사와의 관련성을 따져서 명사가 능동, 진행이면 "-ing", 수동, 완료이면 "p.p"를 선택하는 것이다. 예문의 명사는 "그의 눈들"이므로 붕대로 묶다, 감다라는 의미인 bandage 동사와의 관련성은 수동이므로 p.p를 선택해야 한다. 해석은 "눈을 붕대로 감은 채" 정도로 마무리한다.

B

1. selling 2. leaving 3. listening 4. Opening 5. having
6. turning 7. Born 8. employing 9. forgetting
10. pointing

해설

💡영작 중요 Tip

◆ 아래 문제들을 위한 < 분사구문 전환 필수 암기 / 이해 내용 >

먼저, 어느 쪽이 "종속절(접속사 포함)"인지 확인한 후, 주어가 없다면 주절의 주어와 같기 때문에 생략된 것이라고 이해한다. 그리고 그 주어가 능동적 행위자 인지 (-ing로 줄여 씀), 아니면 수동적 대상인지(p.p로 줄여 씀)를 확인한 후 최종 분사구문의 적합한 형태를 선택한다.

1. 생략된 주어인 cowboys들이 그들의 소를 판매한 능동적 행위이므로 -ing 선택.
   ▶ 해석: 카우보이들이 소들을 판 후에, 그들은 얼마나 많은 돈을 벌었는지 과시했다.
2. 생략된 주어인 The man이 그 사람을 내버려 두고 온 능동적 행위이므로 -ing 선택
   ▶ 해석: 그 남자는 규칙을 어겼던 그 사람을 버려진 땅에 데려가서, 그를 혼자 내버려 두고 떠났습니다.
3. 생략된 주어인 I가 나의 가장 좋아하는 노래들을 듣는 능동적 행위이므로 -ing 선택.
   ▶ 해석: 나는 내가 좋아하는 노래들을 들으면서 기분이 훨씬 나아진다.
4. 생략된 주어인 mom이 문을 여는 능동적 행위이므로 -ing 선택.
   ▶ 해석: 엄마가 문을 열었을 때, 엄마는 아들이 소파에서 잠자는 중인 것을 알았다.
5. 생략된 주어인 I가 해야 할 것들이 많다는 능동적 행위이므로 -ing 선택.
   ▶ 해석: 나는 해야 할 것들이 많아서 지금 쇼핑을 갈 수 없다.

6. 생략된 주어인 You가 우회전하는 능동적 행위이므로 -ing 선택.

   ▶ 해석: 당신은 첫 번째 모퉁이에서 우회전한다면 그 건물을 찾을 수 있을 것이다.

7. 생략된 주어인 he가 태어난 것이므로 수동인 p.p 선택.

   ▶ 해석: 그는 청각장애와 언어장애를 가진 채 태어났기 때문에, 그는 듣고 말하는 데 있어서 약간의 어려움이 있었다.

8. 생략된 주어인 Taji Mahal이 고용한 것이므로 능동인 -ing 선택.

   ▶ 해석: 인도의 타지마할은 20년 이상의 기간에 걸쳐서 건설되었고, 21,000명의 노동자들과 1,200마리 이상의 코끼리를 사용하였다.

9. 생략된 주어인 He가 파이를 깜박한 내용이므로 능동 -ing 선택.

   ▶ 해석: 그는 오븐 속의 사과파이는 잊은 채, 거기에 앉아서 TV를 시청하였다.

10. 생략된 주어인 Some people이 ~을 지적하는 내용이므로 능동인 -ing 선택

    ▶ 해석: 일부 사람들은 아이들은 언제나 서로를 놀려댄다고 지적하며, 이것이 큰 문제가 아니라고 생각한다.

C

1. Knowing 2. Singing 3. feeling 4. running 5. crossed

해설

1. 생략된 주어인 he가 정답을 아는 것이므로, 능동 -ing 선택.

   ▶ 해석: 그는 그 질문의 답을 알았지만, 그것을 나에게 말하지 않았다.

2. 생략된 주어인 we가 노래를 부르는 것이므로, 능동 -ing 선택.

   ▶ 해석: 우리는 함께 노래를 부르며, 축제에서 좋은 시간을 보냈다.

3. 생략된 주어인 Mr. Kim이 몸이 좋지 않다고 느낀 것이므로, 능동 -ing 선택

   ▶ 해석: Mr. Kim은 몸이 매우 좋지 않다고 느껴서, 그는 일찍 잠자리에 들기로 결정했다.

4. With 부대 상황 문제이다. the water가 흐르는 것이므로 -ing.

▶ 해석: 그는 물을 틀어 둔 채, 욕조에 누워있는 중이었다.

5. With 부대 상황 문제이다. her legs가 교차된 것이므로 p.p

   ▶ 해석: Jane은 그녀의 다리를 꼰 채 벤치에 앉아있는 중이었다.

D

1. Mike trying to finish / While Mike trying to finish
2. Feeling tired
3. I meet her
4. If you turn to the right
5. Although (Though) I , living
6. Because we live
7. Given
8. Before going
9. he (daddy) was working
10. Practicing

해설

1. 1) 종속절 (접속사가 포함된 쪽)의 주어가 Mike로서, 주절의 주어(she)와 다름을 알 수 있다. 그러므로 주어를 생략해서는 안 되며, Mike가 노력한 것은 "능동"이므로 -ing로 줄여 쓰면, Mike trying to finish로 채울 수 있다.

   2) 위의 1)번에서 한 칸이 더 추가된 것이므로, 접속사를 선택적으로 생략하지 않을 수 있음에 착안하여, While Mike trying to finish로 마무리한다.

2. 종속절 (접속사가 포함된 쪽)의 주어가 David로서, 주절의 주어 he와 동일 인물임을 알 수 있다. 그리고 그가 피곤함을 느낀 것이므로 "능동"이다. 그렇다면 -ing로 줄여 쓴다. Feeling so tired.

3. 이 문제는 분사구문을 다시 원 문장의 형태로 전환하는 문제이다. 접속사는 if를 이미 살려 복구해 두었으니, 주어와 동사의 형태만 올바르게 원상복구 시키면 되겠다. 주어가 생략되어 있다는 점에서 주어는 I이고, 동사의 형태가 -ing라는 것은, 원 문장이 "능동문"이라는 뜻이므로 I meet her again과 같이

복구될 수 있겠다.

4. 이 문제는 분사구문을 다시 원 문장의 형태로 전환하는 문제이다. 접속사와, 주어, 동사의 형태를 올바르게 원상복구 시켜야 한다. 주어가 생략되어 있다는 점에서 주어는 you이고, 동사의 형태가 -ing라는 것은, 원 문장이 "능동문"이라는 뜻이다. 그리고 앞뒤 문맥을 통해서 적절한 접속사 형태를 넣어주면 If you turn to the right와 같이 복구될 수 있겠다.

5. 이 문제는 분사구문을 다시 원 문장의 형태로 전환하는 문제이다. 접속사와, 주어, 동사의 형태를 올바르게 원상복구시켜야 한다. 주어가 생략되어 있다는 점에서 주어는 I이고, 동사의 형태가 -ing라는 것은, 원 문장이 "능동문"이라는 뜻이다.

하지만, 주어진 빈칸들 중에 "am"이 자리를 차지하고 있으므로 be 동사를 잘 이용한 일반동사 live의 적절한 마무리를 요구하고 있다. 그럼 be+ing의 형태로서 마무리하여 "진행형"으로 마무리한다. (원래 live 동사는 진행형으로 잘 쓰지 않지만, 일시적으로 어디에 살고 있는 중(ex. 출장, 파견)이라면 쓸 수 있다. 그리고 앞뒤 문맥을 통해서 적절한 접속사를 찾기가 어려운 문제 유형이다. 해석을 해 보면

▶ 해석: 옆집에 산다… 나는 그 이웃을 본 적이 없다.

옆집에 사는데 이웃 사람을 못 봤다?는 내용에 어울리는 한국어 접속사부터 생각해봐야 할 것이다. 옆집에 살지만... 나는 그 이웃을 본 적이 없다?!는 전개가 가장 적합할 것이다. 그런 의미의 접속사는 "양보절 접속사"가 와야 하므로, although, though, eventhough 등의 접속사가 필요하다. 그럼 정답을 마무리하면, 정답과 같다.

6. 이 문제는 분사구문을 다시 원 문장의 형태로 전환하는 문제이다. 접속사와, 주어, 동사의 형태를 올바르게 원상복구 시켜야 한다. 주어가 생략되어 있다는 점에서 주어는 we이고, 동사의 형태가 -ing라는 것은, 원 문장이 "능동문"이라는 뜻이다. 그리고 앞뒤 문맥을 통해서 적절한 접속사 형태를 넣어주면, 정답과 같다.

7. 종속절 (접속사가 포함된 쪽)의 주어가 she로서, 주절의 주어 she와 동일 인물임을 알 수 있다. 그리고, 그녀가 선물을 받은 것이므로 "수동"이다. 그렇다면 p.p로 줄여 쓴다.
Given the present~

8. 이 문제는 주절의 주어가 생략되어 있지만, 내용상 you이므로 분사구문 전환 시 주어 사용이 불가능하다. (네가 자기 전에 양치를 하는 것은 결국 "너" 자신이기 때문에 주어가 동일하다) 그런데 빈칸이 두 칸이므로, 접속사를 표현하면서 능동의 분사구문으

로 마무리해야 한다.

9. 이 문제는 분사구문을 다시 원 문장의 형태로 전환하는 문제이다. 접속사는 while을 이미 복구시켜 두었으므로, 주어와 동사의 형태를 올바르게 원상복구시켜야 한다.
주어가 생략되어 있다는 점에서 주어는 daddy이고, 동사의 형태가 -ing라는 것은, 원 문장이 "능동문"이라는 뜻이다.
그런데 작성해야 하는 칸의 수가 세 칸이므로, 진행형의 의미를 더해 영작해야 한다. ~하는 중(과거진행)에 아빠가 불렀다(과거)라고 영작하면, 정답과 같이 마무리될 수 있겠다.

10. 종속절 (접속사가 포함된 쪽)의 주어가 We로서, 주절의 주어 we와 동일함을 알 수 있다. 그리고 우리가 연습을 한 것이므로 "능동"이다. 그렇다면 -ing로 줄여 쓴다.
Practicing hard,

E

1. 1) (Because) Feeling tired, Jane went to bed early.
   = Jane slept early.
   2) (While) Going to school, Mike saw her.
   3) (After) Playing soccer, Jack took a taxi.
2. 1) Walking on the street, I met my English teacher.
   2) When (Because) she thought her daddy was asleep, she walked quietly.
3. 1) Walking / dog / had
   2) making sports more interesting
   3) exercising hard
4. 1) Opening / box / will find something important
   2) Knowing him / could not believe it
5. 1) Shocked at / news / ran / to her
   2) Having / do / did not take / rest
6. Arriving (접속사: After)
7. Having (접속사: After 또는 As, Because)
8. Living (접속사: Because 또는 As)
9. boiling
10. Feeling / tired (접속사: Because 또는 As)
11. eating(접속사: While)
12. having been made (접속사: Because 또는 As)

13. Finishing (접속사: After)

14. Jane crying (접속사: Because 또는 As)

15. pointing:

16. Built (접속사: Because 또는 As)

17. given

18. seen

19. Fixed

20. Having been built (접속사: Although)

21. 1) B

    2) Experimenting with various blue colors

22. 1) Just watching one of the names

    2) makes

🏛 학교 기출 유형 해설

💡 영작 중요 Tip

* 분사구문 전환 3가지 핵심 규칙 *

① 종속절 (접속사 포함) 확인

↓

② 주절 (주어) = 종속절 (주어): 종속절 주어 생략

    주절 (주어) ≠ 종속절 (주어): 종속절 주어 생략 불가

↓

③ 종속절 능동문: -ing로 줄여 씀

    종속절 수동문: p.p로 줄여 씀

---

1. 분사구문으로의 전환 문제이다. **3가지 조건**을 계속 주의한다.

    1) 국어 "피곤해서"에는 이유의 의미가 포함된 것이므로,

      ① 접속사: because 또는 as(생략 가능)

      ② 주어: 따로 명시되어 있지 않다는 것은 주어가 동일함 의미

      ③ 동사: 주어가 피곤함을 느끼는 것이므로 능동문

      그렇다면 정답과 같이 영작할 수 있겠다.

    2) 국어 "가는 중에"에는 진행의 의미가 포함된 것이므로,

      ① 접속사: while(생략 가능)

      ② 주어: 따로 명시되어 있지 않다는 것은 주어가 동일함 의미

      ③ 동사: 주어가 학교에 가는 것이므로 능동문

      그렇다면 정답과 같이 영작할 수 있겠다.

    3) 국어 "~한 후"에는 시간의 전, 후 관계가 포함된 것이므로,

      ① 접속사: after(생략 가능)

      ② 주어: 따로 명시되어 있지 않다는 것은 주어가 동일함 의미

      ③ 동사: 주어가 축구를 한 것이므로 능동문

      그렇다면 정답과 같이 영작할 수 있겠다.

2. 1) ① 접속사: while(생략 가능)

      ② 주어: 주절의 주어 (I)와 같으므로, 생략 필수

      ③ 동사: 주어가 걸어가는 중이므로 능동문

      그렇다면 정답과 같이 영작할 수 있겠다.

    2) ① 접속사: 앞뒤 내용(문맥)에 알맞은 접속사 복구해야 함

      ② 주어: 주어가 없다는 것은 주절의 주어 (she)와 동일함을 의미하므로, she로 복구한다.

      ③ 동사: 주어가 생각한 것이므로 능동문

      그렇다면 정답과 같이 영작할 수 있겠다.

      ④ 해석: 그녀는 그녀의 아빠가 잠이 들었다고 생각해서, 그녀는 조용히 걸었다. 그러므로 접속사는 "이유"를 나타내는 because 또는 as로 최종 복구

3. 1) 국어 "산책시키면서"에는 동시동작의 의미가 포함된 것이므로,

      ① 접속사: While(생략 가능)

      ② 주어: 따로 명시되어 있지 않다는 것은 주어가 동일함 의미

      ③ 동사: 주어가 산책을 시키는 것이므로 능동문

      그렇다면, 정답과 같이 영작할 수 있겠다.

    2) 국어 "만들면서"에는 동시동작의 의미가 포함된 것이므로,

      ① 접속사: While(생략 가능)

      ② 주어: 따로 명시되어 있지 않다는 것은 주어가 동일함 의미

      ③ 동사: 주어가 흥미진진하게 만드는 것이므로 능동문

      그렇다면, 정답과 같이 영작할 수 있겠다.

    3) 국어 "운동을 하면서"에는 동시동작의 의미가 포함된 것이므로,

      ① 접속사: while(생략 가능)

      ② 주어: 따로 명시되지 않는다는 것은 주어가 동일함 의미

      ③ 동사: 주어가 열심히 운동하는 것이므로 능동문

      그렇다면, 정답과 같이 영작할 수 있겠다.

4. 1) ① 접속사: If(생략 가능)

② 주어: 따로 명시되어 있지 않다는 것은 주어가 동일함 의미

③ 동사: 주어가 박스를 여는 것이므로 능동문

그렇다면, 정답과 같이 영작할 수 있겠다.

2) ① 접속사: Because 또는 As(생략 가능)

② 주어: 따로 명시되어 있지 않다는 것은 주어가 동일

③ 동사: 주어가 잘 안다는 것이므로 능동문

그렇다면, 정답과 같이 영작할 수 있겠다.

5. 1) ① 접속사: Because 또는 As(생략 가능)

② 주어: 따로 명시되어 있지 않다는 것은 주어가 동일함 의미

③ 동사: 주어가 충격을 받은 것이므로 수동문

그렇다면, 정답과 같이 영작할 수 있겠다.

2) ① 접속사: Because 또는 As(생략 가능)

② 주어: 따로 명시되어 있지 않다는 것은 주어가 동일

③ 동사: 주어가 할 일이 많은 것이므로 능동문

그렇다면, 정답과 같이 영작할 수 있겠다.

6. 생략된 주어인 he가 부산에 도착한 것이므로, 능동 -ing 선택.

7. 생략된 주어인 he가 점심을 먹은 것이므로, 능동 -ing 선택.

8. 생략된 주어인 I가 산속에 사는 것이므로, 능동 -ing 선택.

9. With 부대상황 문제이다. chicken soup이 끓는 것이므로 -ing

▶ 해석: 닭고기 수프가 끓는 중에, 그는 행복하게 TV를 시청하고 있었다.

10. 생략된 주어인 She가 느끼는 것이므로, 능동 -ing 선택하고 그녀가 피곤하게 하는 것이 아니라, 피곤한 상태이므로 p.p 선택.

11. 생략된 주어인 Jane이 간식을 먹는 것이므로, 능동 -ing 선택.

12. 주어가 다르기 때문에 생략되지 않고 The book이라고 명시되어 있다. 그렇다면 "책"이 만드는 것이 아니라, 만들어진 것이므로 수동문 p.p를 선택해야 한다. 그럼 보기 중에서 수동의 형태는 having been made밖에 없는데, having p.p는 주절 동사의 시제(are: 현재)보다 한 시제 더 앞선다는 것을 의미하므로 having been made를 선택한다.

▶ 해석: 그 책이 만들어 졌기 때문에, 우리는 지금 만족한다.

13. 생략된 주어인 he가 프로젝트를 끝낸 것이므로, 능동 -ing 선택.

14. 종속절의 주어인 Jane이 크게 운 것이므로 능동 -ing 선택.

▶ 해석: Jane이 매우 크게 울어서, 아빠는 그녀에게로 달려갔다

15. 일부사람들이 아이들은 늘 놀려댄다라고 지적하는 능동적 행위이므로 -ing 선택.

▶ 해석: 일부사람들은 아이들은 언제나 서로를 놀려댄다라고 지적하며, 이것

을 큰 문제가 아니라고 생각한다.

16. 생략된 주어인 the castle 은 지어진 것이므로, 수동 p.p 선택.

17. 종속절의 주어인 Sally가 상을 받은 것이므로 수동 p.p 선택.

18. 종속절의 주어인 The house가 보이는 것이므로 수동 p.p 선택.

19. 생략된 주어인 The car가 잘 고쳐진 것이므로, 수동 p.p 선택.

20. 생략된 주어인 The temple이 지어진 것이므로, 수동 p.p 선택. 그럼 보기 중에서 수동의 형태는 having been built밖에 없는데, having p.p는 주절 동사의 시제(is: 현재)보다 한 시제 더 앞선다는 것을 의미하므로, having been built를 선택한다.

21. 1) B가 오류이다. 원문에서 when he experimented~라고 전개되고 있으므로, 능동임을 알 수 있다. 수동문이면 일단 무조건 "be" 동사가 먼저 나오고 p.p가 결합되어야 한다. 그러므로 experimenting으로 고쳐야 한다.

2) 위 1)번의 해설을 참고하여 올바르게 마무리하자면, experimenting with various blue colors로 정리된다.

22. 1) 주절과 종속절의 구분 여부를 1차적으로 묻고 있다. 종속절은 접속사가 포함된 쪽이므로, 주어진 예문에서 though I can't~~부분이 종속절이다. 그럼 주절은 자연스럽게 문장의 앞부분임을 알 수 있고, 그중에서도 주어는 동사의 앞에 위치하고 있으므로 Just watching one of the names 동명사구가 주어임을 알 수 있다. which I visited는 주어를 수식하는 목적격 관계대명사 절이므로 만약 적지 않았다 하더라도 틀리지는 않았다.

2) 위 1)번의 설명 이후를 바로 이어 나간다면, 동사는 makes이다. 동명사구 주어는 단수 취급함을 다시 한번 떠올려야 하며, 뒤의 구조는 5형식 구조 (목적어+목적보어)의 관계를 보여주고 있다.

Ch 10
관계대명사

A

1. who 2. which 3. which 4. whose 5. at 6. who was

해설

1. 선행사(수식받는 명사)가 boyfriend이므로 "사람"이고, 뒤의 구조에서 주어가 빠져 있으므로 주격관계대명사 who를 선택한다.

  ▶ 해석: 그녀는 녹색 눈을 가진 그의 남자친구를 너무 좋아한다.

2. 선행사가 garden이므로 "사물"이다. 그러므로 which를 선택한다.

  ▶ 해석: 많은 꽃들이 있는 정원이 있다.

3. 선행사가 shoes이므로 "사물"이다. 그리고 관계대명사 뒤의 구조에서 목적어가 없다. (buy 동사 뒤에 목적어가 없음) 그러므로 목적격 관계대명사 which를 선택한다.

  ▶ 해석: 이것들이 내가 사고 싶어 했던 신발들이다.

4. 선행사가 man이므로 "사람"이다. 그리고 관계대명사 뒤의 구조가 2형식으로서 완전함을 알 수 있다. 뒤의 구조가 완전할 때에는 <소유격> 관계대명사를 써야 한다. 그러므로 whose를 선택한다.

  ▶ 해석: 너는 머리가 노란 저 남자를 아니?

5. 주어이자 선행사가 the cafe이고, 동사는 is이다. 그럼 주어와 동사 사이에 위치한 which we had a good time 은 명백히 수식하는 관계대명사임을 알 수 있다. 하지만, 위 문장을 보면 주어(We), 동사(had), 목적어(a good time)의 3형식 완전한 문장임을 알 수 있다. 관계대명사는 뒤의 구조가 불완전한 모습을 보이는 특징이 있는데, 여기서는 그렇지 못하다. 그래서 보기의 선택을 보면 "전치사"를 선택해야 한다. 즉, 앞의 선행사 "cafe"와 "우리가 좋은 시간을 보냈던"을 이어주는 적절한 전치사를 고르는 문제이다. we had a good time (at / on) the cafe라고 생각하면 쉽다. 그렇다면 장소의 전치사 at을 선택해

야 함을 알 수 있을 것이다. 여기서 또 하나의 문법적 포인트는 이렇게 뒤에 있는 전치사가 관계대명사의 "앞"으로 이동할 수 있다는 점이다. 그래서 문제의 예문과 같은 질문이 성립할 수 있는 것이다.

  ▶ 해석: 우리가 좋은 시간을 보냈던 그 카페는 이제 매우 유명하다.

6. 선행사가 the girl이므로 "사람"이고, 관계대명사 뒤의 구조에서 주어도 안보이고, 동사도 그 형태가 playing로 등장한 경우이다. 이런 경우에 단순히 who를 선택하면, The girl who playing...과 같이 될 것이다. (즉, 주어도 없고, 동사도 형태가 이상한 상황) 그러므로 who was를 선택한다. 그러면, 관계대명사 뒤에 주어가 없는 주격 관계대명사가 될 것이고, was는 뒤의 playing이랑 자연스럽게 "(과거)진행형" 시제를 형성하게 될 것이다. 그래서 who was를 선택해야 한다.

  ▶ 해석: 그녀는 어제 거리에서 피아노를 치고 있던 그 여자이다.

B

1. whom 2. which 3. which is 4. which 5. whom
6. which was 7. who 8. which 9. who was 10. which

해설

1. 선행사가 man이므로 "사람"이다. 그리고 관계대명사 뒤의 구조에서 동사 met의 목적어가 없는 불완전한 문장임을 알 수 있다. 그러므로 <목적격> 관계대명사 whom을 써야 한다.

  ▶ 해석: 이 분이 내가 어제 학교에서 만났던 그 남자다.

2. 선행사가 chair이므로 "사물"이다. 그리고 관계대명사 뒤의 구조에서 동사 buy의 목적어가 없는 불완전한 문장임을 알 수 있다. 그러므로 <목적격> 관계대명사 which를 써야 한다.

  ▶ 해석: 저것이 내가 사고 싶어 하는 그 의자이다.

3. 선행사가 watch이므로 "사물"이다. 그리고 관계대명사 뒤의 구조에서 주어와 동사, 어느 것도 없는 패턴임을 알 수 있다. (뒤에 보이는 동사 is는 주어 watch와 연결되는 본동사이다) 그러므로 관계대명사 which is를 선택해야, 주어가 없는 <주격관계대명사>가 될 수 있다.

▶ 해석: 책상 위에 있는 그 시계는 매우 비싸다.

4. 선행사가 book이므로 "사물"이다. 그리고 관계대명사 뒤의 구조에서 동사 read의 목적어가 없는 불완전한 문장임을 알 수 있다. 그러므로 <목적격> 관계대명사 which를 써야 한다.

   ▶ 해석: 이 책이 내가 읽기 원하는 책이다.

5. 선행사가 lady이므로 "사람"이다. 그리고 관계대명사 뒤의 구조에서 동사 met의 목적어가 없는 불완전한 문장임을 알 수 있다. 그러므로 <목적격> 관계대명사 whom을 써야 한다.

   ▶ 해석: 내가 공원에서 만났던 그 여성은 나의 선생님이다.

6. 선행사가 book이므로 "사물"이다. 그리고 관계대명사 뒤의 구조에서 주어와 동사, 어느 것도 제대로 갖추고 있지 못한 형태임을 알 수 있다. (written은 동사가 아니고 p.p의 형태이다) 그러므로 관계대명사 which was를 선택해야, 주어가 없는 <주격 관계대명사>가 될 수 있고, was written은 자연스레 수동태를 형성한다.

   ▶ 해석: 그는 어떤 시인에 의해서 쓰여진 어떤 책을 샀다.

7. 선행사가 friend이므로 "사람"이다. 그리고 관계대명사 뒤의 구조에서 동사 tries의 주어가 없는 불완전한 문장임을 알 수 있다.
   그러므로 <주격> 관계대명사 who를 써야 한다.

   ▶ 해석: 나는 언제나 나를 도와주려 하는 진짜 좋은 친구가 있다.

8. 선행사가 cloth이므로 "사물"이다. 그리고 관계대명사 뒤의 구조는 얼핏 보면 완전한 문장 구조를 갖춘 듯 보인다. 하지만, 주의해야 할 점은 gave라는 동사가 4형식으로 패턴으로 쓰이면 "간접목적어+직접목적어"를 취한다는 점에서 이 문장은 불완전하다. 즉, 간접목적어(me)는 있지만, 직접목적어는(?)는 없는 모습이다. 그런데 사실 그 직접목적어가 바로 선행사인 "cloth"가 되는 것이다. 그러므로 <목적격> 관계대명사 which를 써야 한다.

   ▶ 해석: 그녀가 이틀 전에 나에게 준 그 옷은 매우 멋있다.

9. 선행사가 the man이므로 "사람"이다. 그리고 관계대명사 뒤의 구조에서 주어와 동사, 어느 것도 없는 패턴임을 알 수 있다. (뒤의 watching은 동사가 아니라 "현재분사"이다) 그러므로 관계대명사 who was를 선택해야, 주어가 없는 <주격관계대명사>가 될 수 있고, was watching은 자연스레 진행형을 형성한다.

   ▶ 해석: 나는 그가 길을 건너면서 전화를 보는 중인 것을 보았다.

10. 선행사가 toy이므로 "사물"이다. 그리고 관계대명사 뒤의 구조에서 주어가 없는 불완전한 문장임을 알 수 있다. 그러므로 <

목적격> 관계대명사 which를 써야 한다.

   ▶ 해석: 부디 저 아이에게 나무로 만들어진 그 장난감을 주세요.

C

1. She is the girl whom I wanted to meet
2. jane has a cute dog which can do lots of tricks
3. Peter has a girlfriend who has many hobbies
4. The trousers which I bought yesterday are too short
5. These are the coffees which we ordered together

해설

1. 두 문장을 관계대명사절을 이용하여 한 문장으로 전환하는 문제이다. 그럼 우선, 두 문장 사이에서 <접속사>와 <대명사>를 없애고, 올바른 <관계대명사>와 <격>을 선택해서 마무리한다.
   ① 선행사 → the girl (수식 대상)
   ② 대명사 → her (목적어 - 생략)
   ③ 접속사 → and (생략)
   ④ 관계사 → whom (목적어가 생략되므로, 목적격관계사 사용)
   위 4가지를 순차적으로 적용하여 영작하면, 정답과 같다.

2. 두 문장을 관계대명사절을 이용하여 한 문장으로 전환하는 문제이다. 그럼 우선, 두 문장 사이에서 <접속사>와 <대명사>를 없애고, 올바른 <관계대명사>와 <격>을 선택해서 마무리한다.
   ① 선행사 → a cute dog (수식 대상)
   ② 대명사 → it (주어 - 생략)
   ③ 접속사 → and (생략)
   ④ 관계사 → which (주어가 생략되므로, 주격관계사 사용)
   위 4가지를 순차적으로 적용하여 영작하면, 정답과 같다.

3. 두 문장을 관계대명사절을 이용하여 한 문장으로 전환하는 문제이다. 그럼 우선, 두 문장 사이에서 <접속사>와 <대명사>를 없애고, 올바른 <관계대명사>와 <격>을 선택해서 마무리한다.
   ① 선행사 → a girlfriend (수식 대상)
   ② 대명사 → she (주어 - 생략)
   ③ 접속사 → and (생략)

④ 관계사 → who (주어가 생략되므로, 주격관계사 사용)

위 4가지를 순차적으로 적용하여 영작하면, 정답과 같다.

4. 두 문장을 관계대명사절을 이용하여 한 문장으로 전환하는 문제이다. 그럼 우선, 두 문장 사이에서 <접속사>와 <대명사>를 없애고, 올바른 <관계대명사>와 <격>을 선택해서 마무리한다.

① 선행사 → the trousers (수식 대상)

② 대명사 → them (목적어 - 생략)

③ 접속사 → and (생략)

④ 관계사 → which (목적어가 생략되므로, 목적격관계사 사용)

위 4가지를 순차적으로 적용하여 영작하면, 정답과 같다.

(여기서 주의할 점은 선행사 The trousers와 동사 are 사이에 관계대명사절을 위치시켜야 한다는 점이다)

5. 두 문장을 관계대명사절을 이용하여 한 문장으로 전환하는 문제이다. 그럼 우선, 두 문장 사이에서 <접속사>와 <대명사>를 없애고, 올바른 <관계대명사>와 <격>을 선택해서 마무리한다.

① 선행사 → the coffees (수식 대상)

② 대명사 → them (목적어 - 생략)

③ 접속사 → and (생략)

④ 관계사 → which (목적어가 생략되므로, 목적격관계사 사용)

위 4가지를 순차적으로 적용하여 영작하면, 정답과 같다.

D

1. who 2. whose 3. which 4. what 5. whose 6. who

7. what 8. whom 9. whose 10. which 11. whom

12. that

13. whose 14. whom 15. what 16. whose 17. which

18. whose 19. which 20. whom

21. what → whom 22. that → which 23. who → who is

24. was → which was 25. roof → the roof

26. That → what 27. what → that 28. the color → color

29. whose → which (that)

30. what → which

---

1. 선행사가 man이므로 "사람"이다. 그리고 관계대명사 뒤의 구조에서 동사 teaches의 주어가 없는 불완전한 문장임을 알 수 있다.

그러므로 <주격> 관계대명사 who를 써야 한다.

▶ 해석: 이 분이 우리에게 영어를 가르치시는 그분이다.

2. 선행사가 boy이므로 "사람"이다. 그리고 관계대명사 뒤의 구조가 3형식으로서 완전함을 알 수 있다. 뒤의 구조가 완전할 때에는 <소유격> 관계대명사를 써야 한다. 그러므로 whose를 선택한다.

▶ 해석: 나는 그의 형이 농구를 하는 중인 어떤 소년을 알고 있다.

3. 선행사가 book이므로 "사물"이다. 그리고 관계대명사 뒤의 구조에서 동사 is의 주어가 없는 불완전한 문장임을 알 수 있다. 그러므로 <주격> 관계대명사 which를 써야 한다.

▶ 해석: 나는 그 탁자 위에 있는 그 책을 가져갈 거야.

4. 선행사가 없으며, 빈칸 뒤의 구조에서 동사 want의 목적어가 없는 불완전한 문장임을 알 수 있다. 선행사가 없는 것은 관계대명사 what의 대표적인 특성이다. what은 또한 "명사절"이므로, 문장의 주어, 목적어, 보어 자리를 차지하는데, 이 문제에서는 문장의 "목적어" 자리를 차지한다. 뒤에 목적어가 없으므로 <목적격> 관계대명사 what을 써야 한다.

▶ 해석: 너는 네가 원하는 것을 먹을 수 있어.

5. 선행사가 movie이므로 "사물"이다. 그리고 관계대명사 뒤의 구조가 2형식으로서 완전함을 알 수 있다. 뒤의 구조가 완전할 때에는 <소유격> 관계대명사를 써야 한다. 그러므로 whose를 선택한다.

▶ 해석: 나는 티켓이 12월까지 유효한 그 영화를 좋아한다.

6. 선행사가 friend이므로 "사람"이다. 그리고 관계대명사 뒤의 구조에서 동사 lives의 주어가 없는 불완전한 문장임을 알 수 있다. 그러므로 <주격> 관계대명사 who를 써야 한다.

▶ 해석: 나는 스위스에 살고 있는 좋은 친구가 있다.

7. 선행사가 없으며, 빈칸 뒤의 구조에서 동사 brought의 목적어가 없는 불완전한 문장임을 알 수 있다. 선행사가 없는 것은 관계대명사 what의 대표적인 특성이다. what은 또한 "명사절"이므로, 문장의 주어, 목적어, 보어 자리를 차지하는데, 이 문제에서는 문장의 "목적어" 자리를 차지한다. 뒤에 목적어가 없으므로 <목적격> 관계대명사 what을 써야 한다.

▶ 해석: 나는 네가 나를 위해 가져온 것을 정말 좋아한다.

8. 선행사가 woman이므로 "사람"이다. 그리고 관계대명사 뒤의 구조에서 동사 loved의 목적어가 없는 불완전한 문장임을 알 수 있다. 그러므로 <목적격> 관계대명사 whom을 써야 한다.

▶ 해석: 이 사람이 내가 6년 전에 사랑했던 여성이다.

9. 선행사가 man이므로 "사람"이다. 그리고 관계대명사 뒤의 구조가 3형식으로서 완전함을 알 수 있다. 뒤의 구조가 완전할 때에는 <소유격> 관계대명사를 써야 한다. 그러므로 whose를 선택한다.

▶ 해석: 이분의 아들이 너를 보고 싶어 하는 그 사람이다.

10. 선행사가 picture이므로 "사물"이다. 그리고 관계대명사 뒤의 구조에서 동사 was의 주어가 없는 불완전한 문장임을 알 수 있다. 그러므로 <주격> 관계대명사 which를 써야 한다.

▶ 해석: 나는 화가가 되고 싶어 하는 어떤 아이에 의해 그려진 그림을 샀다.

11. 선행사가 gentleman이므로 "사람"이다. 그리고 관계대명사 뒤의 구조에서 동사 met의 목적어가 없는 불완전한 문장임을 알 수 있다. 그러므로 <목적격> 관계대명사 whom을 써야 한다.

▶ 해석: 이분이 내가 서울에서 만났던 그 신사분이야.

12. 선행사가 girl and her dog이므로 "사람+동물"이다. 그리고 관계대명사 뒤의 구조에서 동사 are running의 주어가 없는 불완전한 문장임을 알 수 있다. 그러므로 <주격> 관계대명사를 써야 하는데, 선행사가 사람과 동물이므로 관계대명사 중에서 이 모두를 받아 줄 수 있는 것은 that밖에 없다.

▶ 해석: 저기서 달리고 있는 중인 여자아이와 그녀의 강아지를 봐.

13. 선행사가 friend이므로 "사람"이다. 그리고 관계대명사 뒤의 구조가 2형식으로서 완전함을 알 수 있다. 뒤의 구조가 완전할 때에는 <소유격> 관계대명사를 써야 한다. 그러므로 whose를 선택한다.

▶ 해석: 나는 어머니가 간호사인 친구가 있다.

14. 선행사가 girl이므로 "사람"이다. 그리고 관계대명사 뒤의 구조에서 동사 invited의 목적어가 없는 불완전한 문장임을 알 수 있다. 그러므로 <목적격> 관계대명사 whom을 써야 한다.

▶ 해석: Diana는 내가 그 파티에 초대한 여자아이다.

15. 선행사가 없으며, 빈칸 뒤의 구조에서 동사 buy의 목적어가 없는 불완전한 문장임을 알 수 있다. 선행사가 없는 것은 관계대명사 what의 대표적인 특성이다. what은 또한 "명사절"이므로, 문장의 주어, 목적어, 보어 자리를 차지하는데, 이 문제에서는 문장의 "목적어" 자리를 차지한다. 뒤에 목적어가 없으므로 <목적격> 관계대명사 what을 써야 한다.

▶ 해석: 이것이 그녀가 사고 싶어 하는 것이다.

16. 선행사가 trees이므로 "사물"이다. 그리고 관계대명사 뒤의 구조가 2형식으로서 완전함을 알 수 있다. 뒤의 구조가 완전할 때에는 <소유격> 관계대명사를 써야 한다. 그러므로 whose를 선택한다. 또는 of which the를 써도 가능.

▶ 해석: 잎이 연녹색인 많은 나무들이 있다.

17. 선행사가 house이므로 "사물"이다. 그리고 관계대명사 뒤의 구조에서 동사 is의 주어가 없는 불완전한 문장임을 알 수 있다. 그러므로 <주격> 관계대명사 which를 써야 한다.

▶ 해석: 이 집이 언덕 위에 있는 그 집이야.

18. 선행사가 man이므로 "사람"이다. 그리고 관계대명사 뒤의 구조가 2형식으로서 완전함을 알 수 있다. 뒤의 구조가 완전할 때에는 <소유격> 관계대명사를 써야 한다. 그러므로 whose를 선택한다.

▶ 해석: 이 사람이 작지만 비싼 차를 가진 그 남자야.

19. 선행사가 book이므로 "사물"이다. 그리고 관계대명사 뒤의 구조에서 동사 bought의 목적어가 없는 불완전한 문장임을 알 수 있다. 그러므로 <목적격> 관계대명사 which를 써야 한다.

▶ 해석: 어제 네가 구매한 그 책은 매우 흥미로워.

20. 선행사가 girl이므로 "사람"이다. 그리고 관계대명사 뒤의 구조에서 동사 loved의 목적어가 없는 불완전한 문장임을 알 수 있다. 그러므로 <목적격> 관계대명사 whom을 써야 한다.

▶ 해석: 내가 어렸을 때 사랑했던 그녀는 매우 귀엽게 변했다.

21. 관계대명사 what이 존재하고 있으나, 이미 선행사 (girl)도 존재하며, what 절은 "명사절"이므로 문장의 주어, 목적어, 보어 자리를 차지해야 한다. 하지만, 이미 주어진 문장은 Is that the girl?이므로 2형식 문장으로 완전하다. 즉, 명사절이 차지할 자리가 더 이상 없다는 뜻이다. 그럼 앞의 선행사를 받아주며, 뒤의 구조에서 동사 met의 목적어가 없는 상황이므로 목적격 관계대명사 whom으로 대체한다.

▶ 해석: 쟤가 어제 네가 만났던 그 여자아이니?

22. 쉼표(,) 뒤에는 관계대명사 that을 쓸 수 없다는 문법 규칙이 있다. 이를 보다 전문적인 표현으로 말하면 "관계대명사의 계속적용법 뒤에는 that 사용이 불가하다"고 표현할 수도 있다. 계속적 용법은 의미는 "해석의 순서를 앞에서부터 끝내고 그 다음으로 순차적으로 이어서 마무리한다"는 뜻이다. 그러므로 정답은 which로 바꾸고, 해석은 아래와 같다.

▶ 해석: 나는 어떤 축구 경기를 보았고, 그 경기는 매우 재밌었다.

* 주의: 나는 매우 재밌는 어떤 축구 경기를 보았다 (X)

23. 관계사 who가 있긴 하지만, 뒤의 구조가 sleeping으로서 올바른 동사의 형태가 아님을 알 수 있다. 그러므로 is를 넣어주면 is sleeping가 되어서 주격관계대명사가 될 수 있고 진행형의 의미까지 갖추게 될 수 있다.

   ▶ 해석: 소파에서 잠을 자는 중인 아기를 봐.

24. 문장이 It is the picture. 즉 2형식으로 끝난 문장이다. 하지만, 뒤에서 was taken이라는 동사가 갑자기 또 등장하는 특이한 상황이 발생했다. 그러므로 picture를 사물 선행사로 받아주는 주격관계대명사 which를 써준다.

   ▶ 해석: 그것이 Robert에 의해 촬영된 사진이야.

25. (고난도 문제) 관계대명사 중에서 어려운 문제이다. 우선 선행사가 house이므로 "사물"이고 뒤의 구조는 roof is all light green으로서 2형식 완전한 문장이다. 그러므로 관계대명사의 소유격인 whose를 떠 올릴 수 있다. 하지만, 본문에서 of which를 쓸 때는 반드시 the를 추가하여 쓴다고 하였다. 즉, of which **the** roof is all light green이라고 해야 한다. 만약 whose를 쓸려면 the를 쓰면 안 되므로 whose roof is all light green이라고 써야 한다는 말이다. 그러므로 위 두 개의 전환 예문 중 하나를 쓰면 정답이다.

   ▶ 해석: 지붕이 연두색인 저 집을 봐.

26. 우선, 문장 분석을 철저히 해야 한다. 일단 이 문장의 동사는 is이다. 그러므로 is 앞의 자리는 주어 자리가 되는데, 우선 주어의 형태가 That 접속사가 있으므로 That 명사절이 아닌지 생각해봐야 한다. 하지만, That 명사절이 주어라면 That 절 자체가 완전한 문장의 구조를 보여야 한다. that 절 내부의 동사 have의 목적어가 없는 불완전한 that you have 절임을 알 수 있다. 그러므로 같은 명사절이지만, 불완전한 구조를 이끄는 특징을 가진 관계대명사 what 명사절로 대체하면 문제가 없다.

   ▶ 해석: 네가 가지고 있는 것은 정말 값비싼 것이야.

27. 주어인 The new model을 꾸며주는 what 절은 존재할 수 없다.
   what 절은 선행사를 수식할 수 없기 때문이다. 그러므로 선행사가 사물이고, 뒤의 구조에서 동사 bought의 목적어가 없는 목적격 관계대명사 which 또는 that으로 바꿔준다.

   ▶ 해석: 네가 어제 구매한 신형 모델은 정말 멋져.

28. 위 25번 문제의 해설과 중복되는 문제이다. of which를 쓸 때는 반드시 the를 추가하여 써야 한다. 즉, of which the color is black이라고 해야 한다. 만약 whose를 쓸려면 the

를 쓰면 안 되므로 whose color is black이라고 써야 한다는 말이다. 그러므로 위 두 개의 전환 예문 중 하나를 쓰면 정답이다.

   ▶ 해석: 내 차는 두 개의 검은색 문짝만을 가지고 있어.

29. 선행사가 password이므로 "사물"이다. 그런데 뒤의 구조를 보면 know의 목적어가 없음을 알 수 있다. 그러므로 목적격 관계대명사 which 또는 that으로 바꾼다.

   ▶ 해석: 늦지 마. 만약 네가 또 늦으면, 나는 네가 절대 알 수 없는 비번으로 바꿀 거야.

30. 선행사가 presentation이므로 "사물"이다. 그런데 관계대명사 what을 사용하고 있으므로, 뒤의 동사 waiting for의 목적어가 없는 목적격 관계대명사 which 또는 that으로 바꿔준다.

   ▶ 해석: 너는 사장님이 기다려 온 발표를 오늘 해야만 해.

E

1. ⑤
2. ⑤
3. made in Korea is good
4. he bought last year
5. (1) I am going to visit London which has many parks
   (2) Tom who is my best friend lives next door to her.
6. ④
7. ④
8. ⑤
9. ④
10. ⑤
11. ③, ⑤
12. The global company which I sent an application to is in London
13. (A) makes you feel comfortable
    (B) you like
    (C) is important
14. ②
15. ①
16. ⑤

17. ③

18. 1) Sam whose hair is curly is a handsome prince 또는
Sam, whose hair is curly, is a handsome prince.

2) I have a car whose color is black.

🏛 학교 기출 유형 해설

---

1. ① who is → who are (선행사 people이 복수형이므로)

② who is → who are (선행사 people이 복수형이므로)

③ who flys → who flies (올바른 철자법을 인지해야 함)

④ who played → who play (과거형을 쓰면 진짜 과거의 일만을 이야기하는 것이므로. 기타리스트는 지금 현재에도 기타를 치는 사람들을 의미함)

2. ① who is → who are (선행사 sons가 복수형이므로)

② are → is (주어가 동명사구 주어이므로 단수 취급)

③ who runs → who run

(선행사 children은 복수형 / 단수형은 child)

④ live → lives (동사 병렬구조인데 지금은 현재이므로 수일치)

3. which is made in Korea is good (총 7단어) 빈칸 (총 5칸), 즉 위 문장 중 2개 단어가 사라져야 하는 문제이다. 그렇다면 생략 가능한 부분을 찾아보면 "주격 관계대명사+be동사"가 동시 생략된다는 문법이 있으므로 which is를 뺀 나머지는 그대로 적으면 되겠다.

4. which he bought last year (총 5단어) 빈칸 (총 4칸), 즉 위의 문장 중 1개 단어가 사라져야 하는 문제이다. 그렇다면 생략 가능한 부분을 찾아보면, "목적격 관계대명사"가 생략 가능하다는 문법이 있으므로 which를 뺀 나머지는 그대로 적으면 되겠다.

5. (1) 주어진 두 문장 중 겹치는 부분은 London임을 알 수 있다. London은 "사물"이라고 보며, 뒷 문장의 London이 사라지면 동사 has의 주어가 사라지는 것이므로, 주격관계대명사를 이용하면 정답과 같이 영작될 수 있다.

(2) 두 문장 중에서 겹치는 부분을 찾아보면, Tom이다. Tom은 "사람"이고, 뒷 문장의 동사 is 앞의 주어가 사라지는 것이므로 주격관계대명사를 이용해야 한다. 하지만, 이번에 주의할 점은 앞문장의 Tom이 주어 자리에 있으므로, 관계사로 수식할 때에도 Tom (who is my best friend) lives next

door to me처럼 영작해야 함에 주의한다. 많은 학생이 Tom lives next door to me who is my best friend라고 하는 경우가 많다. 물론, 고학년이 되면 위처럼 쓰는 경우도 독해에서 왕왕 나오긴 하지만, 중등부 시험에서는 오류로 처리하니까 주의해야 한다.

6. ④ 선행사 the boy를 who가 꾸며주는 것은 괜찮지만, 뒤의 구조에서 wearing은 올바른 동사의 형태가 아니다. 그러므로 is를 넣어주면 who is wearing이 되어 주격관계대명사와 현재진행형의 느낌을 다 살려낼 수 있게 된다.

7. ⓒ 동사 advise는 "목적어+목적보어"의 형태를 취하는 5형식 패턴이며, 이 경우에 목적보어 자리에는 to 부정사의 형태를 취한다. 그러므로 to take로 수정해야 한다.

ⓓ 동사 ask는 "목적어+목적보어"의 형태를 취하는 5형식 패턴이며, 이 경우에 목적보어 자리에는 to 부정사의 형태를 취한다. 그러므로 to join으로 수정해야 한다.

ⓑ는 buy가 4형식 수여동사로도 쓰일 수 있으므로 오류가 없다. 즉, bought me the ring이라고 사용된 패턴이며, 3형식으로 전환한다면 bought the ring for me가 될 수도 있다.

중2 문제 유형이지만, 관계대명사뿐 아니라 일반 5형식 동사의 패턴을 동시에 묻고 있는 문제를 출제한 유형이다. 종합적인 영어 문장의 이해 능력을 더욱 갖출 수 있도록 노력하자.

8. ① 선행사 patient는 단수이므로, 동사를 is로 수정

② 피아니스트는 피아노를 쳤던? 사람들이라는 해석인데 그리되면, 오늘날에는 피아노 치는 사람들은 피아니스트가 아니냐는 일반화 문제에 직면할 수 있다. 그러므로, 이건 오늘날에도 피아노를 전문으로 치는 사람들을 피아니스트라고 부르기 때문에, 동사를 plays로 수정한다.

③ 선행사 the building 단수이므로 which has로 수정

④ 선행사 people이 복수이므로 who produce로 수정

9. ④ 선행사 The movie의 수식을 하는 which이지만, 관계사절 뒤의 구조가(content is about the war) 완전하다. 그렇다면, 소유격 관계대명사 whose로 수정해야 한다.

10. ⑤ 선행사 The cook은 "요리"라는 뜻이 아니라, "요리사"라는 뜻이다. 그러므로 who를 써야 한다. 나머지 보기는 전부 which를 쓴다.

11. 보기에 주어진 ⒶⒶ는 선행사 many people을 꾸며주는 주격관계대명사임을 알 수 있다. ①, ②, ④번은 모두 "목적격 관계대명사"이다.

12. 두 문장 간에 단어는 각기 서로 다른 단어를 썼으나, 결국 내용

상 겹치는 부분은 바로 The global company = the firm이다. 결국, 겹쳐서 사라져야 할 부분은 I sent an application to the firm에서 the firm인 것이다.

그럼, 주어진 국어를 이용하여 "내가 지원서를 낸" 회사이므로 The global company (which I sent an application to) is in London.으로 마무리된다. 여기서는 전치사 to 뒤의 목적어가 없는 목적격 관계대명사이다.

13. What 절은 뒤의 구조가 "불완전"한 "명사절"이며, 해석은 "~ 것"이라는 점을 반드시 명심해야 한다.

(A) (A)는 동사가 "만들어 주다"와 "느끼다" 두 개가 있음을 주목해야 한다. 만들어 주다는 사역동사 make를 쓰면 되고 사역동사를 쓰면 "목적어 (you)+목적보어 (feel)"의 패턴에서 동사원형 feel을 쓰는데 문제가 없다. 그리고 "편안함을 느끼다"를 다시 만들어 주면 what (주어) makes you feel comfortable

(B) what 주어 (you), 동사 (like), (목적어)로 마무리

(C) what (주어), 동사 (is), 보어 (important)로 마무리

위 각각의 보기에서 뒤의 문장성분이 하나씩 빠져 있는 불완전한 문장임을 이해할 수 있다.

14. ②번은 주격관계대명사이고, 나머지는 목적격관계대명사이다.

15. ① poem은 "시( )"라는 뜻이므로, "사물"이다. 그러므로 which 또는 that으로 수정한다. 참고로 poet가 시인이다.

16. 주어진 보기에서 겹치는 부분을 우선 생각해야 한다. 그렇다면 앞 문장의 The bus와 다음 문장의 It이 겹침을 알 수 있다. 그러므로 선행사인 The bus는 "사물"이므로 which 또는 that을 이용하여 수식 가능할 것이다. 그럼 The bus의 뒤로 가서 수식하게 되면 ⑤ 번과 같이 마무리될 수 있겠다.

17. 보기의 주어진 what절은 관계대명사 what절이며, 뒤의 구조는 say의 목적어가 없는 불완전한 명사절로서, 문장 전체의 주어 자리를 차지하고 있음을 알 수 있다. 하지만, ③번은 우리가 잘 알고 있는 "의문사" what으로서 "무엇"이라고 해석됨을 알 수 있다.

18. 1) Sam과 his가 겹치고 있다. 그러므로 소유격을 없애고 소유격관계대명사 whose로 바꿔준다.

2) a car와 its가 겹치고 있음을 알 수 있다. 그러므로 소유격은 없애고, 소유격 관계대명사 whose로 바꿔준다. 위 두 문제 모두 관계대명사 뒤의 구조는 완전함을 알 수 있다.

관계부사

A

1. where 2. why 3. that 4. that 5. at 6. which

해설

영작 중요 Tip

관계사(관계대명사, 관계부사)를 선택하는 문제이며, 둘의 공통점은 선행사를 수식한다는 점이고, 차이점은 관계대명사는 뒤의 구조가 불완전하다는 점이고, 관계부사는 뒤의 구조가 완전하다는 점이다.

1. 선행사가 The town인데, 뒤의 구조는 I lived이므로 1형식으로 완전한 문장 구조를 보이고 있다. 그러므로 보기 중에서 관계부사를 찾으면 정답은 where이다.

2. 선행사가 the reason이고 뒤의 구조는 I was late로 2형식으로 완전한 구조를 보인다. 그러므로 선행사 the reason과 어울리는 관계부사는 why이다.

3. 선행사가 the way이고, 뒤의 구조는 you made it으로 3형식 완전한 구조를 보인다. 그러므로 선행사와 어울리는 관계부사를 찾으면 how이겠지만, 관계부사 how의 특성이 선행사와 같이 연달아 쓸 수 없다는 점이다. 그러므로 관계부사 how를 대체할 수 있는 that을 쓴다.

4. 선행사가 the bus이고, 뒤의 구조는 we were on으로 끝나므로 불완전한 구조이다. 왜냐하면, 전치사 on 뒤에 "명사"가 없기 때문이다. 그러므로 관계대명사를 선택해야 하며, 보기 중에서 that을 선택한다.

5. 선행사가 the cafe이고, 관계대명사 which가 수식하고 있음을 알 수 있다. 하지만, 관계대명사인데 뒤의 구조가 the newest trend foods are served로서 1형식 완전한 구조를

보이고 있다. 그런데 선택형 문제를 보면 "전치사"를 고르는 문제이고, 이는 뒤에 있던 전치사가 관계대명사의 앞으로 이동한 것임을 이해한 후 앞의 선행사 the cafe와 어울리는 전치사를 찾아야 한다. 그럼 장소의 전치사 at the cafe가 가장 적절하므로 정답으로 선택한다.

6. 선행사가 the mountain이고, 뒤의 구조는 he lived in으로서 전치사 in 뒤에 "명사"가 없는 불완전한 문장임을 알 수 있다. 그러므로 관계대명사 which를 선택한다.

B

1. where 2. when 3. which 4. which was 5. which
6. whose 7. where 8. why 9. whose 10. which

해설

1. 선행사가 The city이므로 "장소"이고, 뒤의 구조는 I was born이므로 1형식으로 완전한 문장 구조를 보이고 있다. 그러므로 보기 중에서 알맞은 관계부사를 찾으면 정답은 where이다.

2. 선행사가 The day이므로 "시간"이고, 뒤의 구조는 she left이므로 1형식으로 완전한 문장 구조를 보이고 있다. 물론, leave 동사는 "~을 떠나다"로 쓰일 수도 있다. 하지만, 여기서는 left the day라고 선행사와 연결지어 보면, 말이 되지 않음을 알 수 있을 것이다. 그러므로 보기 중에서 알맞은 관계부사를 찾으면 정답은 when이다.

3. 선행사가 the unique book이므로 "사물"이고, 뒤의 구조는 I want to read이므로, 동사 read 뒤에 목적어가 없는 불완전한 문장 구조를 보이고 있다. 그러므로 보기 중에서 알맞은 관계대명사를 찾으면 정답은 which이다.

4. 관계사 which가 있긴 하지만, 뒤의 구조가 made로서 과거분사이므로 올바른 동사의 형태가 아님을 알 수 있다. 그러므로 was를 넣어주면 was made가 되어서 주격관계대명사가 될 수 있고 수동태의 의미까지 갖추게 될 수 있다.

5. 선행사가 house이므로 "사물"이다. 그리고 관계대명사 뒤의 구조는 얼핏 보면 완전한 문장 구조를 갖춘 듯 보인다. 하지만, 주의해야 할 점은 left라는 동사가 3형식으로 쓰여 "목적어"를 남겼다는 내용이 되므로, 뒤의 구조가 불완전함을 알 수 있다. 그러므로 <목적격> 관계대명사 which를 써야 한다.

6. 선행사가 season이므로 "사물"이다. 그리고 관계대명사 뒤의 구조가 2형식으로서 완전함을 알 수 있다. 뒤의 구조가 완전할 때에는 <소유격> 관계대명사를 써야 한다. 그러므로 whose 를 선택한다.

   ▶ 해석: 지금이 한국에서 날씨가 매우 춥고 바람이 몹시 부는 바로 그 계절이다.

7. 선행사가 town이므로 "장소"이고, 뒤의 구조는 1형식으로 완전한 문장 구조를 보이고 있다. 그러므로 보기 중에서 알맞은 관계부사를 찾으면 정답은 where이다.

8. 선행사가 the reason이므로 "이유"이고, 뒤의 구조는 3형식으로 완전한 문장 구조를 보이고 있다. 그러므로 보기 중에서 알맞은 관계부사를 찾으면 정답은 why이다.

9. 선행사가 house이므로 "사물"이다. 그리고 관계대명사 뒤의 구조가 2형식으로서 완전함을 알 수 있다. 뒤의 구조가 완전할 때에는 <소유격> 관계대명사를 써야 한다. 그러므로 whose 를 선택한다.

   ▶ 해석: 너 저기 노란색 지붕의 집이 보이니? 우리 거의 다 왔어.

10. 선행사가 the castle이므로 "사물"인데, 뒤의 구조는 the king once stayed in으로서 마지막 전치사 in의 "명사(목적어)"가 없는 불완전한 구조이다. 즉, 전치사의 목적격 관계대명사를 선택해야 하므로, 정답은 which이다.

C

1. when you left me is still sad to me
2. is the house where my brother lived last year
3. knows the reason why he didn't come to the party
4. are many places where we played basketball
5. is no reason for which you should get up early

1. 우선 주어(The time)을 꾸며주는 관계부사 when절을 이어주고, 본동사(is)와 그 뒤의 보충어(sad)를 갖춘 2형식 문장이다.

   ▶ 해석: 네가 나를 떠났던 그 시간은 여전히 나에겐 슬프다.

2. 주어(This), 동사(is), 보충어(the house)의 구조를 갖춘 2형식 문장이며, the house를 관계부사 where이 뒤에서 수식하는 형태이다.

   ▶ 해석: 이 집이 나의 형이 작년에 살았던 그 집이다.

3. 주어(Jane), 동사(knows), 보충어(the reason)의 구조를 갖춘 3형식 문장이며, the reason을 관계부사 when이 뒤에서 수식하는 형태이다.

   ▶ 해석: Jane은 왜 그가 파티에 오지 않았는지 알고 있다.

4. There 구문의 주어는 there이 아니다. There 구문은 주어가 동사 뒤에 위치하는 1형식 문장이다. 즉, 주어(many places), 동사(are) 구조를 갖추고 있으며, many places를 관계부사 where이 뒤에서 수식하는 형태이다.

   ▶ 해석: 우리가 농구를 했던 많은 장소들이 있다.

5. There 구문의 주어는 there이 아니다. There 구문은 주어가 동사 뒤에 위치하는 1형식 문장이다. 즉, 주어(no reason), 동사(is) 구조를 갖추고 있으며, no reason을 관계부사 why가 뒤에서 수식할 형태인데, 보기 중에 why는 없으므로, 전치사+관계대명사(for which)를 선택하여 마무리한다.

   ▶ 해석: 당신이 일찍 일어나야 하는 이유가 없다.

D

1. which 2. on which 3. which 4. whose 5. that
6. where 7. which 8. where 9. where 10. which 11. why
12. which was 13. that 14. which 15. whose 16. which
17. where 18. whose 19. whose 20. which

1. 선행사가 Busan이고, 뒤의 구조는 my children were born in으로서 전치사 in 뒤에 "명사"가 없는 불완전한 문장임을 알 수 있다. 그러므로 관계대명사 which를 선택한다.

2. 선행사가 the stage이고, 뒤의 구조는 she was singing으로서 1형식으로 완전하다. 하지만, 보기 중에 관계부사 where이 보이지 않으므로, 전치사 on을 포함한 관계대명사 which를 선택하면, on which = where이므로 정답이다.

3. 선행사가 the day이고, 뒤의 구조는 Daniel left on으로서 전치사 on 뒤에 "명사"가 없는 불완전한 문장임을 알 수 있다. 그러므로 관계대명사 which를 선택한다.

4. 선행사가 the book이므로 "사물"이다. 그리고 관계대명사 뒤의 구조를 분석해보면, story가 주어처럼 보일 수 있음에 주의해야 한다. 원 문장을 추론해보면 This is the book and I like the book's(=its) story이므로, 사실상 story는 원 문장에서 (목적어)인 것이다. 하지만, "그 책"의 "이야기"이므로, 선행사인 the book의 뒤에 story가 바로 따라와야만 하는 구조이고, 그러므로 <소유격> 관계대명사를 써야 한다. 관계대명사 뒤의 구조는 3형식으로 완전한 구조를 갖추고 있다.

   ▶ 해석: 이 책이 내가 매우 좋아하는 이야기가 있는 책이다.

5. 선행사가 the way이고, 뒤의 구조는 he could make it으로 3형식 완전한 구조를 보인다. 그러므로 선행사와 어울리는 관계부사를 찾으면 how겠지만, 관계부사 how의 특성이 선행사와 같이 연달아 쓸 수 없다는 점이다. 그러므로 관계부사 how를 대체할 수 있는 that을 쓴다.

   ▶ 해석: Jason은 나에게 그가 그것을 해낼 수 있었던 방법을 정확히 말했다.

6. 선행사가 The hotel이므로 "장소"이고, 뒤의 구조는 1형식으로 완전한 문장 구조를 보이고 있다. 그러므로 보기 중에서 알맞은 관계부사를 찾으면 정답은 where이다.

7. 선행사가 doll이므로 "사물"이다. 그리고 관계대명사 뒤의 구조는 얼핏 보면 완전한 문장 구조를 갖춘 듯 보인다. 하지만, 주의해야 할 점은 gave라는 동사가 4형식으로 패턴으로 쓰이면 "간접목적어+직접목적어"를 취한다는 점에서 이 문장은 불완전하다. 즉, 간접목적어(me)는 있지만, 직접목적어는(?)는 없는 모습이다. 그런데 사실 그 직접목적어가 바로 선행사인 "doll"이 되는 것이다. 그러므로 <목적격> 관계대명사 which를 써야 한다.

8. tell 동사는 4형식으로 패턴으로 쓰여 "간접목적어+직접목적어"를 취하고 있다. 즉, 간접목적어(me)는 있지만, 직접목적어는(where I can get this ballon)의 구조이다. 이것을 흔히 "간접의문문 명사절"이라고 하는 패턴이며, 문장의 핵심 자리인

[직접목적어]를 차지하고 있다.

▶ 해석: 방해해서 죄송합니다만, 저에게 이 풍선을 어디서 얻었는지 말씀해 주시겠어요?

9. 선행사가 the place이므로 "장소"이고, 뒤의 구조는 1형식으로 완전한 문장 구조를 보이고 있다. 그러므로 보기 중에서 알맞은 관계부사를 찾으면 정답은 where이다.

▶ 해석: 이곳이 친구들이 나를 배웅하기 위해 모였던 장소이다.

10. 선행사가 the book이고, 뒤의 구조는 동사 have의 목적어가 없는 불완전한 문장임을 알 수 있다. 그러므로 관계대명사 which를 선택한다.

11. 선행사가 the reason이고 뒤의 구조는 he learned to swim으로서 3형식의 완전한 구조를 보인다. 그러므로 선행사 the reason과 어울리는 관계부사는 why이다.

12. 선행사가 the picture이므로 "사물"이고, 뒤의 구조는 drawn. 즉, p.p만 존재하는 불완전한 문장 구조이다. 그러므로 관계대명사 which에다가 was까지 결합시켜 주면, 주격관계대명사+be 동사가 되면서 동시에 was drawn. 즉, 수동태 역할도 가능해짐을 알 수 있다. (그림은 그려진 것이므로 수동태가 와야만 한다)

13. 선행사가 the way이고, 뒤의 구조는 you succeeded로서 1형식 완전한 구조를 보인다. 그러므로 선행사와 어울리는 관계부사를 찾으면 how이겠지만, 관계부사 how의 특성이 선행사와 같이 연달아 쓸 수 없다는 점이다. 그러므로 관계부사 how를 대체할 수 있는 that을 쓴다.

14. 선행사가 the cherry tree이므로 "사물"인데, 뒤의 구조는 he planted in으로서 마지막 전치사 in의 "명사(목적어)"가 없는 불완전한 구조이다. 즉, 전치사의 목적격 관계대명사를 선택해야 하므로, 정답은 which이다.

15. 선행사가 the book이므로 "사물"이다. 그리고 관계대명사 뒤의 구조가 완전함을 알 수 있다. 뒤의 구조가 완전할 때에는 <소유격> 관계대명사를 써야 한다. 그러므로 whose를 선택한다.

▶ 해석: 이 책의 내용이 최신 의학 정보를 담고 있는 책이다.

16. 선행사가 a chair이므로 "사물"인데, 뒤의 구조는 I will take a seat on으로서 마지막 전치사 on의 "명사(목적어)"가 없는 불완전한 구조이다. 즉, 전치사의 목적격 관계대명사를 선택해야 하므로, 정답은 which이다.

17. 선행사가 the book이므로 "사물"이고, 뒤의 구조는 1형식으로 완전한 문장 구조를 보이고 있다. 그러므로 지금껏 풀어왔

던 문제들과는 조금 다른 모습임을 알 수 있다. 왜냐하면, 선행사가 "사물"이면 뒤의 구조가 "불완전한" <관계대명사>이고, 선행사가 "장소"이면 뒤의 구조가 "완전한" <관계부사>가 오는 경우가 대부분이었기 때문이다. 선행사가 the book, 책과 같은 사물이라 할지라도 관계부사 where이 수식할 수 있음을 기억해 두자. where은 반드시 물리적인 공간, 장소만을 수식하는 것이 아니라 아래의 예시처럼 "추상적인 공간"도 수식할 수 있다.

I don't know her mind where many unique thoughts exist.

위 예문에서는 (많은 독특한 생각들이 존재하는 "그녀의 마음"을 나는 모르겠다)라는 뜻이며, 여기서는 바로 "그녀의 마음"이 추상적 공간으로 등장하여 관계부사 where의 수식을 받고 있다.

18. 선행사가 books이므로 "사물"이다. 그리고 관계대명사 뒤의 구조가 2형식으로서 완전함을 알 수 있다. 뒤의 구조가 완전할 때에는 <소유격> 관계대명사를 써야 한다. 그러므로 whose를 선택한다.

▶ 해석: 내용이 아이들에게 꽤 흥미로운 책들을 찾아라.

19. 선행사가 the car이므로 "사물"이다. 그리고 관계대명사 뒤의 구조가 2형식으로서 완전함을 알 수 있다. 뒤의 구조가 완전할 때에는 <소유격> 관계대명사를 써야 한다. 그러므로 whose를 선택한다.

▶ 해석: 색상이 매우 매력적인 그 차는 어디에 있나?

20. 선행사가 many big houses이므로 "사물"인데, 뒤의 구조는 we can get together anytime in으로서 마지막 전치사 in의 "명사(목적어)"가 없는 불완전한 구조이다. 즉, 전치사의 목적격 관계대명사를 선택해야 하므로, 정답은 which이다.

▶ 해석: Sam은 우리가 언제든 모일 수 있는 많은 큰 집들을 가지고 있다.

E

1. At first, they didn't understand why I wanted to take their pictures

2. (A) My sister likes the holiday when people share their traditional food
   (B) She can't remember the restaurant where we first met

3. (1) however scary the dream was

   (2) What I take for granted

4. 1) which / why 2) where / which 3) which (that)

5. 1) which 2) which 3) how 4) where

6. 1) when she met Roger

   2) on which she met Roger

   3) which she met Roger on

7. provided the place where everyone could meet and discuss the current issues

8. whenever I started to cook the ingredients I bought

9. However beautiful you are, I don't care.

10. Whenever he saw the student studying hard, he made a big smile.

🏫 학교 기출 유형 해설

---

1. 주어는 "그들(They)"인데, 보기에 없으므로 추가하여야 하며, 동사는 "이해하지 못했다(did not understand)" 이고, 목적어는 "왜 제가 그들 사진을 찍으려 하는지"이다.

   그럼 사실상 **목적어 부분의 영작**을 제대로 하는지 여부를 묻고 있는 문제라고 볼 수 있다. 목적어는 "간접의문문"의 패턴이므로 "의문사(why)+주어(I)+동사~"의 순서로 1차 진행해야 할 것이다. 하지만, 보기 중에서 동사가 take와 want가 남아 있으므로 이 둘의 조합을 고려해야만 동사가 결정될 것이다. 그럼, 보기 중의 to 부정사도 사용될 수 있으려면, 동사 want to의 패턴으로 연결된 후, want to take their pictures로 마무리해야 할 것이다. 그리고 "시제(과거)"까지 고려해서 마무리하면, 정답과 같이 영작할 수 있겠다.

2. (A) 앞 문장의 the holiday와 뒷 문장의 on the day가 겹치고 있음을 알 수 있다. 그러므로 시간의 관계부사 when으로 이어주고, 뒷 문장의 겹치는 부분인 on the day는 쓰지 않고 문장을 마무리해야 한다.

   * which로 받아준 후, 문장의 마지막에 전치사 on을 써두면 문법적으로는 틀리지 않으나, 이 문제의 조건이 관계부사를 이용하는 것이므로 감점의 대상이 되거나, 틀릴 수도 있으니 주의

   (B) 앞 문장의 the restaurant과 뒷 문장의 at the restaurant가 겹치고 있음을 알 수 있다. 그러므로 장소의 관계부사 where을 이용하여 받아주고, 뒷 문장의 at the restaurant는 쓰지 않고 문장을 마무리해야 한다.

3. (1) 복합관계부사절의 활용을 묻고 있다. "아무리 ~한다 하더라도"는 "However+형용사 / 부사+주어+동사"의 패턴을 취한다. 무서운 이라는 형용사는 scary이다. 그러므로 However scary the dream was라고 마무리한다.

   (2) 난이도가 높은 문제이지만, 고1 수준에서의 숙어적 암기사항을 묻고 있음과 동시에, 문장의 주어 자리로 마무리까지 하는 영작 가능성 여부를 묻고 있다. 우선 "당연하게 여기다"는 숙어는 take something for granted이다. 말 그대로 숙어이므로 암기해야만 한다. 그다음, 주어 자리이므로 what 명사절을 이용하면, What I take (목적어 생략) for granted로서 뒷 문장을 불완전하게 만들고, 해석은 "~것"으로 마무리될 수 있다. 그럼 정답과 같이 마무리될 수 있을 것이다.

4. 1) ① 선행사 the reason이므로 관계부사 why가 적합함을 알 수 있다. 하지만, 첫 번째 빈칸은 문장 맨 뒤에 전치사 for로 마무리되므로, 전치사 뒤에 명사가 없는 불완전한 문장이므로 관계대명사 which를 사용한다.

   ② 선행사 the reason 뒤에 3형식 완전한 문장이 존재하므로 편안하게 관계부사 why를 써 주면 되겠다.

   2) ① 선행사 the house 뒤에 1형식 완전한 문장 구조이므로, 관계부사 where을 써 주면 되겠다.

   ② 선행사 the house 뒤에 전치사 in으로 끝나는 불완전한 구조이므로, 관계대명사 which 또는 that을 써 주면 되겠다.

   3) 선행사 the fact 뒤에 동사 know의 목적어가 없는 불완전한 문장이므로, 목적격 관계대명사 which 또는 that을 써 주면 되겠다.

5. 1) 첫 문장의 빈칸 뒤의 구조는 전치사 in으로 마무리되어 불완전한 구조를 보이므로 which.

   두 번째 문장의 빈칸 뒤의 구조도 역시 전치사 in으로 마무리되어 불완전한 구조를 보이므로 which.

   2) 첫 문장의 빈칸 뒤의 구조는 전치사 for로 마무리되어 불완전한 구조를 보이므로 which.

   두 번째 문장의 빈칸 뒤의 구조는 전치사 for로 마무리되어 불완전한 구조를 보이므로 which.

   3) 첫 문장의 빈칸 뒤의 to 부정사가 등장하였는데 내용상 의

문사 how를 쓰면 적절하다. 그리고 "의문사+to 부정사"는 관용적으로 잘 결합하는 형태임을 기억해 두자.

두 번째 문장의 빈칸 뒤의 구조는 3형식 완전한 문장 구조를 보이고 있으며, 내용상 적합한 how를 선택.

4) 첫 문장의 빈칸 뒤의 구조는 1형식 완전한 문장 구조를 보이고 있으며, 내용상 적합한 where을 선택.

두 번째 문장의 빈칸 뒤의 구조는 3형식 완전한 문장 구조를 보이고 있으며, 내용상 적합한 where을 선택.

6. 1) 선행사 the day는 "시간"을 의미하므로, 관계부사 when이 등장하여 완전한 문장으로 이끄는 첫 번째 유형 가능.

2) 선행사 the day를 꾸며주는 관계부사 when을 다르게 표현한다면, "전치사+관계대명사"이므로 앞의 선행사 the day와 어울리는 전치사는 "on"이므로 on which로 연결 후 문장을 마무리하는 두 번째 유형 가능.

3) 위 2)번 해설에서 전치사가 문장의 맨 뒤로 이동할 수 있으므로, 선행사 the day를 which로 받아준 후 전치사만 문장의 맨 뒤로 이동시켜서 마무리하는 세 번째 유형 가능.

7. 상당히 복잡한 영작인 듯 보일 수 있다. 하지만, 정신을 차리고 우선 국어부터 똑바로 읽고 분석해야 한다. 국어를 살펴보면, 주어(그 대표는), 동사(제공했다), 목적어(장소를)이다. 그다음 중간에 있는 "모든 이들이 만날 수 있고, 현재 문제들을 논의할 수 있는"이라는 내용은 목적어인 (장소)를 꾸며주는 수식부임을 알 수 있을 것이다.

단어들 보기 중에서 관계부사 "where"이 보이므로 관계부사의 수식임을 알 수 있고, 그러므로 뒷 문장을 완전한 구조로 갖추어 해석에 맞게 영작한다면 정답과 같이 영작할 수 있겠다.

8. 내용상 시간의 복합관계 부사절 (whenever)로 시작되어야 한다. 그다음 주어(내가), 동사(시작하다), 목적어(재료들 요리를)이다. 나머지 한국어 "내가 산"은 목적어 (재료들)을 꾸며주는 수식 부위이고, 주어진 조건을 고려하였을 때 "목적격 관계대명사"를 생략하는 게 조건임을 알 수 있다. 목적격 관계대명사를 쓰게 되면 9단어라는 조건을 어기게 되고 10단어가 되기 때문이다. 나머지는 내용에 맞게 영어로 배열을 마무리하면 정답과 같다.

9. 복합관계부사절을 이용해야 한다. "아무리 ~한다 하더라도"는 "However+형용사 / 부사+주어+동사"의 패턴을 취한다. 그러므로 However beautiful you are라고 마무리한 후, 나는 신경 쓰지 않는다는 I don't care이므로 이 둘을 합치면 된다.

10. 내용상 시간의 복합관계 부사절 (whenever)로 시작되어야 한다. 그다음 주어 (그가), 동사 (보다), 목적어 (학생들이), 목적보어 (공부하다)의 5형식 지각동사(saw) 패턴을 이용하여 복합관계부사절을 마무리한다. 나머지는 내용에 맞게 영어로 배열을 마무리하면 정답과 같다.

조동사

A

1. would 2. must 3. can 4. had better 5. need
6. ought not to

해설

1. ▶ 해석: 그가 지금보다 젊었을 때, 그 마을을 일주에 한 번은 방문했었다.
   when 종속절의 시제가 was(과거)이므로, 주절 동사의 시제도 일치시켜야 한다. 그러므로 would(과거) 선택.

2. ▶ 해석: Sam과 Karl이 지금 어디에도 없기 때문에, 그들은 거기에 다시 간 것임에 틀림없다.
   because 종속절의 내용이 '그들이 지금 어디에도 없기 때문에'라는 내용이므로, "(과거에) ~했음이 틀림없다"라는 의미인 must have gone(조동사+have p.p)을 선택한다.

3. ▶ 해석: 비록 그녀가 2주 전에 그를 만났을지라도, 그녀는 그를 기억할 수 없다.
   위 내용에 비추어 내용에 알맞은 조동사는 can이다.

4. ▶ 해석: 그가 그와의 관계를 멈추는 것이 더 낫다.
   조동사의 단순 암기 패턴이다. "had better+동사원형"은 "~하는게 더 낫다"는 의미이다.

5. ▶ 해석: 그녀는 그 이론을 더 알기 위해서 또 다른 책을 살 필요가 없다.
   이 문제는 조심해서 풀어야 한다. 왜냐하면 need가 평소 동사로 쓰이는 경우를 많이 공부했기에 주어 she와의 단순 수일치 문제로 접근해서 needs라고 하면 틀리기 때문이다. 왜냐하면 뒤에 not이 있으므로, 이건 "조동사 need"임을 인지해야 한다. 즉, need는 "일반동사"도 있고, "조동사"도 있다. 여기서는 조동사의 need이고, 조동사이기 때문에 can 또는 will처럼 뒤에 바로 not을 취할 수 있다.

6. ▶ 해석: 그 술이 취한 남자는 수영장에서 수영을 해서는 안 된다.
   조동사 "ought to"는 "~해야 한다"인데, 부정으로 쓸 경우에는 "ought not to"의 형태로 써야 한다.

B

1. No, you may not 2. be 3. have to 4. should 5. has to
6. have to 7. May 8. going to buy 9. go 10. must

해설

1. May 조동사로 질문한 경우 답변도 may로 답한다는 원칙을 묻고 있다. (사실, 구어체인 경우에는 Yes, you can이라고 할 수도 있지만, 문법을 정리하는 단계라서 기본에 충실한 답을 찾는다.)

2. 조동사 (may) 뒤에는 동사원형을 쓰는 가장 기본적인 원칙을 묻고 있다.

3. 조동사 must는 have (has) to로 바꿔쓸 수 있다.

4. 도서관에서는 조용히 해야 하는 것이지, 조용히 할 수 있는 것이 아니므로 should (의무, 당위성: 당연히 ~해야 하는 것)를 선택.

5. 주어 She와의 수일치를 고려해보면, has to (=must)가 될 수밖에 없다.

6. 앞에 don't가 있으므로, must는 불가능하다. don't have to 는 "~할 필요가 없다"는 의미이다.

7. ▶ 해석: 제가 주문을 받아도 될까요? (주문하시겠어요?)
   조동사 may는 상대방의 "허락, 허가"를 구하는 의미이므로 적절한 의미로 이해될 수 있다. 하지만 will은 흔히 주어 자신의 의지를 피력하는 것이기 때문에, 지금 상황이 자신의 의지보다는 대화를 듣고 있는 상대방 (고객)에게 초점을 맞춘 내용이므로 may가 적합하다.

8. 동사 is가 이미 자리 잡고 있으므로, 그 뒤의 패턴을 연계해야 한다. 그렇다면 going to가 적절히 연결될 수 있으며, 이는 be going to로서 will로 대체 가능하다.

9. be going to 뒤에는 동사원형이 와야 하므로 go이다.

10. ▶ 해석: 운전하는 동안, 당신은 빨간 신호에 멈춰야만 한다.
    반드시 "~해야 한다"라는 "의무"의 조동사 must이다.
    참고: must not은 "~해서는 안 된다(금지)"

C

1. see 2. Did 3. float 4. go 5. do 6. had better not
7. could 8. must 9. must 10. may well 11. must
12. could 13. is 14. have touched 15. may be

해설

1. 조동사 be able to (= can) 뒤에는 동사원형을 써야 한다.
2. 의문문 전환 시 본동사가 일반동사(leave)이므로, 조동사 Do / Does의 도움을 받아서 의문문으로 완성해야 하는데, 부사 yesterday가 "과거시제"를 의미하므로 Did로 써야 한다.
3. 조동사 will 뒤에는 동사원형을 써야 한다.
4. used to 뒤에는 동사원형을 써야 한다. 해석은 "~하곤 했다"이다.
5. 앞 문장의 질문에 대한 올바른 대답 형태를 묻고 있다. Do you~로 질문하였으므로, No, I don't로 답해야 한다.
6. had better는 "~하는 게 더 낫다"라는 의미의 조동사이다. 그러므로 부정(not)할 때도 had better 다음에 not을 위치시켜야 한다.
7. 문장의 본동사가 told(과거시제)이므로, that절의 시제도 could(과거)로 일치시켜야 한다.
8. 내용상 빨간불에 차는 반드시 서야 한다는 것이므로 must를 선택한다.
9. ▶ 해석: 나는 그를 정확히 기억하므로 그는 네가 찾고 있는 중인 그 사람임에 틀림없다.
   위 내용에서 우선 본인이 정확히 기억한다고 했으므로, 그 뒤의 내용은 강력한 추측인 must가 와야 할 것이다.
10. may well은 "~하는 것도 당연하다", may as well은 "~하는 게 더 낫다"는 표현이다. 어제 일이 많았다고 했으므로, 지금 피곤한 게 당연하다라는 내용이므로, 정답은 may well이다.
11. 자기가 I am sure(확신한다)라고 말하고 있으므로, 그 뒤의 내용은 강력한 추측인 must가 와야 한다.
12. Yesterday는 "어제"이므로 (과거시제)이다. 그러므로 can의 과거형 could를 쓴다.
13. 의문문이므로 "의문사+동사+주어~"의 패턴이다. 가짜 주어(It)과 진짜 주어(to 부정사)의 구조를 확인할 수 있고, 가짜 주

어 뒤의 impossible은 형용사이므로, it is impossible라는 문장이 의문문으로 되기 전의 원래 모습임을 알 수 있다. 조동사 may가 답이 되려면, 뒤에 동사원형이 있어야 한다.
14. ▶ 해석: 이 영화는 작년에 많은 사람들에게 감동을 줬을 것이다.
   조동사 (may) 뒤에 have p.p를 쓰면 과거의 일과 연관된 추측이 되는데, 작년의 이야기를 하고 있으므로 have p.p를 쓴다.
15. 둘의 차이를 묻고 있는데, maybe는 부사, may be는 "조동사+동사원형"이다. 괄호 속 자리는 문장의 동사 자리이므로 may be를 선택해야 한다.

D

1. had to 2. be 3. don't 4. will / must 둘 중 하나 생략
5. would 6. not to be 7. may well 8. would 9. had
10. be 11. play 12. hurry 13. had better not
14. must not 15. had
16. watching / used to 둘 중 하나로 수정 17. need 18. take
19. used to / going 둘 중 하나로 수정 20. have 21. could
22. not to 23. must 24. help 25. had better not

해설

1. last Saturday가 있으므로 (과거)시제를 의미하므로, had to로 수정해야 한다.
2. 조동사 (must) 뒤에는 동사원형을 써야 한다.
   ▶ 해석: 크리스와 제인은 쌍둥이임에 틀림없다.
3. 주어(You)와 동사(doesn't)간의 수일치가 되지 않는다. 그러므로 don't로 수정해야 한다.
4. 조동사 두 개를 연달아 사용할 수 없다. 그러므로 둘 중 하나를 생략하면 된다.
5. 본동사(told)의 시제가 과거형이므로, 종속절인 that절의 동사도 과거형(would)로 일치시키는 문제이다.
6. 조동사 ought to의 부정형은 ought not to의 형태임을 기억해야 한다.
7. may well은 "~하는 것도 당연하다", may as well은 "~하는

게 더 낫다"는 표현이다. 해석을 해 보면 may well이 되어야 한다.

▶ 해석: 좋은 결과 때문에, 그가 그의 아들을 자랑스러워하는 것도 당연하다.

8. 본동사(knew)의 시제가 과거형이므로, 종속절인 that절의 동사도 과거형(would)로 일치시키는 문제이다.

9. "had better+동사원형"은 "~하는 게 더 낫다"는 의미이므로 had better로 수정해야 한다.

10. 조동사(should) 뒤에는 동사원형(be)을 써야 한다.

11. 조동사(used to) 뒤에는 동사원형(play)를 써야 한다.

12. "had better+동사원형"은 "~하는 게 더 낫다"는 의미이며, to hurry를 hurry로 수정해야 한다.

13. had better는 "~하는 게 더 낫다"라는 의미의 조동사이다. 그러므로 부정(not)할 때도 had better 다음에 not을 위치시켜야 한다.

14. ▶ 해석: 거짓말은 나쁜 것이다. 그래서 너는 거짓말을 할 필요가 없다.

위 해석은 의미가 이상하다. 문맥상 거짓말은 "할 필요가 없는" 것이 아니라, "해서는 안 되는 것"이라는 의미가 되어야 한다. 그러므로 <선택>의 의미인 don't have to가 아니라 <금지>의 의미인 must not을 써야 한다. 이 둘의 구분은 문맥상 내용으로밖에 구분할 수 없다.

15. ▶ 해석: 그는 젖은 옷을 마른 옷으로 갈아입는 것이 더 낫다.

"had better+동사원형"은 "~하는 게 더 낫다"는 의미이며, has better를 had better로 수정해야 한다.

16. 우선 be used to+동사원형은 "~하기 위해 사용되다"라는 뜻이다. 즉, to 부정사의 부사적 용법(목적)의 의미로 해석하고, 남아 있는 be p.p는 "수동태"로 처리하게 되면 위와 같은 해석이 될 수밖에 없다. 하지만, 이 문제를 그렇게 해석하게 되면 나는 밤에 혼자 영화를 보기 위해 사용되어 진다라는 의미가 되므로 해석이 맞지 않다. 이에 대한 수정 방법은 두 가지가 있다.

첫째, be used to+"명사(동명사)"를 쓰면 "~에 익숙해지다"라고 해석이 되므로 해석이 적절할 수 있다.

둘째, used to+"동사원형"을 쓰면, "~하곤 했다"라는 과거의 습관을 의미한다.

위 둘 어느 쪽으로 수정하더라도 정답이 될 수 있다.

17. 이 문제는 조심해서 풀어야 한다. 왜냐하면 need가 평소 "동사"로 쓰이는 경우가 많아서, 주어 Sam과의 단순 수일치 문제로 접근해서 needs라고 하면 틀리기 때문이다. 왜냐하면 뒤에 not이 있으므로, 이건 "조동사 need"임을 인지해야 한다. 즉, need는 "일반동사"도 있고, "조동사"도 있다. 여기서는 조동사

의 need이고, 조동사이기 때문에 can 또는 will처럼 뒤에 바로 not을 취할 수 있다.

18. "had better+동사원형"은 "~하는 게 더 낫다"는 의미이며, to take를 take로 수정해야 한다.

19. 우선 be used to+동사원형은 "~하기 위해 사용되다"라는 뜻이다. 즉, to 부정사의 부사적용법(목적)의 의미로 해석하고, 남아 있는 be p.p는 "수동태"로 처리하게 되면 위와 같은 해석이 될 수밖에 없다. 하지만, 이 문제를 그렇게 해석하게 되면 나는 혼자 등산가기 위해 사용되어 진다라는 의미가 되므로 해석이 맞지 않다. 이에 대한 수정방법은 두 가지가 있다.

첫째, be used to+"명사(동명사)"를 쓰면 "~에 익숙해지다"라고 해석이 되므로 해석이 적절할 수 있다.

둘째, used to+"동사원형"을 쓰면, "~하곤 했다"라는 과거의 습관을 의미한다.

위 둘 어느 쪽으로 수정하더라도 정답이 될 수 있다.

20. ▶ 해석: 그녀는 과거에 긴 머리였다.

used to는 "~하곤 했다(과거의 습관)"을 나타내지만, "과거의 상태"를 묘사하기도 한다. 여기서는 과거의 상태를 의미한다.

21. when 종속절의 시제가 was이므로 과거의 내용을 의미하므로 can을 could로 시제일치시켜 준다.

22. 조동사 ought to의 부정형은 ought not to의 형태임을 기억해야 한다.

23. ▶ 해석: 내가 적은 내 이름이 태그에 있기 때문에 이 가방은 아마 나의 것일 거다.

본인이 직접 적은 이름이 태그에 있으므로, 이것은 강한 확신을 가지고 이야기하는 상황이어야 한다. 그러므로 약한 추측인 might가 아닌 강한 추측인 must로 바꿔야 한다.

24. used to+"동사원형"을 쓰면, "~하곤 했다"라는 과거의 습관을 의미한다.

▶ 해석: 그는 도움이 필요한 학생들을 돕곤 했다.

25. had better는 "~하는 게 더 낫다"라는 의미의 조동사이다. 그러므로 부정(not)할 때도 had better 다음에 not을 위치시켜야 한다.

E

1. ③

2. ④

3. ②

4. ②

5. 1) ④ 2) ③

6. ④

7. ④

8. ①, ②

9. When he was young, he must have been a professor

10. You do not have to follow their own rules.

11. he may have told you, you must have rejected it.

12. 1) fixing 2) walk 3) could have been hit

13. We had better study English abroad.

14. 1) would 2) rises 3) need not conform

🏫 학교 기출 유형 해설

1. ③: won't는 will not의 축약형이다. 조동사 뒤에는 "동사원형"을 써야 하므로, visits을 visit으로 수정한다.

2. ④: 조동사 must가 포함되어 있으므로, 부정어 not을 쓸 때는 조동사 뒤에 must not의 형태로 위치시켜야 한다.

3. "Let's~" <~합시다>라는 문장의 형태는 "Shall we~?"의 형태로 바꾸어 쓸 수 있음을 암기해야 한다. 조동사 shall은 듣는 사람(청자)의 의중에 더 큰 비중을 두므로 <~합시다>라는 내용은, 결국 Shall we? <~하시겠어요?>라는 본인 의사보다는 상대방의 의사를 적극 타진하는 문장의 형태가 적합하다.

4. 조동사 may는 <허락>, <추측>으로 크게 나뉠 수 있는데 보기는 David의 집에 놀러가도 되는지 <허락>을 구하고 있다. 그러므로 보기 중 ②번만이 <허락, 허가>의 may이고, 나머지 보기들은 모두 <추측>을 의미하고 있다.

5. 1) 작년의 이야기를 하고 있으므로, 과거형의 조동사 could를 선택한다.

   2) 방글라데시에 비가 많이 오며, 작년에 학교도 몇 주 동안 못 갔다고 하는 내용이므로, 그 원인으로는 홍수(floods)가 적합하다.

6. ④: "had better+동사원형"은 "~하는 게 더 낫다"는 의미이며, to take를 take로 수정해야 한다.

7. 우선, 조동사 "had better" 뒤에는 "동사원형"을 쓴다. 의미는 "~하는 게 더 낫다"는 뜻이다.

   ① had better sit으로 수정

   ② had better not run around로 수정해야 한다.

   왜냐하면 run은 동사이므로, 형용사 no가 꾸며줄 수 없을뿐더러, 조동사 had better을 부정할 때는 뒤에 not을 쓴다고 이미 여러 번 학습한 내용이다.

   ③ 당신은 규칙적으로 운동하는 게 더 좋습니다.

   had better 뒤에 be라는 동사원형이 오긴 했으나, 굳이 권유하는 표현을 진행형(be exercising) 시제로 쓸 이유가 없으므로, 단순히 had better exercise라고 수정한다.

   ⑤ had better not make로 수정한다.

   had better "to 동사원형"으로 표현하지 않는다.

8. ①: 조동사 (would) 뒤에 동사원형 (watch)로 수정

   ②: 매일 운동하려 노력하지만, 오늘은 I was not으로 마무리를 하게 되면, I was not exercise가 되는 것이다. 즉, 동사가 2개가 되어서 명백히 오류가 된다. 그러므로 오늘은 할 수 없었다는 내용이 되려면 but today I (could) not.으로 마무리하면, I could not exercise이므로, 조동사 뒤 동사원형을 준수하는 올바른 문장 형태가 된다.

9. 종속절(접속사가 포함되는 쪽)의 내용을 살펴보면, 그가(he) 젊었다 (was young) 때 (When)이므로,

   1) 종속절: When he was young

   그다음 주절을 살펴보면 그는(he) 대학교수(a professor)임에 틀림없다(조동사+ 과거). 여기서 주어진 <조동사>는 may(~일 것이다)인데, 주어진 해석은 매우 강력한 추측(틀림없다)을 하고 있으므로, 우선 조동사의 활용이 필요하므로, "must"로 고쳐야 한다. 그다음 <과거>의 일에 대한 추측이므로, "조동사 +have p.p"의 형태를 써야 하므로

   2) 주절: he must have been a professor

   3) When he was young, he must have been a professor.

10. 주어(You), 동사(follow)의 부정(don't follow), 목적어 (their own rules)로 마무리될 것이다.

    You do not follow their own rules.

11. 종속절(접속사가 포함되는 쪽)의 내용을 살펴보면, 그가(he) 아마(may) 말하다(tell)의 과거 추측 "말했다(have told)" 너에게 (you) ~일지라도(Although)이므로,

    1) 종속절: Although he may have told you

    그다음 주절을 살펴보면 너는(you) 틀림없이(must) 거절하다

(rejected)의 과거 추측 "거절했다(have rejected)" 그것을(it). 여기서 매우 강력한 과거의 추측(틀림없다)을 하고 있으므로, 조동사+have p.p 형태로 영작하면

2) 주절: you must have rejected it

Although he may have told you, you must have rejected it.

12. 1) be used to+"명사(동명사)"는 <~에 익숙해지다>라는 의미인데, get used to, become used to, be accustomed to, grow used to "명사(동명사)" 모두가 같은 표현들이다. 주어진 예문의 시제는 "진행형"까지 더 해진 형태이다. 즉, <~에 익숙해지고 있는 중>이라는 의미이므로, fix를 fixing으로 수정한다.

▶ 해석: 이제 David는 새 전기차들을 고치는 데 익숙해지고 있는 중이다.

2) would rather A than B <B 보다는 A 하겠다>라는 의미이며, A와 B의 병렬 시 품사의 일치도 필요한 것을 묻는 문제이다. 주어(The player), 동사(run)이 기본 패턴이므로, B도 동사(walk)의 형태로 수정해야 한다.

▶ 해석: 그 선수는 오랜 시간 걷기보다는 단시간을 달린다.

3) 조금 전에 아이가 치일 뻔했다는 내용이므로 "조동사+have p.p"로 마무리한다.

▶ 해석: 조심하세요. 저 조그만 아이가 방금 전 스쿨존에서 거의 치일 뻔했다구요.

13. 주어(We) 동사(study), ~하는 게 더 낫다(had better) 목적어(English), 부사(abroad)로 정리될 수 있으니, 다음과 같이 영작한다.

We had better study English abroad.

14. 1) 본동사 (said)가 과거형이므로, that 절의 시제도 과거형으로 시제일치시켜야 한다. 그러므로 would로 수정한다.

▶ 해석: 그는 그가 그 경연에 참여할 수 있을 것이라고 말했다.

2) 본동사 (said)가 과거형이지만, that절의 내용이 과학적 사실이므로 단순 현재시제로 표현해야 한다. 그러므로 rises로 수정하여 "시제+수일치"까지 마무리한다.

▶ 해석: 많은 사람들은 태양이 동쪽에서 뜬다고 말했다.

3) 조동사 need이므로 to를 생략하고 동사원형으로 마무리한다.

즉, need conform으로 마무리한다.

▶ 해석: 그들은 새 현실에 순응할 필요가 없다.

가정법

A

1. could 2. would 3. knew 4. could 5. could
6. could buy

해설

1. If 조건절의 시제가 과거(were)이므로, 가정법 과거시제이며 가정법에서는 조동사의 과거형을 기본으로 써야 하므로 could 선택.

2. If 조건절의 시제가 과거(helped)이므로, 역시 조동사 과거형 선택.

3. 주절의 시제가 would write이므로 가정법 과거 패턴임을 알 수 있으므로, If 조건절에도 가정법 과거(knew)를 선택.

4. If 조건절의 시제가 과거(were)이므로, 주절도 조동사 과거형 선택.

5. as if 특수가정법이며, 시제는 과거 또는 과거완료만 가능하므로 보기 중에서 과거(could)를 선택.

6. If 조건절의 시제가 과거완료(had saved)이므로, 가정법 과거완료 패턴을 답으로 고를 수 있겠으나 조심해야 한다. 주절의 마지막에 now가 존재하고 있으므로 **혼합가정법**임을 알 수 있다. now는 현재를 의미하므로 현재사실의 반대는 가정법 과거이므로 could buy 패턴을 선택.

B

1. were 2. could 3. were 4. had had
5. would have helped 6. had worked 7. had
8. had not helped 9. would 10. would
11. had not been 12. had been

1. 주절의 시제가 could fly 즉, 가정법 과거 패턴을 보이므로 If 조건절의 시제도 가정법 과거(were)를 선택.

2. If 조건절의 시제가 과거(were)이므로, 주절도 과거시제 패턴 선택.

3. If 조건절의 시제가 과거(were)이므로, 주절도 과거시제 패턴 선택.

4. 주절의 시제가 가정법 과거완료(could have p.p) 패턴을 보이므로, If 조건절의 시제도 가정법 과거완료(had p.p) 패턴 선택.

5. If 조건절의 시제가 가정법 과거완료(had p.p) 패턴이므로, 주절의 시제도 가정법 과거완료(could have p.p) 패턴을 선택.

6. 주절의 시제가 가정법 과거완료(could have p.p) 패턴을 보이므로, If 조건절의 시제도 가정법 과거완료(had p.p) 패턴 선택.

7. 주절의 시제가 would lend 즉, 가정법 과거 패턴을 보이므로 If 조건절의 시제도 가정법 과거(had)를 선택.

8. 주절의 시제가 가정법 과거완료(could have p.p) 패턴을 보이므로, If 조건절의 시제도 가정법 과거완료(had p.p) 패턴 선택.

9. If 조건절의 시제가 과거(had)이므로, 주절도 과거시제 패턴 선택.

10. If 조건절의 시제가 과거(loved)이므로, 주절도 과거시제 패턴 선택.

11. 주절의 시제가 가정법 과거완료(would have p.p) 패턴을 보이므로, If 조건절의 시제도 가정법 과거완료(had p.p) 패턴 선택.

12. 주절의 시제가 가정법 과거완료(could have p.p) 패턴을 보이므로, If 조건절의 시제도 가정법 과거완료(had p.p) 패턴 선택

C

1. If he were not poor, he could buy the house
2. If I had not been ill, I would have met you
3. If he knew her address, he would write to her
4. If she had been rich, she would have helped him
5. If she had had much money, she would have bought the car

1. 배열 문제이므로 단순해 보일 수 있지만, 각각의 동사 배치에 주의하여야 한다. 우선 이런 유형의 문제를 풀 때는 If 조건절에는 "조동사"가 사용되지 않는다는 점을 이용한다.
   그럼 보기 중에서 조동사의 과거형(could)는 "주절"에 사용되어야 하고, 그다음 해결할 수 있는 것은 "조동사+동사원형"이므로 보기 중에서 동사원형은 "buy"가 있음을 확인한다. 그런 다음 동사 buy의 대상(목적어)를 찾아보면 "the house"가 됨을 알 수 있으며 결국 "가정법 과거" 문제라는 것을 이해한다. 이 정도까지만 추론해 낼 수 있으면 답은 거의 다 찾은 것이다. 주어는 당연히 he가 될 것이므로, 정답과 같이 영작할 수 있겠다.

2. 위 1번과 동일한 방식으로 접근한다. 주절의 패턴이 조동사 would를 중심으로 잡아주고, 동사원형은 "have"뿐이므로 그 뒤의 패턴은 자연스레 p.p형을 처리해 주어야 하는 문제이므로 가정법 "과거완료" 패턴임을 알 수 있다. 그러므로 정답과 같다.

3. 논리 구조는 위 1번 해설과 동일하다. 그렇다면 주절에 들어갈 조동사 would를 중심으로 그 뒤의 "동사원형 (write)"를 처리해 주면, 정답과 같이 가정법 과거 패턴의 영작이 된다.

4. 주절에만 사용될 수 있는 조동사의 과거형(would)를 중심으로 뒤의 동사원형은 "have"가 존재하며, 그 뒤의 결합구조는 p.p가 되어야 하므로, 이 문제는 가정법 과거완료 패턴임을 알 수 있다. 그러므로 정답과 같이 영작 가능하다.

5. 역시 주절에만 사용될 수 있는 조동사의 과거형 (would)를 중심으로 뒤의 동사원형은 "have"가 존재하며, 그 뒤의 결합구조는 p.p가 되어야 하므로, 이 문제는 가정법 과거완료 패턴임을 알 수 있다. 그러므로, 정답과 같이 영작 가능하다.

D

1. knew 2. had heard 3. would live 4. had not been
5. were 6. Had it not been for 7. could be
8. solved 9. were 10. had known
11. weather were good 12. picked 13. have lent
14. I don't know her address 15. had / could play
16. it was not fine

17. we had enough time, we could read all the reports

해설

1. 주절의 시제가 would tell 즉, 가정법 과거 패턴을 보이므로 If 조건절의 시제도 가정법 과거(knew)를 선택

2. 주절의 시제가 가정법 과거완료(could have p.p) 패턴을 보이므로, If 조건절의 시제도 가정법 과거완료(had p.p) 패턴 선택

3. If 조건절의 시제가 가정법 과거완료(had p.p) 패턴이므로, 주절의 시제도 가정법 과거완료(would have p.p) 패턴을 선택

4. 주절의 시제가 가정법 과거완료(could have p.p) 패턴을 보이므로, If 조건절의 시제도 가정법 과거완료(had p.p) 패턴 선택

5. 주절의 시제가 would not buy 즉, 가정법 과거 패턴을 보이므로 If 조건절의 시제도 가정법 과거(were)를 선택

6. 주절의 시제가 가정법 과거완료(could have p.p) 패턴을 보이므로, If 조건절의 시제도 가정법 과거완료(had p.p) 패턴을 선택해야 하는데, 문제점은 둘 다 had p.p 패턴을 갖추고 있다는 점이다. 그렇다면 그다음 해결과제는 접속사 "If"를 확인해야 하는데 If가 없이 완전한 패턴을 보이는 it had not been for 는 오류가 있는 문장으로 인식되고, if가 생략되는 경우는 "도치" 현상이 발생하므로 Had it not been for 문장이 겉으로는 이상해 보여도 정답이 되는 것이다.

7. If 조건절의 시제가 과거완료(had listened)이므로, 가정법 과거완료 패턴을 답으로 고를 수 있겠으나 조심해야 한다. 주절의 마지막에 now가 존재하고 있으므로 **혼합가정법**임을 알 수 있다.
   now는 현재를 의미하므로 현재사실의 반대는 가정법 과거이므로 could be 패턴을 선택.

8. 주절의 시제가 would get 즉, 가정법 과거 패턴을 보이므로 If 조건절의 시제도 가정법 과거(solved)를 선택.

9. 주절의 시제가 could fly 즉, 가정법 과거 패턴을 보이므로 If 조건절의 시제도 가정법 과거(were)를 선택.

10. 주절의 시제가 가정법 과거완료(would have p.p) 패턴을 보이므로, If 조건절의 시제도 가정법 과거완료(had p.p) 패턴 선택.

11. 한국어의 해석을 보면, "~한다면 ~할 텐데"이므로 직설법 시제가 "현재"이므로, 가정법 시제로는 "과거"시제를 선택해야 한다. 그러므로, 정답과 같이 영작을 마무리해야 한다.

12. 주절의 시제가 would take 즉, 가정법 과거 패턴을 보이므로 If 조건절의 시제도 가정법 과거(picked)를 선택.

13. If 조건절의 시제가 가정법 과거완료(had p.p) 패턴이므로, 주절의 시제도 가정법 과거완료(would have p.p) 패턴을 선택

14. 가정법 과거 문장을 직설법으로 전환하는 문제이다. "가정법 과거"는 "직설법 현재"사실과 반대되므로 직설법 전환 시 현재 시제를 사용해야 하며, 긍정문은 부정문으로 부정문은 긍정문으로 서로 반대로 만들어야 한다. 그리고 일반동사가 포함된 문장이기 때문에 부정문 전환 시에는 do / does의 조동사 도움이 필요하고, 이 모든 규칙을 지켜서 영작을 마무리한 것이 정답과 같음을 알 수 있다.

15. 직설법 현재시제의 문장을 가정법으로 전환하는 문제이다. "직설법 현재"는 "가정법 과거"로 표현해야 하며, 긍정문은 부정문으로 부정문은 긍정문으로 서로 반대로 만들어야 한다. 그리고 일반동사가 포함된 문장이기 때문에 부정문 전환시에는 do / does / did의 조동사 도움이 필요하고, 이 모든 규칙을 지켜서 영작을 마무리한 것이 정답과 같음을 알 수 있다.

16. 가정법 과거완료 문장을 직설법으로 전환하는 문제이다. "가정법 과거완료"는 "직설법 과거"사실과 반대되므로 직설법 전환 시 과거시제를 사용해야 하며, 긍정문은 부정문으로 부정문은 긍정문으로 서로 반대로 만들어야 한다. 그리고 일반동사가 포함된 문장이기 때문에 부정문 전환시에는 조동사 did 도움이 필요하고, 이 모든 규칙을 지켜서 영작을 마무리한 것이 정답과 같음을 알 수 있다.

17. 직설법 현재시제의 문장을 가정법으로 전환하는 문제이다. "직설법 현재"는 "가정법 과거"로 표현해야 하며, 긍정문은 부정문으로 부정문은 긍정문으로 서로 반대로 만들어야 한다. 그리고 일반동사가 포함된 문장이기 때문에 부정문 전환시에는 do / does / did의 조동사 도움이 필요하고, 이 모든 규칙을 지켜서 영작을 마무리한 것이 정답과 같음을 알 수 있다.

E

1. If I had a time machine, I would go to meet her
   As (Because) I don't have a time machine, I will not go to meet her

2. were / could

3. As(Because) / has a car / can go

4. knew / could send

5. As(Because) I am not rich, I can not buy the expensive book

6. As(Because) I was ill, I would not go there

7. If I had been rich, I would (could) have helped him

8. If it had not been for air conditioners, they could not have survived the summer

9. ③

10. 1) could meet
    2) had told
    3) could have

11. 1) If mom liked dogs, I could have a dog
    2) If he were not late again, he could get in the class
    3) If she loved him, he could marry her

12. 1) If Wright Brothers had not tried to fly, people could not have used airplanes
    2) If the concert had not been cancelled, the singer could not have taken a rest
    3) If they had not met each other often, they could not have understood themselves well.

13. ①, ②

14. ③

15. ④

🏛 학교 기출 유형 해설

1. 1) 보기에 주어진 예문의 시제만 "과거"로 바꿔주면 된다.
   have → had / will → would로 각각 바꿔준다.
   2) 가정법을 직설법으로 전환해야 한다. "가정법 과거"는 "직설법 현재"사실과 반대되므로 직설법 전환 시 현재시제를 사용해야 하며, 긍정문은 부정문으로 부정문은 긍정문으로 서로 반대로 만들어야 한다. 그리고 일반동사가 포함된 문장이기 때문에 부정문 전환 시에는 do / does의 조동사 도움이 필요하고, 이 모든 규칙을 지켜서 영작을 마무리한 것이 정답과 같음을 알 수 있다.

2. 직설법을 가정법으로 전환해야 한다. "직설법 현재"는 "가정법 과거"로 표현해야 하며, 긍정문은 부정문으로 부정문은 긍정문으로 서로 반대로 만들어야 한다. 그리고 일반동사가 포함된 문장이기 때문에 부정문 전환 시에는 do / does / did의 조동사 도움이 필요하고, 이 모든 규칙을 지켜서 영작을 마무리한 것이 정답과 같음을 알 수 있다.

3. 가정법을 직설법으로 전환해야 한다. "가정법 과거"는 "직설법 현재"사실과 반대되므로 직설법 전환 시 현재시제를 사용해야 하며, 긍정문은 부정문으로 부정문은 긍정문으로 서로 반대로 만들어야 한다. 그리고 일반동사가 포함된 문장이기 때문에 부정문 전환 시에는 do / does의 조동사 도움이 필요하고, 이 모든 규칙을 지켜서 영작을 마무리한 것이 정답과 같음을 알 수 있다.

4. 직설법을 가정법으로 전환해야 한다. "직설법 과거"는 "가정법 과거완료"로 표현해야 하며, 긍정문은 부정문으로 부정문은 긍정문으로 서로 반대로 만들어야 한다. 그리고 일반동사가 포함된 문장이기 때문에 부정문 전환 시에는 do / does / did의 조동사 도움이 필요하고, 이 모든 규칙을 지켜서 영작을 마무리한 것이 정답과 같음을 알 수 있다.

5. 가정법을 직설법으로 전환해야 한다. "가정법 과거"는 "직설법 현재"사실과 반대되므로 직설법 전환 시 현재시제를 사용해야 하며, 긍정문은 부정문으로 부정문은 긍정문으로 서로 반대로 만들어야 한다. 그리고 일반동사가 포함된 문장이기 때문에 부정문 전환 시에는 do / does의 조동사 도움이 필요하고, 이 모든 규칙을 지켜서 영작을 마무리한 것이 정답과 같음을 알 수 있다.

6. 가정법 과거완료 문장을 직설법으로 전환하는 문제이다. "가정법 과거완료"는 "직설법 과거"사실과 반대되므로 직설법 전환 시 과거시제를 사용해야 하며, 긍정문은 부정문으로 부정문은 긍정문으로 서로 반대로 만들어야 한다. 그리고 일반동사가 포함된 문장이기 때문에 부정문 전환 시에는 조동사 did 도움이 필요하고, 이 모든 규칙을 지켜서 영작을 마무리한 것이 정답과 같음을 알 수 있다.

7. 직설법을 가정법으로 전환해야 한다. "직설법 과거"는 "가정법 과거완료"로 표현해야 하며, 긍정문은 부정문으로 부정문은 긍정문으로 서로 반대로 만들어야 한다. 그리고 일반동사가 포함된 문장이기 때문에 부정문 전환 시에는 do / does / did의 조동사 도움이 필요하고, 이 모든 규칙을 지켜서 영작을 마무리한 것이 정답과 같음을 알 수 있다.

8. 보기의 주어진 단어들 중 접속사 (if)를 보니, 가정법 패턴일 수

있을 거라 짐작해야 한다. 그렇다면 가정법 과거 또는 과거완료일 수 있는데, 보기 중 had p.p의 형태가 보이므로 가정법 과거완료일 거라고 가정한 후 영작을 시작해 본다. If it had not been for가 "만약 ~가 없었다면"이라는 과거완료이고, 에어컨이 보이고 살아남다라는 내용이 추론되므로 they couldn't have survived air conditioners로 마무리한다.

▶ 해석: 만약 에어컨이 없었더라면, 그들은 살아남을 수 없었을 것이다.

9. 예문은 가정법 과거(weren't)임을 알 수 있다. 그러므로, 주절은 "주어+조동사 과거형+동사원형"의 패턴이 되어야 하므로 정답은 water would be clean이다.

▶ 해석: 수질오염이 심각해지고 있다. 만약 많은 쓰레기들이 없다면, 물은 깨끗할 것이다.

10. 1) 가정법 과거이므로, 주절은 조동사 과거형(could)로 고치고 동사원형으로 마무리한다.

2) 주절이 could have p.p이므로, 가정법 과거완료임을 알 수 있다. 조건절도 과거완료 패턴으로 완료해야 하므로 had told로 마무리한다.

3) now가 포함된 고난도 **혼합가정법** 문제이다. 혼합가정법은 시제가 뒤섞여 있는 것이므로 기존의 방식대로 답을 적게 되면 틀리게 된다. now는 현재를 의미하므로, 현재사실의 반대는 "가정법 과거"를 써야 하므로 could have가 정답이다

11. 1) 직설법 현재시제이므로, 가정법 과거 패턴으로 영작한다. 가정법에서 be 동사는 인칭에 상관없이 were를 써야 하지만 was도 혼용하고 있으므로, was를 써도 무방하다

2) 직설법 현재시제이므로, 가정법 과거 패턴으로 영작한다. 현재시제이므로, 가정법 과거 패턴으로 영작해야 한다.

3) 직설법 현재시제이므로, 가정법 과거 패턴으로 영작한다. 현재시제이므로, 가정법 과거 패턴으로 영작해야 한다.

12. 1) 직설법을 가정법으로 전환해야 한다. "직설법 과거"는 "가정법 과거완료"로 표현해야 하며, 긍정문은 부정문으로 부정문은 긍정문으로 서로 반대로 만들어야 한다. 그리고 일반동사가 포함된 문장이기 때문에 부정문 전환 시에는 do / does / did의 조동사 도움이 필요하고, 이 모든 규칙을 지켜서 영작을 마무리한 것이 정답과 같음을 알 수 있다.

2) 직설법을 가정법으로 전환해야 한다. "직설법 과거"는 "가정법 과거완료"로 표현해야 하며, 긍정문은 부정문으로 부정문은 긍정문으로 서로 반대로 만들어야 한다. 그리고 일반동사가 포함된 문장이기 때문에 부정문 전환 시에는 do / does / did의 조동사 도움이 필요하고, 이 모든 규칙을 지켜서 영

작을 마무리한 것이 정답과 같음을 알 수 있다.

3) 직설법을 가정법으로 전환해야 한다. "직설법 과거"는 "가정법 과거완료"로 표현해야 하며, 긍정문은 부정문으로 부정문은 긍정문으로 서로 반대로 만들어야 한다. 그리고 일반동사가 포함된 문장이기 때문에 부정문 전환 시에는 do / does / did의 조동사 도움이 필요하고, 이 모든 규칙을 지켜서 영작을 마무리한 것이 정답과 같음을 알 수 있다.

13. ③ 주절의 시제가 could sing이므로 가정법 과거의 패턴임을 추론할 수 있는데, 조건절이 is라고 되어 있으므로, 이를 were로 고쳐야 한다. 가정법에서는 be 동사는 인칭에 상관없이 were를 쓴다. 하지만, 오늘날에는 was도 혼용한다.

④ 주절의 시제가 would help로서 가정법 과거임을 알 수 있다. 하지만, 조건절이 knows라고 되어 있으므로, 이를 knew로 고쳐야 한다.

⑤ 조건절이 가정법 과거완료 had had임을 알 수 있다. 그런데 주절의 조동사 시제가 can이므로, 조동사의 과거형 could로 고쳐야 한다.

14. ③ 조건절이 sloved로 가정법 과거인데, 주절은 could manage로 고쳐야 하거나 또는 주절을 could have managed로 인식한다면, 조건절을 had solved로 고치는 것도 가능하다.

15. b) 조건절은 가정법 과거완료(had lent)의 패턴을 보이지만, 주절은 "조동사의 과거형" 자체가 존재하지 않고 있다. 그러므로, 내용상 could 또는 would 정도를 넣은 후 have had로 마무리한다.

d) 주절이 가정법 과거 패턴(could ride)이므로, 조건절은 were(was)로 수정해야 한다. 또는, If절을 "조건의 부사절"로 인식했다면, 주절의 동사를 can ride로 수정하는 것도 가능하다.

e) 주절이 could have married로서 가정법 과거완료의 패턴을 보여주고 있고, 조건절은 "도치"되어 있는 모습을 보여주고 있다. 하지만, Have라고 되어 있으므로 이것을 Had로 고쳐주어야 "Had+주어+p.p"로서 가정법 과거완료의 패턴으로 마무리될 수 있다.

f) 주절이 could have helped로서 가정법 과거완료의 패턴을 보여주고 있고, 조건절은 "도치"되어 있는 모습을 보여주고 있다. 하지만, Have라고 되어 있으므로 이것을 Had로 고쳐주어야 "Had+주어+p.p"로서 가정법 과거완료의 패턴으로 마무리될 수 있다.

g) 조건절 동사의 시제가 과거(knew)이므로, 가정법 과거임을 알 수 있다. 하지만, 주절의 시제가 can이므로 이를 조동사의 과거형(could)로 수정해야 한다.

비교급

A

1. bigger 2. lighter 3. less tall 4. much 5. to
6. no less than

해설

1. 1음절 단어는 -er을 붙여 비교급을 만들며, big처럼 단모음과 단자음으로 끝나는 단어는 마지막 단자음(g)를 한 번 더 쓰고 er을 써준다.
2. 1음절 단어는 -er을 붙여 비교급을 만든다.
3. 그는 너보다 키가 덜 크다 (더 작다)는 내용인데, less 자체가 비교급인데 taller를 쓰게 되면, 비교급을 두 번 사용한 오류가 된다. 그러므로 less를 쓰고 tall을 원급을 그대로 사용한다.
4. 비교급 강조부사는 much, far, even, still, a lot 등이 있다.
5. 형용사 단어 자체에 -or이 붙어있는 라틴어 비교급은 비교 대상 앞에 than을 쓰지 않고 전치사 to를 쓴다.
6. 내용상 Jack이 무려 50달러나 가지고 있어서, 택시를 이용할 수 있다는 내용이 되어야 하므로, no less than을 선택한다. no more than은 "기껏"이라는 의미이므로 문맥에 맞지 않다.

B

1. tall 2. smarter 3. the cutest 4. beautiful 5. the tallest
6. even 7. better 8. most 9. wisest 10. four times

해설

1. as~ as 동등비교 구문 사이에는 형용사나 부사의 "원급"을 사

용해야 한다. as~ as 자체도 비교급 패턴이므로, 그 사이에 taller를 쓰게 되면, 역시 비교급을 두 번 사용하게 되는 오류가 발생한다.

2. smart는 1음절 단어이다. 단, 국어로 스·마·트(3음절)이라고 생각해서는 안 된다. 왜냐하면 영어의 s는 독립적 1음절이 될 수 없으며, mart도 하나의 음절이기 때문이다. 즉, s를 우리 국어 "스"처럼 "자음과 모음"의 결합체인 1음절로 인식하면 안 된다고 본문에서 간단히 언급하였다. smart는 1음절이므로 -er을 붙여준다.

3. 내용상 우리 반에서 가장 예쁘다는 내용이므로 최상급을 선택한다.

4. as~ as 동등비교 구문 사이에는 형용사나 부사의 "원급"을 사용해야 한다. 그런데 이 문제는 보기가 형용사, 부사 둘 다 등장하였다. 이런 문제는 as를 없다고 생각하고 문장을 다시 살펴보면 쉽다.
그럼 1) Jessy is beautiful. 2) Jessy is beautifully. 위 두 개의 문장 중 어느 것이 맞는지는 바로 알 수 있을 것이다. 그러므로 정답은 beautiful이 된다. 즉, 2형식 문장이다.

5. 내용상 그 농구팀에서 키가 가장 크다는 내용이므로 최상급을 선택한다.

6. 비교급 강조부사는 much, far, even, still, a lot 등이 있다.

7. 이 책과 저 책을 놓고 비교하고 있으므로, 비교급을 선택한다.

8. 내용상 건강은 무엇보다 가장 중요하다는 내용이므로 최상급을 선택한다.

9. 줄리아는 그녀의 전공에서 가장 현명한 학생이라는 내용이므로 최상급을 선택한다. 하지만, 보기 둘 다 최상급인데 the most 자체가 최상급을 의미하는데 wisest는 또다시 최상급 표현이므로 the most wisest를 선택하게 되면 최상급을 중복으로 표현한 것을 선택하게 되므로 오류이다.

10. as~ as는 동등(대등)비교 표현이다. 하지만, 앞에 배수사를 붙이면 그것의 "몇 배 더"라는 비교표현이 된다. 그러므로 해석해 보면 이 집은 저 집보다 4배 더 크다는 의미가 된다. 또한 time 이 시간의 의미(불가산명사)일 때는 -s를 붙이지 못하지만, 배수 또는 횟수(가산명사)의 의미로 쓰이게 되면 -s를 붙일 수 있다.

C

1. the more 2. oldest 3. better 4. the fastest 5. more
6. taller 7. no less than 8. less 9. is 10. smartest
11. prettier 12. happier 13. the hottest
14. the most difficult
15. more humorous

해설

1. The 비교급~ , the 비교급 (~하면 할수록 더욱 ~하다) 패턴이다. 우리가 더 가지면 가질수록, 우리는 더 원한다는 의미이며, much의 비교, 최상급 활용이 more - most이므로 the more를 써준다.

2. 그의 친구들 중에서 가장 나이가 많다는 최상급이 와야 한다. 비교급을 표현해야 하는 단서는 어디에도 없다.

3. 커피와 우유 둘 중 어느 것을 좋아하느냐고 묻고 있는 비교급이다. 두 개 중 하나를 고를 때는 비교급을 쓴다.

4. 그는 아시아에서 가장 빠른 소년이라는 내용이므로 최상급을 선택.

5. 탐크루즈는 다른 어떤 영화배우들보다 더 인기가 있었다는 내용이므로, 비교급 more를 선택한다. 하지만, 이 문장이 비교급의 형태이긴 하지만, 의미는 최상급임을 이해할 수 있을 것이다. "다른 어떤 누구보다 더"라는 말이 사실상 최고임을 의미하는 것이다. 이렇게 비교급으로 최상급을 표현할 수도 있다.

6. 1음절 단어는 -er을 붙여 비교급을 만든다.

7. 그녀가 무려 100달러나 가지고 있어서 우리가 그것을 사는 것을 걱정할 필요가 없다는 내용이므로, 적다는 표현이 아닌 많다는 표현을 의미하는 no less than을 선택한다.

8. 보통, 중학생들은 고등학생들보다 키가 더 작다는 의미이므로, less를 선택한다. 그리고 tall은 taller라고 스스로 비교급으로 활용되므로, more tall이라고 쓰지 않는다.

9. 앞 문장의 동사가 is이므로 than 뒤의 동사도 be 동사로 병렬시킨다.

10. 그는 그 교실에서 가장 똑똑하다는 내용이므로 최상급을 선택한다.

11. 어떤 소녀와 나의 여동생을 비교하고 있으므로 비교급을 써야

하며 pretty는 prettier로 비교급 표현을 만든다.

12. happy는 happier로 비교급 변화한다.

13. 여름은 1년(4계절) 중 가장 덥다는 내용이므로, 최상급임을 알 수 있다.

14. 뒤의 that I have ever seen은 목적격 관계대명사이며, 과거부터 지금까지 본 (여러)문제 중에서 가장 어렵다는 내용이므로 최상급이 되어야 함을 알 수 있다(비교급은 둘 사이에서 사용).

15. hu·mor·ous는 3음절 형용사이므로 more humorous라고 써야 한다.

D

1. junior to
2. ate as / as I ate
3. prefers juice to coffee
4. is not as easy as / think
5. draw / picture as well as
6. is superior to
7. three times as / as that building
8. is not so much beautiful as cute
9. is better than that
10. The faster you run, the

해설

1. 주어진 철자 J는 해석 힌트에서 라틴어 비교급 (junior)임을 알 수 있으며, 라틴어 비교급은 "~보다"라는 의미로 than 대신 to를 사용한다는 것에 주의해야 한다.

2. 동사가 "먹었다(과거형 ate)"이고, "~만큼 ~한(as~ as 동등비교)" 구문을 사용해야 하며, 두 번째 as 뒤에는 "주어(I)와 동사(과거 ate)을 병렬시켜야 한다.

3. 주어진 철자 p는 해석 힌트에서 라틴어 비교급(prefer)임을 알 수 있어야 하며, 라틴어 비교급은 "~보다"라는 의미로 than 대신 to를 사용한다는 것에 주의해야 한다.

4. "~만큼 ~한 (동등비교 as~ as)구문"을 사용해야 하는데, "~하지 않다"는 부정적 의미가 포함되어 있으므로 not as~ as 구문으로 마무리해야 한다.

5. 동사 "그리다(draw)", 목적어 "그림(picture)"을 채워 넣고, "~만큼 잘"이라는 의미는 as well as를 추가한다.

6. 주어진 철자 s는 해석 힌트에서 라틴어 비교급 (superior)임을 알 수 있어야 하며, 라틴어 비교급은 "~보다"라는 의미로 than 대신 to를 사용한다는 것에 주의해야 한다.

7. as~ as는 동등(대등)비교 표현이다. 하지만, 앞에 배수사를 붙이면 그것의 "몇 배 더"라는 비교표현이 된다. 그러므로 해석을 참고하여 이 빌딩은 저 빌딩보다 3배 더 크다는 의미가 되어야 하므로 three times as~ as 구문으로 마무리한다.

8. "~라기보다는 오히려 ~하다(not so much A as B)" 구문의 이해 여부를 묻고 있다. 주어(Jane) 뒤에 동사(is)를 적은 다음 위 구문 패턴을 적용시켜 영작을 마무리한다.

9. "~보다 더 좋다 (better than)"표현의 이해여부를 묻고 있다.

10. "~하면 할수록, 더욱~하다(the 비교급 s+v, the 비교급 s+v)" 구문 이해 여부를 묻고 있다.

E

1. 1) is much more expensive than that car
   2) is less active than Sam
   3) is not as difficult as Chinese
2. 1) The less you spend, the more you save
   2) The higher you go up, the further you see
   3) The older we are, the wiser we become
3. ③
4. ③
5. 1) Traveling by airplane is more comfortable than traveling / ship
   2) The park is not as big as I thought
6. The more you study, the better grade / get
7. more brave than any other soldier
8. This car is much faster than that car
9. We need to study / hours further
10. I like / latter one than

11. The more you pay, the more satisfied you will be
12. ②, ④
13. 1) less 2) more 3) beautiful 4) louder
14. is two times as big as
15. was even more serious than / thought
16. was more considerate than any / teacher

🏫 학교 기출 유형 해설

1. 1) 동사(is), 훨씬 더(much more) 비싼(expensive) ~보다 (than), 저 차(that car)로 영작한다.
   물론, 비교급 강조부사는 much, far, even, still, a lot 중 다른 표현도 가능하다.
   2) 동사 (is), 덜 (less), 활동적인 (active), ~Sam보다 (than Sam)으로 마무리한다.
   3) 동사 (is), ~만큼 어렵지 않은 (not as difficult as) 중국어 (chinese)의 순으로 마무리한다.

2. 1) The 비교급 s+v, the 비교급 s+v(~하면 할수록 더욱 ~하다) 패턴이다. 당신이 적게 쓸수록, 더 많이 저축한다는 의미에 맞게 영작하려면, "더 적게(The less), 주어(you), 동사 (spend), 더 많이(the more), 주어(you), 동사(save)"로 마무리하면 된다.
   2) "더 높이(The higher), 주어(you), 동사(go up), 더 많이(the further), 주어(you), 동사(see)"
   3) "나이 들수록(The older), 주어(we), 동사(are), 더 똑똑한 (the wiser), 주어(we), 동사(become)"

3. 주어진 예문은 "Jack은 그의 형만큼 강하지 않다"라는 의미이다.
   ③은 Jack의 형은 그보다 더 강하다는 의미이므로 같은 의미임을 알 수 있다.

4. ③은 any other 뒤에는 "단수명사"가 오는 것을 묻고 있음.

5. 1) "~보다 더 편한(more comfortable than)"의 가장 기본적인 비교급 구조를 묻고 있다. 주어 "비행기로 여행하는 것 (Traveling by airplane, 동명사구 주어 처리)", 동사 "더 편하다 (is more comfortable than), 비교 대상"배로 여행하기 (traveling by ship)으로 마무리한다.

2) "~만큼 ~하지 않은(not as~ as)"의 패턴을 묻고 있다. 주어 "그 공원(The park)", 동사 "~이지 않다(is not)", 비교급 패턴 "~만큼 크지 않다(is not as big as)", 비교 대상 "내가 생각했던 것보다(I thought)"로 마무리한다.

6. The 비교급 s+v, the 비교급 s+v(~하면 할수록 더욱 ~하다) 패턴이다. 네가 더 많이 공부할수록, 더 좋은 성적을 얻는다는 의미에 맞게 영작하려면, "더 많이(The more), 주어(you), 동사 (study), 더 좋은 성적(the better grade), 주어(you), 동사 (get)"로 마무리하면 된다.

7. brave는 more brave로 표현해야 하며, any other+단수명사(soldier) 임에 매우 주의하며 영작을 마무리한다.

8. "~보다 더 빠르다(faster than)"의 기본 패턴에서 비교급 강조부사(much, far, ever, still, a lot 다 사용 가능) 중 하나를 추가하여 영작을 마무리한다.

9. 2시간 더 공부해야 한다는 내용이므로, "정도"를 의미하는 further을 써야 한다(farther은 물리적 거리를 의미).

10. late의 비교급 중에서 "순서"를 의미하는 latter(후자)로 변형하여 마무리해야 한다(later 은 "시간"상으로 "더 늦은"이다).

11. The 비교급 s+v, the 비교급 s+v(~하면 할수록 더욱 ~하다) 패턴이다. 주어진 예문의 의미에 맞게 영작하려면, "더 많이(The more), 주어(you), 동사(pay), 더 좋은 성적(the more satisfied), 주어(you), 동사(will be)"로 마무리하면 된다.
   여기서 문맥상 당신이 "만족하게 될 것"이므로 p.p형인 satisfied로 변형한 후, the 비교급을 따라서 앞으로 이동시키는 것에 주의해야 한다. 즉, the more you will be satisfied 로 쓰지 않도록 매우 주의해야 한다.

12. ③번은 as~ as 사이에 원급(strong)을 써야 하며, ④번은 as~ as 사이에 부사가 와야 하는데 fast가 부사 형태이다.

13. 1) 해석: 이 기계는 저 기계보다 덜 효율적이다.
   내용상 어울리는 little을 찾은 후 less로 변형한다. 만약, 보기에 good이 있었다면 better로 답이 될 수 있겠지만, 보기에 주어진 단어들 중에서는 little이 제일 적합하다는 것을 알아채야 한다.
   2) 해석: 요즘, 예전보다 더 많은 학생들이 종이책을 읽는 것에 어려움을 겪고 있다.
   문맥에 맞는 many를 선택 후 more로 변형한다.
   3) 해석: 그녀는 자신이 할 수 있는 한 아름답게 하여 파티에 등장했다.
   as~ as 동등비교 구문 사이에 형용사 beautiful을 쓴다.

4) 해석: 그 어린 소년은 다른 어떤 학생들보다 더 크게 소리 치고 있었다.

　문맥에 맞게 loud를 선택하고, 비교급 louder로 마무리해야 한다.

14. as~ as는 동등(대등)비교 표현이다. 하지만, 앞에 배수사를 붙이면 그것의 "몇 배 더"라는 비교표현이 된다. 그러므로 해석을 참고하여 이 학교는 저 학교보다 2배 더 크다라는 의미가 되어야 하므로 two times as big as 구문으로 마무리한다.

15. "~보다 훨씬 더 심각한(more serious than)"의 패턴을 요구하고 있으며, 비교급 강조부사도 첨가하여야 한다. 또한, 동사의 시제가 "과거형"이므로 각 was와 thought를 사용하여 마무리한다.

16. "~보다 더 사려 깊은(more considerate than)"의 패턴을 묻고 있으며, "다른 어떤 선생님들보다 (any other teacher)"의 패턴 또한 묻고 있다. 그리고 보기의 consider은 "동사"이므로 "형용사(considerate)"형태로 활용하고, "any other + 단수명사"가 와야 하므로, teacher로 수정한 후 영작을 마무리한다.

접속사

A

1. That　2. that　3. because of　4. meet　5. for

해설

1. 접속사의 특성을 묻고 있다. that 접속사는 뒤의 구조가 완전한 문장 구조가 등장하며, what 접속사는 뒤의 구조가 불완전한 문장 구조를 보인다(즉, 주어가 없거나 목적어가 없는 경우).
　이 문제는 the earth is round로서 완전한 2형식 문장이므로 접속사 that을 선택해야 하며, 이 접속사절은 문장 전체에서 동사 is (common 앞 is)의 앞자리인 "주어" 자리를 차지하고 있으므로, 명사절이다.

2. that 접속사는 뒤의 구조가 완전한 문장 구조를 보이며, what 접속사는 뒤의 구조가 불완전한 문장 구조를 보인다.
　이 문제는 he doesn't trust me로서 3형식 완전한 문장이므로 접속사 that을 선택해야 하며, 이 접속사절은 문장 전체에서 동사 is 뒷자리인 "보충어" 자리를 차지하고 있는 명사절이다.

3. Because는 접속사로서 뒤의 문장 구조가 완전해야 하며, because of는 전치사로서 뒤에 명사(명사구)가 오면 된다. 예문에서는 her help라는 명사로 끝나고 있기 때문에 because of를 선택한다.

4. 시간, 조건의 부사절에서는 현재시제가 미래시제를 대신한다는 매우 유명한 문법 용법을 기억해야 한다. 예문의 if절은 조건의 "부사절"을 나타내고 있다. 왜냐하면 Say hello to him으로 이 문장은 완전하게 끝났기 때문이다. 문장이 끝났다는 부사처럼 부수적인 역할을 수행할 수밖에 없다는 의미이다. 부사절에서는 현재시제가 미래시제를 대신한다고 정해져 있으므로, 의미는 미래이지만, 단순 현재시제를 선택하도록 한다.

5. 이 문제는 for이 전치사 이외에도 접속사로도 사용된다는 것의 이해 여부를 묻고 있다. 주어진 because of는 명백히 전치사이므로 뒤의 완전한 문장 구조를 이끌 수 없다는 것은 명백

하다. 하지만, 많은 학습자들이 for는 대표적인 전치사라고 알고 있으므로, 선뜻 답으로 선택하지 못할 수 있을 것이다. 하지만, for은 ~때문에라는 접속사 기능도 있음을 이번 기회에 외워두도록 하자.

B

1. is 2. whether 3. neither 4. meet 5. what 6. Not only
7. either 8. and 9. will come 10. but

해설

1. 상관접속사가 주어 자리에 배치되어 있는 수일치 문제이다. B as well as A인 경우, B에 수일치시켜야 하므로, 주어가 my father이므로 3인칭, 단수이므로 동사는 is로 일치시킨다.

2. 보기는 접속사 선택의 문제인데, 본동사가 wonder로서 "~을 궁금하게 여기다"이므로 뒤의 내용은 "불확실한 내용"이 전개될 것이다. 불확실한 내용을 이끄는 접속사는 whether(~인지 아닌지)이다.

3. 상관접속사 neither A nor B의 패턴을 묻고 있다. 뒤의 nor를 인지한 후 보기의 neither를 선택한다. either 은 or를 취한다.

4. "조건"의 부사절에서는 "현재시제가 미래시제를 대신한다"는 내용을 묻고 있다. 예문은 Say hello to him (그에게 안부를 전해주시오) 에서 문장이 완전히 끝이 났음을 알 수 있다. 그러므로 그 뒤의 if 절은 문장의 핵심성분(주어, 목적어, 보어)가 될 수 없으므로 <명사절>은 아니다. 또한 if 절이 특정명사를 수식하는 역할을 할 수도 없으므로 <형용사절>도 아니다. 그러므로, 마지막으로 남은 <부사절>이 되며, next time 은 분명히 "미래"의 일을 의미하겠지만, 부사절에서는 현재시제가 미래시제 대신이므로 단순 현재시제인 meet을 선택해야 한다.

5. 접속사 that과 what의 차이를 묻고 있다. that 접속사는 "명사절"로서 that 뒤의 "완전한 문장 구조"를 이끄는 반면, what 접속사는 "명사절"인 것은 공통점이지만, 뒤의 문장 구조가 "불완전"하다는 것이 차이점이다. 예문의 뒤의 구조에서는 주어

others), 동사(say)의 구조를 갖추고 있으나 say의 "목적어"가 없는 "불완전한 구조"를 보이므로 정답은 what이 된다.

6. 상관접속사 not only A but also B의 패턴을 묻고 있다. 뒤의 but also를 보고, 보기 중의 not only를 선택해야 한다.

7. 상관접속사 either A or B의 패턴을 묻고 있다. 뒤의 or을 보고 앞의 either를 선택해야 한다.

8. 상관접속사 both A and B의 패턴을 묻고 있다. 앞의 Both를 기준으로 하여, 보기의 and를 선택한다.

9. 예문의 when 의문사절은 동사 know의 (목적어) 자리를 차지하고 있음을 알 수 있다. 이것을 흔히 "간접의문문"이라고 한다 (간접의문문의 어순: "의문사+주어+동사~" 패턴).
   이번 문제에서는 목적어 자리이므로, 명사절임을 알 수 있고 명사절이면 tomorrow morning이 미래를 의미하므로, 편안하게 미래시제를 쓰면 된다(부사절에서만 현재시제가 미래를 대신한다).

10. 상관접속사 not A but B의 패턴을 묻고 있다. 주어진 앞의 not을 기준으로 삼고, 보기 중에서 but을 선택한다.

C

1. or
2. Take an express train, or
3. Unless you take an umbrella
4. That
5. Although
6. such / that

해설

1. 주어진 문장이 동사원형(Hurry up)으로 시작되는 명령문임을 알 수 있다. 명령문 다음에 이어지는 and는 "그러면"이라고 해석되고, or은 "그렇지 않으면"이라고 해석된다. 주어진 예문의 해석은 "서둘러, 그렇지 않으면 너는 또 늦게 될 거야"이므로 해석에 맞추어 or을 선택해야 한다.

2. 해석: 만약 당신이 고속열차를 탄다면, 늦지 않을 거다.

위 해석에 맞는 다른 문장의 형태로 전환해야 하는 문제이다. 우선, 빈칸의 특징은 you 앞에 빈칸이 한 개 있다는 점이다. 그럼 빈칸의 개수를 참고해보면 명령문의 형태로 전환해야 할 것이다. "고속 열차를 타라, 그러면 늦지 않을 거야"라고 만들면 같은 의미의 문장이 될 수 있다. 동사원형으로 문장을 시작한 후, and를 넣어주면 정답과 같다.

3. 해석: 우산을 가져가라, 그렇지 않으면 다 젖을 거야.

위 2)번 문제와는 반대로 만드는 패턴이다. 즉, 명령문을 다시 If절로 전환시켜야 한다. 그럼, "만약 우산을 가져가지 않는다면, 다 젖게 될 거야"라는 내용이 되어야 한다. 하지만, 이 해석에 맞게 작문을 시도해 보면, If you don't take an umbrella가 되는데 이는 총 6칸이 필요하지만, 주어진 빈칸의 수는 한 칸 부족함을 깨닫게 될 것이다. 그러므로 여기서는 Unless라는 접속사를 이용해야만 한다. 접속사 Unless는 If~ not의 의미이므로 Unless you take an umbrella만 써도 부정의 의미를 스스로 갖추게 된다.

4. 접속사 that과 what의 차이를 묻고 있다. that 접속사는 "명사절"로서 that 뒤의 "완전한 문장 구조"를 이끄는 반면, what 접속사는 "명사절"인 것은 공통점이지만, 뒤의 문장 구조가 "불완전"하다는 것이 차이점이다.

주어진 예문의 동사는 is이고, 동사 앞의 자리는 주어 자리이다. 주어 자리를 차지하는 것은 "명사"인데, 이번에는 "명사절"이 위치하였다. 하지만, 주어진 명사절의 뒤의 구조는 "완전한 구조"를 보여주고 있다. 주어(he), 동사(couldn't solve), 목적어(the problems)를 갖춘 3형식 문장이다. 그러므로 that절이 정답이다.

5. 접속사(Although)와 전치사(despite, in spite of)의 차이를 묻고 있다. 접속사 뒤에는 완전한 문장, 전치사 뒤에는 명사(구)가 올 수 있다. 주어진 예문에서는 She wasn't tired의 완전한 "문장"구조를 보이고 있으므로, 접속사 although를 선택해야 한다.

6. 국어의 해석에서 "너무 ~해서 ~하다"라는 의미가 내포되어 있음을 알 수 있다. 위 해석의 대표적 구문은 아래의 두 가지가 있다.
① so (형용사 / 부사) that 주어+동사~~~
② such (a/an+형용사+명사) that 주어+동사~~~
둘의 차이점은 such~ that은 그사이에 "명사"가 등장한다는 점이다. 그러므로, a shock라는 명사를 포함할 수 있는 구문은 such~ that 구문이 되겠다.

D

1. risen / since 2. such 3. so / married 4. fast 5. that
6. couldn't 7. because 8. since 9. so / that 10. Unless
11. Although 12. and 13. and stayed 14. reads
15. because 16. so

해설

1. 해석: 비가 매우 많이 온 이후로, 그 강은 수위가 상승했다.

주어진 빈칸은 접속사 자리임을 알 수 있으며, 내용상 ~이후로에 어울리는 접속사는 since이다. since절은 특정 시점 이후로부터 지금까지의 상황을 나타내므로, 주절 동사의 시제는 현재완료(has / have+p.p) 시제를 써야 하는 매우 유명한 패턴의 문제이다.

2. 해석: 그는 너무나 훌륭한 학생이어서 그 시험을 통과할 수 있었다.

국어 해석에서 "너무 ~해서 ~하다"라는 구문이 포함되어 있다. 그 해석법으로는 대표적으로 아래의 두 가지 표현이 있다.
① so (형용사 / 부사) that 주어+동사~~~
② such (a/an+형용사+명사) that 주어+동사~~~
둘의 차이점은 such~ that은 "명사"가 등장한다는 점이다. 그러므로, a student라는 명사를 포함할 수 있는 구문은 such~ that 구문이 되겠다.

3. 해석: 그는 Jane을 사랑했다. 그래서 그는 그녀와 결혼했다.

우선, 동사는 marry를 선택한다. marry with는 ~와 결혼하다라는 우리말 해석과 아주 잘 어울리지만, marry는 타동사이므로 with라는 전치사 없이, 목적어를 바로 취해야만 한다. 그럼 이제 접속사를 선택해야 하는데, 내용상 So를 선택해야 한다. because가 될 수도 있다고 생각하겠으나, because가 되면 "그가 그녀와 결혼했기 때문에, 그는 그녀를 사랑했다"라는 세상의 상식과는 어긋나는 그런 결과적 해석이 되므로 정답으로 하기에는 상당히 어색하다 하겠다.

4. so (형용사 / 부사) that 주어+동사~~~구문이다. 해석은 "너무 ~해서 ~하다"라는 해석인데, 보기의 단어들 중에서 fast는 형용사와 부사의 형태가 모두 fast이다. 즉, fastly라는 단어 자체가 존재하지 않는 형태이다. 그러므로 fast를 선택해야 하는데, 이때 fast의 품사는 "그녀는 너무 빠르게 말한다"이므로

"동사를 수식하는 부사"라고 이해해야 한다.

5. so (형용사 / 부사) that 주어+동사~~~~구문이다.
해석은 "너무 ~해서 ~하다"라는 해석이며, 보기 중에서 위 구문에 알맞는 that을 선택한다.

6. 해석: 이 책은 이해하기에 매우 어려워서 나는 그것을 읽을 수 없었다.
이 문제는 시제일치 문제이다. 책을 이해하기 어려웠던 시점 자체가 과거(was)이고, 또한 at that time이라는 과거 시간을 지칭하는 부사구가 존재하므로 동사의 시제를 과거형 couldn't로 선택한다.

7. 해석: 환경오염이 거의 없기 때문에, 나는 시골에 사는 것을 좋아한다.
위 문장 해석에 알맞은 접속사는 because이고, 시골을 표현할 때는 정관사 the를 써서 the country라고 표현한다. 어떤 나라를 표현할 때 a country 또는 countries라고 표현한다.

8. 해석: 많은 사람들이 나에게 친절하기 때문에 나는 나의 마을을 사랑한다.
인과관계를 나타내고 있으므로, since를 선택한다. since는 대표적으로 "~이후로"라는 뜻으로 잘 알려져 있지만, "~때문에"라는 해석법도 있음을 기억해야 한다.

9. 해석: 지금 네가 보고 있는 그 차는 매우 비싸므로, 나는 그 차를 살 여유가 없다.
위 해석에 어울리는 같은 문장으로의 전환을 해야 한다. "너무 ~해서 ~할 수 없다"는 구문은 so~ that S can't 동사구문이 될 수 있다. 그러므로 빈칸에 각각 so와 that을 쓴다. 그리고 원래 문장의 구문분석을 해보면, 주어 (This car), 동사 (is)이다. 그렇다면 주어와 동사 사이에 존재하는 you are looking at now는 어떤 이유로 "주어"와 "동사" 사이에 존재할 수 있는 것인지 생각해봐야 한다. 이것은 주어인 This car를 뒤에서 수식하는 <관계대명사>이다. look at의 목적어가 없으므로 <목적격 관계대명사>라고 정확히 확인해야 하며, 목적격 관계대명사는 생략 가능하다는 규칙에 의해 현재 생략되어 있다. This car (which) you are looking at now is very expensive인 형태라고 이해해야 한다.

10. 해석: 내일 눈이 내리지 않으면, 우리는 피크닉을 갈 것이다.
"만약 ~하지 않는다면"이라는 "조건"과 "부정"의 의미를 한 단어로 나타낼 때는 "unless"라는 접속사를 쓴다.

11. 해석: 그는 가난하지만, 매우 행복하다.
내용상 "양보"의 의미가 적절하다. 그러므로 접속사는 Although같은 양보의 접속사를 선택해야 할 것이다.

12. 병렬 구조의 기능적 표현을 묻고 있다. 3개 이상을 나열하고자 할 때는 A, B and C라고 표현하며, 4개를 나열하고자 하면 A,

B, C and D처럼 표현한다. 즉, 맨 마지막 앞에서만 and를 써주는 것이 자연스럽다.

13. 앞 문장이 끝난 후 뒷 문장이 이어지려면 반드시 "접속사"가 필요하다. 그러므로 and를 쓴 후 동사의 시제 병렬을 보여주는 stayed를 선택해야 한다(주어는 같으므로 생략한 형태).

14. 해석: 아빠는 항상 나에게 어떤 흥미로운 사실을 들려주시고, 종종 나에게 신비로운 이야기들도 읽어주신다.
앞 문장이 끝난 후 뒷 문장이 이어지려면 반드시 "접속사"가 필요하다. 접속사 and는 나와 있으므로, 동사의 병렬 구조를 선택해야 하는데 보기가 둘 다 동사이다. 그렇다면 시제일치를 고려하여 앞 문장 동사의 시제가 현재시제 (tells)이므로, 뒷 문장 시제도 현재시제(reads)로 일치시켜 준다.

15. Because는 접속사로서 뒤의 문장 구조가 완전해야 하며, because of는 전치사로서 뒤에 명사(명사구)가 오면 된다. 예문에서는 he is generous라는 "문장"으로 끝나고 있기 때문에 because를 선택한다.

16. 해석: 어제, 그들은 매우 아파서, 하루 종일 집에 머물러 있어야만 했다.
위 해석에 알맞은 접속사인 so를 선택해야만 한다.

E

1. Although he started small, he is making a big difference

2. (1) I not only finished my homework but also cleaned my room
(2) He is a great writer as well as a good speaker

3. (1) between you and me is not that big
(2) the fact that I had made a big mistake

4. It seems that those products were removed

5. I want to know if (= whether) you can come to her birthday party

6. ④

7. David and Sam are studying English so that they can talk with American friends

8. ⑤

9. ⑤

10. It is / really important message to us that bees

need our help / of pollination

11. (가) well as they helps her (to) finish the project

(나) Not only they but also Jack helps her (to) finish the project

🏛 학교 기출 유형 해설

1. 우선, 한국어를 잘 읽어보면 종속절(접속사 포함)의 범주는 "비록 우리가 작은 것에서 시작했지만,"까지 이며, 주절의 범주는 "우리는 큰 변화를 만들어 내고 있는 중이다"이다. (종속절 영작)

   ① 종속절 접속사: "비록 ~이지만"이므로 although

   ② 종속절 주어: "그"이므로 he

   ③ 종속절 동사: "시작했다"이므로 started (과거형)

   ④ 종속절 동사 뒤 구조: "작게"이므로 small (부사) = Although he started small, (주절 영작)

   ① 주절 주어: "그"이므로 he

   ② 주절 동사: "만들어 내는 중이다"이므로 be ~ing (진행형)

   ③ 주절 동사 뒤 구조: "큰 변화를"이므로 a big difference = he is making a big difference

2. (1) 이 문제는 "상관접속사"인 not only~ but also를 어디에 배치해야 하는지에 관한 문제이다. 우선 동사가 finished와 cleaned로 다름을 알 수 있다. 동사가 같다면 동사 뒤에 배치하면 되지만 동사가 다르므로 각 동사의 앞에 위치하여야 하겠다. 그러면 정답과 같다.

   (2) 상관접속사 not only A but also B의 구조는 B as well as A의 패턴으로 바꿔 쓸 수 있는지를 묻고 있으므로, A와 B의 순서에 주의하여 영작해야 하며, 정답과 같이 영작할 수 있겠다.

3. (1) 우선 국어에 주의하여, 너와 나 사이의 차이라고 했으므로 이미 제시된 주어인 The difference 뒤에 between you and me라고 배치 시킨 후, 동사가 "크지 않다"이므로 is not big으로 적은 후, 형용사를 수식하는 부사인 "그렇게"를 big 앞에 위치시키면 is not that big으로 마무리된다.

   (2) 나는 사실을 깨달았다는 내용이 핵심이다. 그럼 동사 realized 뒤에 목적어인 the fact를 위치시킨다. 국어를 보면 "내가 큰 실수를 했다는 사실"이므로 사실을 꾸며주는데

있어서 주어(I)와 동사 (made)가 등장해야 하므로, 접속사가 반드시 필요할 것이다. 보기 중 that 접속사가 존재하는데 이는 동격의 that이므로 the fact that I made a big mistake라고 쓸 수 있겠다. 하지만, 전체 단어의 개수가 9 개이므로 여전히 한 개가 부족하다. 여기서, 시제의 개념도 적용하여야 한다. 깨달은 시점이 (과거)인데, 실수를 저지른 것은 더 과거의 일이므로 (대과거: had p.p)를 써야 함을 인지해야 한다. 그럼 정답과 같이 영작할 수 있을 것이다.

4. to 부정사구(phrase)를 that 절(clause)로 전환하는 문제이다. 하지만, to 부정사가 "완료형 부정사(have p.p)" 형태를 보이고 또한 수동태까지 곁들여져서, have p.p+be p.p가 합쳐진 have been p.p의 모습을 보여주고 있다. 완료형 부정사는 주절 본동사 seem(현재시제)의 시제보다 한 시제 더 먼저 일어난 것을 의미하며, 수동태는 행하는 것이 아닌 당하는 것임을 의미하는 것이다. 그러므로 위 문장을 시제와 태가 정확히 표현되는 "절"로 전환한다면 정답과 같이 표현될 수 있다.

5. if 접속사절이 문장의 know 동사 뒤의 명사절(목적어)로 쓰여서 "~인지 아닌지(=whether)"라고 해석이 되고 있으며 정답과 같다.

6. if 접속사의 쓰임을 묻고 있다. if는 부사절로 쓰이면 "만약~ 이면"이라는 해석이 되고, 명사절로 쓰이면 "~인지 아닌지(=whether)"라고 해석이 될 수 있다. if 절이 명사절로 쓰인다는 말은 문장의 주어, 목적어, 보어 자리와 같은 문장의 핵심적인 자리를 차지한다는 뜻이다. 보기에 주어진 if 절은 문장의 본동사의 목적어 자리[mind (~을 꺼리다)는 뜻의 목적어 자리]를 차지하는 명사절이 되어 "~인지 아닌지"라는 해석이 되고 있다. 그렇다면 보기들 중에서 ④번이 같은 의미로 해석이 되고 있음을 알 수 있다.

7. to 부정사구(phrase)를 that 절(clause)로 전환하는 문제이다. in order to R의 패턴은 so that 주어+동사~~패턴으로 전환될 수 있으므로, so that 뒤에 주어와 동사를 각각 살려야 한다. 주어는 they, 동사는 조동사 can이나 could를 필요로 한다. 현재시제라면 can, 과거시제라면 could를 쓰는데 현재시제이므로 can을 선택하고 동사원형 talk를 쓰면 정답과 같다.

8. Not only A but also B의 패턴은 B as well as A 구문 패턴 전환이 가능하다. 그러므로 다른 것들은 그대로 두고 위와 같은 위치 이동만 시키면 같은 의미를 가진 문장이 되므로 정답과 같다.

9. 우선, 이 문제의 첫 번째 포인트는 unless 접속사의 정확한 의

미 이해 여부를 묻고 있다. unless는 if~ not의 의미이므로, 위 문장을 다르게 표현할 때는 반드시 not이 등장해야 할 것이다. 그런데 동사가 come(일반동사)이므로 부정어 not을 쓰려면 조동사 do / does가 필요하다.

두 번째 포인트는 unless(if~ not)절이 "조건의 부사절"이라는 점이다. 부사절에서는 현재시제가 미래시제를 대신하므로 tomorrow라는 미래시간 부사구가 등장하였어도, 현재시제가 미래시제를 대신해야 하기에 will을 쓰지 못하고 단순 현재 시제인 does not come tomorrow로 마무리해야 해서 정답과 같다.

10. 가주어 진주어 패턴을 이용하라는 서술형 문제이다. 가주어 진주어를 쓰는 이유는 진짜 주어가 너무 길어서 뒤로 빼는 형태이며, 주어진 국어 문장을 분석해보면 "벌들이 수분의 과정에서 우리의 도움을 필요로 한다는 것"이 주어임을 알 수 있다. 그러므로 진짜 주어 that절은 위의 국어 내용이 알맞게 자리 잡아야 하므로 정답과 같은 모습의 문장이 형성될 수 있다.

11. B as well as A 구문 패턴은 Not only A but also B의 패턴으로 전환 가능하므로 정답처럼 바뀔 수 있다. 또한 수일치 시에도 각자 B에 맞추어 수일치시켜야 한다.